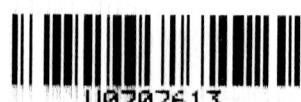

北京大學圖書館特藏文獻叢刊

北京大學圖書館藏

老北大燕大畢業年刊

九

燕大卷

陳建龍·主　編
張麗静·執行主編

北京大學出版社
PEKING UNIVERSITY PRESS

第九册　目　録

燕大年刊一九三九

本年年刊全名《燕京大學一九三九班年刊》，由燕京大學一九三九班年刊委員會於1939年6月出版。當時全面抗戰將滿兩年，燕京大學在日據北平堅持弦歌不輟，年刊仍堅持出版，實屬不易。

本刊扉頁有贈書題記及印章：“理學院院長室惠存，燕京大學一九三九班年刊委員會（此爲印章代簽名，且後有“印”字）謹贈，廿八年六月。”

本刊所刊登的校訓題詞落款爲“水竹邨人”，是曾任北京政府大總統徐世昌的號，鈐“鞠人”朱文長方印，“鞠人”也是徐世昌的號。徐氏於1939年6月5日去世，如果是當年題詞，則此墨蹟更顯珍貴。

校訓後是校歌、校花。本年刊登的校花——梅花，爲齊白石所繪。

校花圖之後是高厚德撰寫的英文校史*University History*。高厚德的兩頁半校史對燕大合併的歷史着墨不少，此外還介紹了新校區的籌建經過，管理機構和院系設置的變化與發展，學生人數，學校的私立性質與經費來源，以及學術水準的提升，等等。從中我們也獲得了一條此前不大瞭解的史料：燕大於1928年決定，學生總人數不超過800，雖然有不止一年超過此數。

校史之後，刊登了一九三九班全體合影，以及文、理、法、醫學院畢業生合影，年刊委員會合影。然後是班花和班史，班花從圖片看，應爲玫瑰或月季一類。

“班史”由“年刊編輯委員會”中文組組長張師賢用文言寫成，其開篇敘撰寫之意曰:“蓋吾生有涯，聚散靡定。今日風雨聯床，研非覈是；迨驪歌遽唱，轉瞬分襟。他時所遇所爲者，或一帆風順，或挫折横生，或不愜己懷，或予人物議。於是，回首前塵，鉤摭現實；則苦辣酸甜，齊集心頭，所謂人生意義，即在此中矣。此一九三九班史，不憚觸諱之所由作也。”此文所記以班會和該班同學在學生社團的表現爲主，因受華北問題和盧溝橋事變等影響，該班人數變化很大，大一注册時308人，大二注册179人，大三注册減至87人，大四注册又增至140人。“班史”記載，大一班會成立不久，根據冰心的建議，在姊妹樓後茅亭之東栽種松樹一棵，寓“十年樹木，百年樹人”之意。

本年年刊主要内容包括：校景、教職員、畢業生、生活、文藝。1936年以來不見的“教職員”部分重新出現，其他則與上年相同。

“校景”部分刊登校景照片22張，或全景，或局部，或春華，或冬雪，不乏構圖新穎、取景獨到之作，在年刊中屬於上乘。看後頗使人體會到班史中所説，最後一年“舉凡園内草木之榮實，湖山之晴晦，亦無不着意欣賞，徘徊留戀”之心境。

“教職員”方面，司徒雷登代理校長兼教務長，陸志韋任研究院院長，宗教學院院長趙紫宸，文學院院長周學章，理學院院長韋爾巽（Stanley D. Wilson），法學院院長陳其田。此外是各系系主任照片。可見雖然增加了不少照片，但僅限於學校和院系管理層，普通教員的照片仍未補充。

“畢業生”部分，刊登畢業照片的1939班畢業生有135人，應屬於歷年中比較多者。這裏選擇幾位加以介紹。

外國文學系的張鴻增（1916—　），海洋法學家。1951年獲美國哥倫比亞大學博士學位，同年回國，先後任武漢大學政治系、法律系副教授。1964年起，先後在國際法研究所和國際問題研究所從事研究工作。1986年起任外交學院教授、外交部條法司法律顧問。

生物學系的趙修復（1917—　），昆蟲學家。畢業後到齊魯大學生物系任助教，後任教於福建協和大學生物系。1948年赴美留學，1951年獲馬薩諸塞大學博士學位。同年歸國，先後任教於福建協和大學、福建農學院。

政治學系的趙理海（1916—2000），國際法學家。1939年留美，1944年獲哈佛大學博士學位。次年回國，任教於武漢大學。1947年任國立中央大學政治系教授。1949年任南京大學法學院教授，次年任歷史系教授。1957年調任北京大學教授。1996年當選國際海洋法院法官。

特別生物系的陳文珍（1918—　），婦產科專家。1943年畢業於北平協和醫學院，1955年任北京市衛生局副局長，1959年任北京婦產醫院副院長。

特別生物系的朱洪蔭（1914—　），外科專家。1943年北平協和醫學院畢業，曾任北京醫科大學第三臨床醫院成形外科研究中心教研室主任、衛生部醫學科學委員會委員。

生物學系的許織雲（1915—　），畢業後任燕京大學助教、講師、副教授。抗戰勝利後赴美留學，獲華盛頓大學博士學位。後去臺灣。

教育學系的婁安吉（？—1981），後獲哈佛大學教育碩士，歷史學家王伊同夫人。

國文學系的閻簡弼（1911—1968），著名文史學者。畢業後入燕京大學研究院，師從陸志韋研究古音學，因太平洋戰爭爆發而中斷學業。抗戰勝利後燕大復校，任教於中文系，歷任助教、講師、副教授。1952年院校調整後，任教於北京大學中文系，後到東北，先後任教於瀋陽師範學院、遼寧大學。

“生活”部分，首先還是司徒雷登的一組照片，也有其他教職員的照片。有該班同學讀書做論文、做實驗、乘坐校車、寢室生活、文藝戲劇、餐飲聚會、各種體育運動比賽、各種“拖屍入水”、甚至結婚生子等照片，都題寫有趣的標題，共42頁，可謂豐富多彩。

“文藝”部分，內容基本與前幾年相同，包括中英文散文、古典詩詞、白話詩等作品，也有本班調查，本年題爲“己卯識小”，其中“我們的意見”

部分包括“燕京大學好像，燕大教授好像，燕大學生好像，畢業論文好像”；“我們的感覺”部分包括“燕園最可留戀的地方，四年來的收穫，燕大的特色”；“我們的嗜好”部分包括“最喜歡的課外消遣，最喜歡吃的東西”；“我們的心事”部分包括“得意事，傷心事”；此外還有“我們的外號”。其中不乏有趣的回答，如：燕京大學好像大學，燕大教授好像債主，燕大學生好像負債者，畢業論文好像悔過書。

本刊最後部分依然是畢業論文題目和永久通訊處。

燕京大學
一九三九

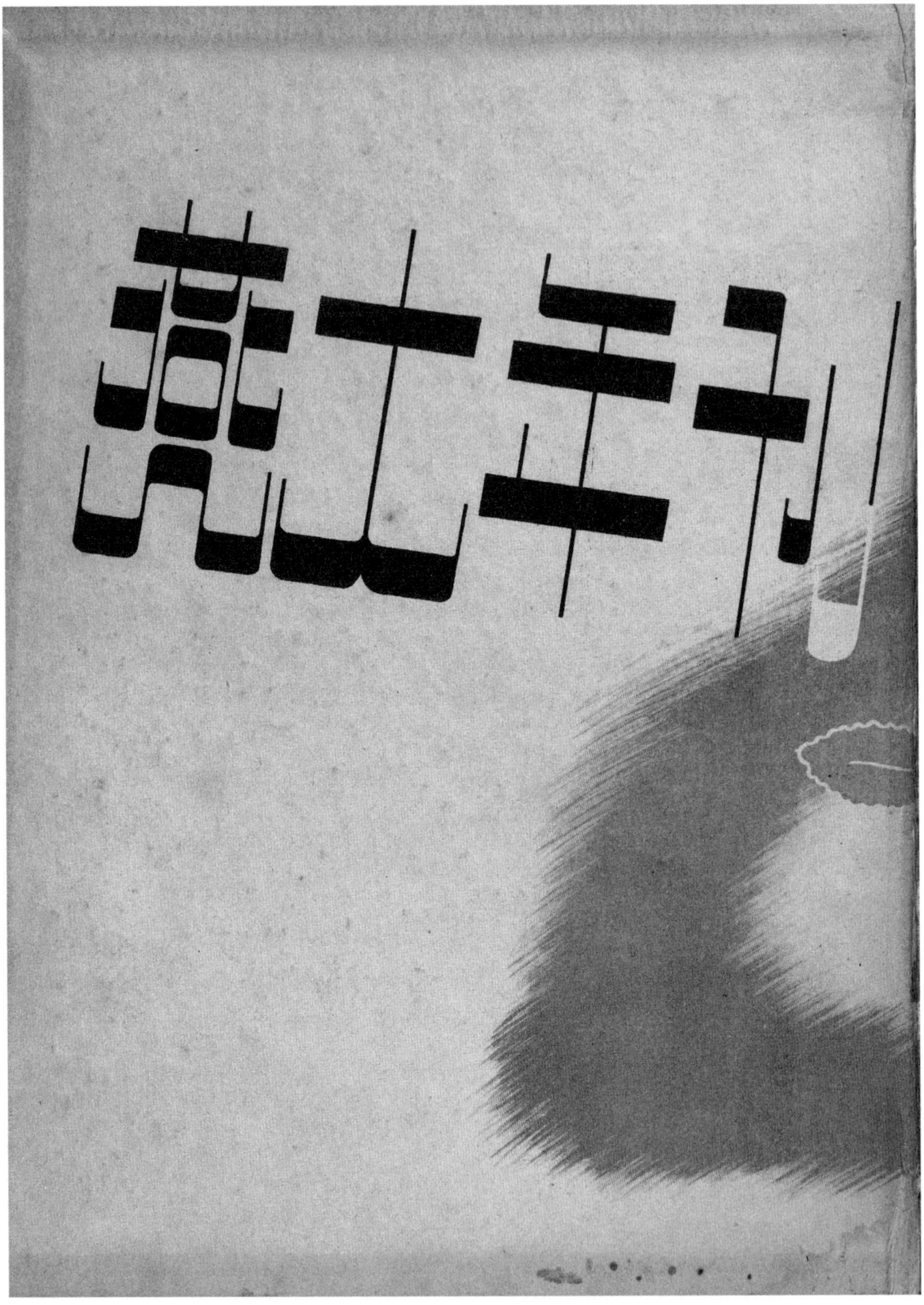
燕大年刊

理学院院長室惠存
燕京大學
一九三九班
年刊委員會印
謹贈
廿八年六月
SPCW

燕京大學

一九三九班年刊

燕京大學一九三九班年刊委員會出版

民國二十八年六月

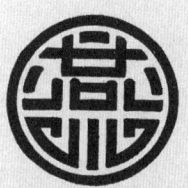

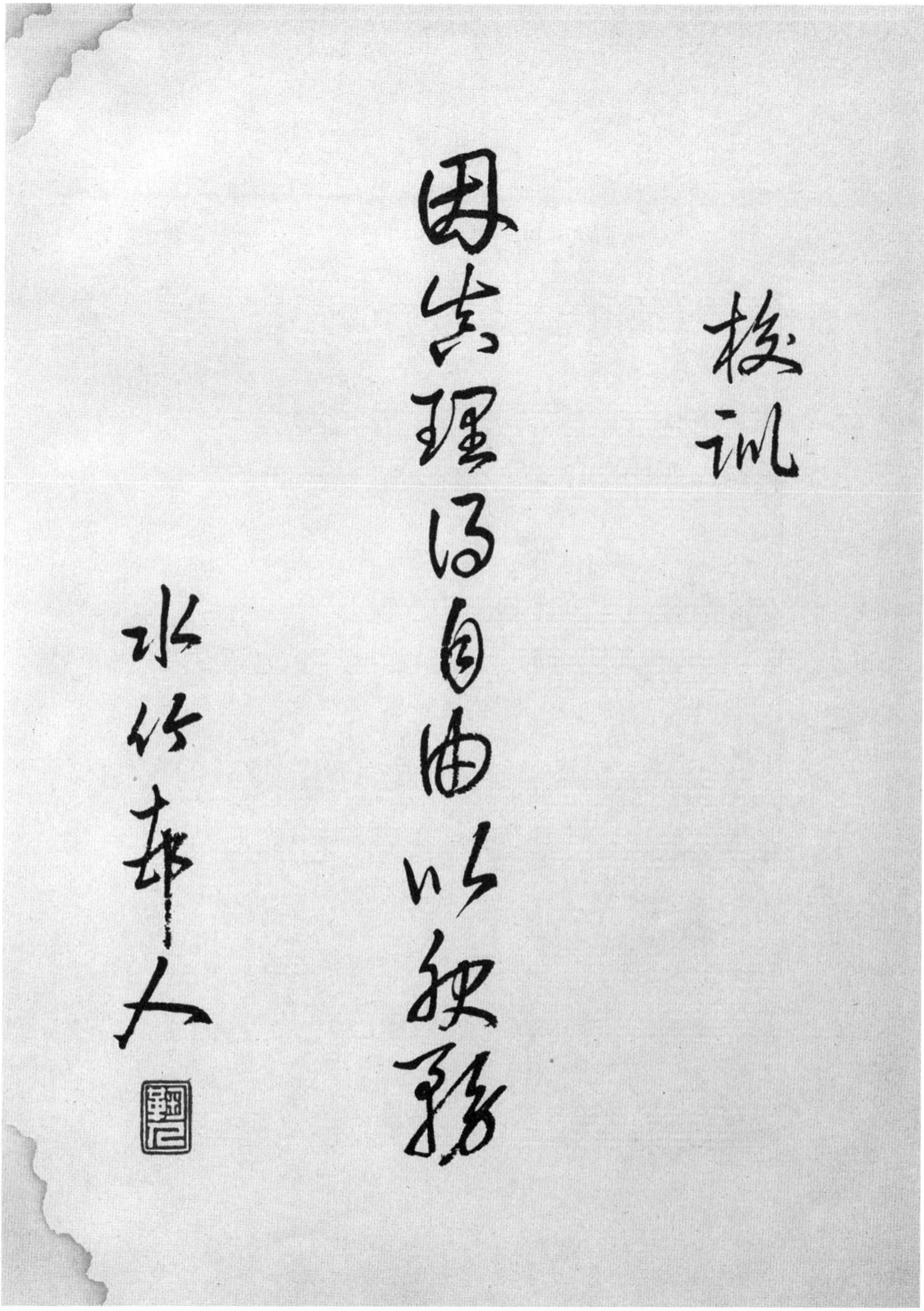
校訓
因真理得自由以服務
水竹邨人

燕大校歌

YENCHING UNIVERSITY
SCHOOL SONG

T. C. Chao　　　　Arr. by B. W.

校花

UNIVERSITY HISTORY

Yenching University is now in its twenty-first year. Twelve years have been spent on the present campus northwest of Peking, following eight years in temporary quarters within the city. The University was formed by merging three institutions: the North China Union College for Women, the North China Union College, and Peking University. The first of these had its beginnings seventy-four years ago.

The College for Women traces its history back to 1864 when Mrs. Bridgman, a missionary under the American Board of Commissioners for Foreign Missions, arrived in Peking and started a school for girls, which later became Bridgman Academy. Out of this, in 1906, under the leadership of Miss Luella Miner, developed the North China Union College for Women, which in 1920 became the College for Women of Yenching University. The North China Union College, of which Dr. D. Z. Sheffield was President, grew out of the work of the Rev. L. D. Chapin, who in 1867 had established a school for boys at Tungchou. Another school for boys was established in 1870 by the Methodist Mission in Peking. A decade later this became an academy, and in 1890 further developed into Peking University, with Dr. H. H. Lowry as its President for twenty-five years.

In September 1918 the faculties and student bodies of the North China Union College and of Peking University were united on a temporary site in Peking, and the union university, at that time known as Peking University, started its academic life. The School of Religion, itself a union of several theological schools, also became a part of the new institution. The next year Dr. J. Leighton Stuart of Nanking was chosen as the first President of the University. With the addition of the College for Women in 1920 the University became co-educational, and was known thenceforth as Yenching University.

The temporary quarters in Peking witnessed eight years of restless growth, while funds were gathered and plans made for the permanent buildings on the new site five miles outside the city wall, overlooked by the ranges of the Western Hills. The removal to the new campus in 1926 was followed by troubled times. Within the campus, buildings were still being finished, trees planted, roads and paths laid out; without, it was a time of frequent contests between war-lords, and occasionally the soldiery impinged on the campus boundaries.

In spite of these handicaps the faculty was being constantly strengthened and the curriculum broadened. In 1928 the National Government extended its authority to Peking, which then became Peiping, and subsequently the University changed its registration from the Peking Government to the National Government in Nanking. About that time Mr. Wu Lei-ch'uan, a prominent Christian and Hanlin scholar, became Chancellor or academic head of the University.

In the years before 1930 the academic organization included a four-year college and a loosely organized graduate division. In the spring of 1930 in accordance with new regulations of the Ministry of Education, the University divided the undergraduate division into three colleges: The College of Arts and Letters, the College of Natural Sciences, and the College of Public Affairs. Following the reorganization there was steady progress toward higher standards of academic work.

The Graduate Division, without much change in organization, expanded during this period, although without definite recognition or regulation by the Ministry of Education. In 1934, however, the Ministry promulgated its regulations for graduate study and higher degrees, and the Graduate Division, reorganized accordingly, became the Graduate *Yüan,* with Dr. Luh Chih-wei as Dean.

A decision to limit the size of the student body to 800 was made in 1928, but more than once the enrolment has exceeded that number. Within the 800 there are approximately 250 women and 550 men students. The number of graduate students is not to exceed 100.

From the earliest days the University has maintained its purely private character. It has never had any financial assistance from, or official relations with, the American or any other foreign government. It is dependent entirely on the voluntary contributions of those who desire to express their practical good will for China through higher education on a Christian basis.

During the years on the new campus there has been a steady advance in academic standards, in the scope and quality of the courses offered, in the methods of study and teaching, and in the qualifications of the students and faculty. The number of graduates has averaged from 120 to 150 annually, and through this ever-increasing body of alumni Yenching University is making a constant contribution to China's welfare.

HOWARD S. GALT

一九三九班全體同學

文學院

理學院

法學院

醫學院（協和）

年刊委員會

主席　陳金淼
文書　唐文順　劉曾壯
事務　徐麗春　袁桓猷
司庫　陳亨利
編輯　何蟠飛
印刷　汪煥鼎
廣告　俞康元

編 輯 委 員 會

主　　席　　何蟠飛

中文組　　張師賢（組長）
　　　　　杜含英
　　　　　閻簡弼
　　　　　張振淮
　　　　　言穆淵

英文組　　唐文順（組長）
　　　　　張鴻增
　　　　　張漢槎

美術組　　劉曾壯

攝影組　　蔡善培

廣告委員會

主席	俞康元	
委員	張厚班	陳宗基
	祝福康	韓天勇
	徐緒堃	徐麗春
	郭壽彭	勞同霞
	劉金定	劉詒娍
	呂鍾璧	湯瑞琳
	丁秉仁	王觀琪
	陳幼石	婁安吉
	賀方達	唐文順
	龔立華	王端聰
	李玉蘭	

班　花

班　史

史為記事之文，古制左史記言，右史記事，所以傳久遠垂鑒戒者也。班之有史，旨亦猶斯。蓋吾生有涯，聚散靡定。今日風雨聯床，研非覈是；迨驪歌遽唱，轉瞬分襟。他時所遇所為者，或一帆風順，或挫折橫生，或不愜己懷，或予人物議。於是，回首前塵，鉤摭現實；則苦辣酸甜，齊集心頭，所謂人生意義，即在其中矣。此一九三九班史，不憚觸諱之所由作也。

吾班於一九三五年九月入燕京，註册者三百零八人。斯時，邊隅孤城，風沙瀰漫，居此者咸感窒息，而吾一九三九諸子，絲毫無動乎中，涉萬水，越千山，踵接負笈而至。方以為非此時間空間，不足以談磨練也。猶憶開學之初，聚四方青年於一室，言語既殊，人面各異；其來自一校者，固多比肩攜手，行止與同；其素未謀面者，亦莫不相視而笑，莫逆於心，因緣湊合，豈偶然哉？

吾班人數既多，聯絡匪易。學生會乃於九月九日，假貝公樓禮堂代召全體大會。會中選出憲章起草委員會委員張英林，陳全淼，朱燾譜，唐文順，楊介田，胡濺，張僧魁七人，負責草擬班憲。閱三週始脫稿，復於十月二日全體會中，宣讀通過。一九三九班會，遂正式成立。準據憲章，組織執行委員會。遴選張英林（主席）李光球（副主席）朱燾譜（文書）王世傑陳全淼（庶務）李榮貞方綽（會計）唐文順郭壽彭（遊藝）楊介田劉蕙文（出版）林志琦李鍾敬（學術）譚約翰王觀琪（體育）十五人，為班會執行委員。此吾班最初之結合也。班會成立未久，從謝冰心先生建議，栽稚松於姊妹樓後茅亭之東，用為吾班班樹，寓「十年樹木，百年樹人」之意，若干歲月之後，吾人舊地重遊，行見此松輪囷虯蟠，枝幹撐天，以與吾人之事業相較，當各有一番感想矣！

是冬，四圍環境，日漸混沌。令人迷罔彷徨，莫測真相。憤慨所積，陡颺巨潮。向讀宋史，頗慕太學陳東行事，當日情景，恰多相似。吾輩同學，既不能安於所業，學校課程，遂亦無形停頓。如此者幾將兩月。翌春開學之後，同學不寧情緒，仍未盡蠲，迄暑假猶然。而吾班之「新人」生活，即此輕淡度過。及今思之，宛如夢幻。中心創痕，或將終世不忘矣。

一九三六年，秋季開學。吾班註冊人數，已減至一百七十九人。班會執行委員，雖曾改選，第以亂後文籍佚亡，職員姓名，無從考查。僅記當時班人參加校內各種團體生活者甚多。如：學生自治會，燕大週刊社、火星半月刊社，國劇研究社，話劇研究社，團契，新文字研究會，運動比賽會，時事座談會，無線電研究會，邊疆問題討論會等。其組織或關文學，或關藝術，或關宗教，或關體育，或關團體服務。或關自然科學，或關政治經濟，鮮不有吾班同學參與。其中且多傑出人才；以文學著稱者，有程應鏐，葛力，趙榮聲，宋奇，夏得齊等，當時號為燕園青年作家。以體育著稱者，有吳潤芳，陳亨利，沈聿温，張振淮，方綼，郭壽彭，劉曾壯，王世傑，齊兆武，江順成，林鏡東，王觀琪，徐麗春，沈頤生等，或為球類代表，或為田徑選手，均於運動場上，嶄然露其頭角。此外，尤足多者，則為班人對團體服務精神之振奮。是年前後兩屆學生自治會中，吾班同學均佔極重要地位。陳亨利為後屆代表大會主席，孫念敏為後屆執行委員會主席。趙榮聲曾恩波則先後主持燕大週刊，吾班人材之眾，足見一斑矣。惟班人習於風尚，既多趨重其他團體生活，班會活動，反顯冷淡。僅私人之間，過從日密，情誼愈厚耳。

一九三七暑期，華北突演劇變。學校園地，首當其衝。吾人惴惴竊計，學業恐將中輟矣。初不料司徒校長之能排除萬難，使吾人得重聚燕園也。九月開學，班人來校註册者，僅八十七人。同學乍見之下，似驚似疑，亦悲亦喜，握手久久不釋。吾人今日回溯，不記語從何起，第覺心猶怦怦不息耳。是年，班會既無組織，空氣異常沉悶。同學埋首案頭，充實學業之暇，於團體服務精神，發揮不遺餘力。以故各課外團體組織中，吾班同學仍佔極大部份焉。如：

社會學會：主席：方綼　文書：范希純　會計：劉詒娍　庶務：杜連華

國文學會：文書：何蟠飛　校對：蔡善培　會計：傅王賢

新聞學會：主席　汪煥鼎　文書：張師賢

醫護預學會：主席：闞冠卿　委員：張安

經濟學會：執行委員：袁桓猷，陳金淼，沈頤生，謝維仲

歷史學會：執行委員：杜合，許純鎏

燕京新聞社：總理：張師賢　協理：汪煥鼎　編輯主任：張振淮

採訪主任：殷增芳

國劇研究社：常務幹事：俞康元，郭壽彭

團契學生部：男生部長：闞冠卿，女生部長：范希純。

公餘之暇，恒見三五友好，聯袂出校友門，立蔚秀亭上，看西山落日，餘霞在天，恬靜冲淡，深有陶靖節：「採菊東籬下，悠然見南山」意味！

一九三八年開學，同學頗多返校及轉自他校者。吾班註冊人數，復增至一百四十名。班人承大三時期服務精神之餘，仍努力發展課外活動。各社團中均有吾班同學。如：

經濟學會：執行委員：陳金淼，周淑生。

社會學會：主席：杜連華，文書：杜含英　會計：陳玉英　出版：趙盛鐸　學術：范希純

新聞學會：主席：王觀琪，文書：張師賢　學術：張振淮

哲學會：主席：葛力　委員：方緯，范希純

燕京新聞社：總理：汪煥鼎，經理：丁秉仁　協理：劉漢渚　襄理：殷增芳，編輯主任：張師賢

農村問題討論會：主席：言穆淵　會計：祝福康

國文學會：主席：何蟠飛　文書：傅玉賢　會計：楊毅和　講演：蔡善培

The Tatters' Club：執行委員：陳玉英，唐文順，羅秀貞，杜含英，麥佳曾，吳維先

是年，為吾班在校最後一歲。駒隙不留，河梁在望，四載厮磨，行將判袂惜別之情，尤難自已者。故此一年之中，同學每於撰寫論文之餘，昕夕過從，親若弟昆。舉凡園內草木之榮實，湖山之晴晦，亦無不着意欣賞，徘徊留戀。而年刊之刊，尤足志一時鴻爪，故於剞劂之前，復囑余拾掇陳迹，編纂為史。夫史之為體，宜確而不濫，華而有實，疎陋如余，何堪膺此。益以時地關係，不能無所顧忌，遜辭曲筆，罪戾滋多。惟願吾輩離校之後，無忘校訓，各敬所業，不徇時會推移，不為環境屈伏，藉此贅疣，畢憶往迹，俾蓬勃朝氣，不受挫抑，庶可稍殺余罪耳。

一九三九，五，一八，師賢於燕大。

目　錄

SCENERY
SPCW

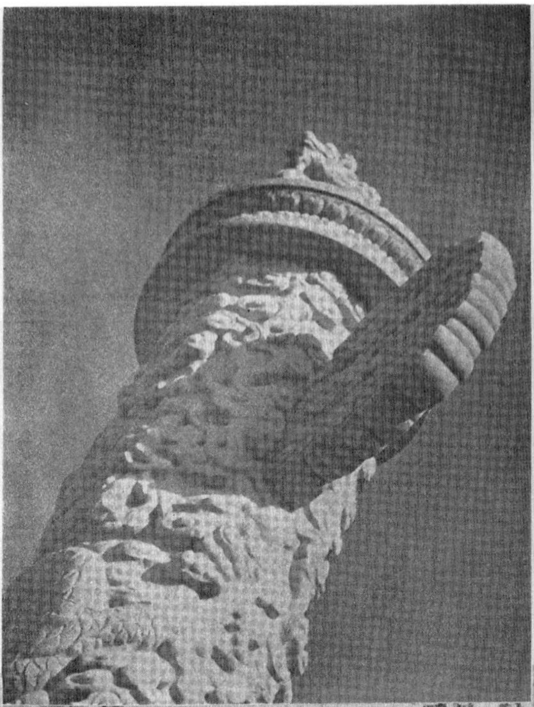

FACULTY
N
S

代理校長兼校務長
司徒雷登先生

Acting Chancellor and President
J. Leighton Stuart, D.D., Litt. D.

研究院院長
陸志韋先生
Dean of the Graduate Yuan
C. W. Luh, Ph. D.

宗教學院院長
趙紫宸先生

Dean of the School of Religion
T. C. Chao, M. A., B. D., Litt. D.

文學院院長
周學章先生

Dean of the College of Arts and Letters
Henry H. C. Chou, Ph. D.

理學院院長
韋爾巽先生

Dean of the College of Natural Sciences
Stanley D. Wilson, Ph. D.

法學院院長
陳其田先生

Dean of the College of Public Affairs
Gideon Ch'en, B. A.

女部主任
桑美德女士
Dean of the College for Women
Miss Margaret B. Speer, M. A.

國文學系主任
郭紹虞先生
Chairman of the Department
of Chinese
Kuo Shao-yü

英文學系主任
謝迪克先生
Chairman of the Department
of Western Languages
H. E. Shadick, B. A.

代理歷史學系主任
貝盧思女士

Acting Chairman of the Department
of History
Miss Lucy M. Burtt, M. A.

哲學系主任
博晨光先生

Chairman of the Department
of Philosophy
L. C. Porter, Ph. D.

心理學系主任
陸志韋先生
Chairman of the Department
of Psychology
C. W. Luh, Ph. D.

敎育學系主任
周學章先生
Chairman of the Department
of Education
Henry H. C. Chou, Ph. D.

新聞學系主任
劉豁軒先生
Chairman of the Department
of Journalism
Liu Hoh-hsuan, B. A.

音樂學系主任
范天祥先生
Chairman of the Department
of Music
Bliss wiant, M. A.

化學系主任
竇維廉先生

Chairman of the Department
of Chemistry
William H. Adolph, Ph. D.

生物學系主任
胡經甫先生

Chairman of the Department
of Biology
Chenfu F. Wu, Ph. D.

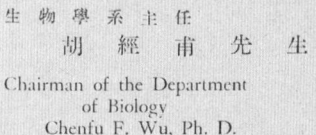

物理學系主任
班威廉先生

Chairman of the Department
of Physics
William Band, M. Sc.

數學系主任
達偉德先生

Chairman of the Department
of Mathematics
Walter W. Davis, M. S.

家政學系主任
桂美德女士
Chairman of the Department
of Home Economics
Miss Martha Kramer, Ph. D.

政治學系主任
吳其玉先生
Chairman of the Department
of Political Science
Wu Ch'i-yü, Ph. D.

經濟學系主任
陳其田先生
Chairman of the Department
of Economics
Gideon Ch'en, B. A.

社會學系主任
趙承信先生
Chairman of the Department
of Sociology
and Social Work
Chao Ch'eng-hsin, Ph. D.

GRADUATES

張　安

廣東新會

特別生物學系

張振淮

河北南皮

新聞學系

張　純　碧

福　建　平　和

政治學系

張　漢　槎

廣　東　東　莞

外國文學系

張厚班

河北南皮

政治學系

張鴻增

河北威縣

外國文學系

張　秉　乾

河北宛平

化學系

張　師　賢

河北撫寧

新聞學系

張宗善

河北滄縣

政治學系

趙致順

貴州貴陽

教育學系

趙　修　復

福　建　閩　侯

生物學系

趙　理　海

山　西　聞　喜

政治學系

趙盛鐸

河北豐潤

社會學系

趙宗乾

河北深澤

國文學系

陳 金 淼

遼寧遼陽

經濟學系

陳 亨 利

福建汀州

政治學系

陳宗基

福建古田

數學系

陳文珍

福建閩侯

特別生物學系

陳　瑜

河北豐潤

歷史學系

陳玉人

河北霸縣

物理學系

陳　玉　英

廣　西　崇　山

社會學系

陳　幼　石

河　北　武　清

經濟學系

陳耀翰

福建思明

特別生物學系

鄭棟材

福建福州

生物學系

程樂德

湖北漢口

特別生物學系

程世本

福建閩侯

歷史學系

戰 鎮 雄

湖 北 房 縣

物 理 學 系

齊 世 昌

遼 寧 遼 陽

社 會 學 系

江順成

河北灤縣

教育學系

江大偉

福建閩侯

經濟學系

錢　蔭　桐

浙江紹興

經濟學系

靳　宗　和

河北文安

政治學系

周淑生

福建閩侯

經濟學系

祝福康

江蘇無錫

經濟學系

朱 洪 蔭

河 北 北 平

特別生物學系

權 國 基

湖 北 武 昌

經 濟 學 系

范希純

四川鹽亭

社會學系

馮保犀

浙江慈谿

特別生物學系

傅玉賢

河北宛平

國文學系

韓天勇

山西陽曲

經濟學系

何卓容

廣東順德

教育學系

賀方達

廣東番禺

教育學系

何蟠飛

廣東高要

國文學系

赫寶源

河北宛平

心理學系

謝維仲

河北大興

經濟學系

許其田

福建思明

政治學系

許　織　雲

浙　江　瑞　安

生物學系

許　純　鎏

福　建　晉　江

歷史學系

徐緒堃

河北天津

外國文學系

徐國憲

廣東三水

化學系

徐　國　勳

河北天津

經濟學系

徐　麗　春

江蘇嘉定

教育學系

徐　秉　正

廣　東　開　平

特別生物學系

薛　懷　瑞

山　東　青　島

外國文學系

胡啓寅

陝西榆林

新聞學系

胡榮德

河北通縣

家政學系

闞冠卿

河北遷安

特別生物學系

高艾其

福建長樂

家政學系

高潤泉

河北天津

特別生物學系

葛力

河北順義

哲學系

鄺華俊

廣東台山

物理學系

龔立華

河北大興

政治學系

孔 慶 雲

山 東 德 平

經 濟 學 系

郭 壽 彭

河 北 天 津

政 治 學 系

勞同霞

山東陽信

歷史學系

李芳

遼寧瀋陽

教育學系

李　玉　蘭

河北通縣

教育學系

李　復　克

Frank Liebenthal

德　　國

化學系

林　鏡　東

浙　江　瑞　安

經濟學系

林　華　堂

廣　東　南　海

特別生物學系

劉金定

廣東台山

音樂學系

劉濬璇

河北天津

數學系

劉　漢　緒

河 北 深 縣

新 聞 學 系

劉　紹　秀

河 北 深 縣

教 育 學 系

劉曾壯

河北河間

社會學系

劉詒娀

安徽貴池

社會學系

劉穎方

廣東台山

社會學系

羅秀貞

河北宛平

歷史學系

婁安吉

浙江紹興

教育學系

呂鍾璧

察省涿鹿

歷史學系

馬蒙

浙江鄞縣

社會學系

麥佳曾

廣東順德

社會學系

班洵

綏遠豐鎮

政治學系

倪道燾

安徽阜陽

政治學系

沈 琋 珊

湖 北 黃 陂

社 會 學 系

沈 聿 温

廣 東 番 禺

化 學 系

蘇應衡

廣東南海

特別生物學系

孫璧媃

福建閩侯

化學系

孫　素　錦

河南葦縣

家政學系

孫　德　兗

山東滕縣

物理學系

宋文甲

遼寧遼陽

經濟學系

譚娟傑

廣東南海

生物學系

檀先璜

安徽望江

社會學系

湯心巽

江蘇武進

經濟學系

湯　瑞　琳

山東蓬萊

歷史學系

唐　文　順

廣東中山

外國文學系

陶榮錦

安徽滁縣

特別生物學系

丁鑑宏

山東日照

外國文學系

丁 秉 仁

河 北 北 平

新 聞 學 系

蔡 善 培

河 北 天 津

國 文 學 系

杜洽

山西文水

歷史學系

杜含英

山西離石

社會學系

杜 連 華

河 北 遵 化

社 會 學 系

屠 曾 飴

江 蘇 吳 縣

化 學 系

董　　離

江西餘江

敎育學系

王　志　毅

河北天津

數學系

汪　煥　鼎

江　蘇　無　錫

新聞學系

王　觀　琪

浙　江　紹　興

新聞學系

王　世　慈

福　建　閩　侯

經濟學系

汪　德　秀

廣　東　番　禺

教育學系

王　纘　武

山西臨汾

經濟學系

王　端　驄

河南開封

經濟學系

魏大仁

河北安次

外國文學系

魏道煌

福建閩侯

物理學系

翁　景　光

廣　東　台　山

物理學系

吳　潤　芳

安　徽　涇　縣

政治學系

吳奎齡

江蘇吳縣

經濟學系

吳壽祺

河北天津

化學系

吳達人

江蘇無錫

政治學系

吳維先

江蘇上海

社會學系

楊長生

河北清苑

物理學系

楊曾武

河北北平

經濟學系

楊　毅和

湖北宜昌

國文學系

楊　友鳳

廣東南海

特別生物學系

葉　家　璋

河　北　雞　澤

國文學系

葉　蕙　芳

廣　東　台　山

特別生物學系

閻簡弼

河北正定

國文學系

言穆淵

江蘇常熟

經濟學系

嚴 東 生

浙 江 杭 縣

化 學 系

殷 增 芳

湖 南 醴 陵

新 聞 學 系

俞　康　元

浙　江　紹　興

外國文學系

俞　德　康

江　蘇　吳　縣

外國文學系

王文華

河北北平

教育學系

袁桓猷

江蘇松江

經濟學系

岳　家　翰

河　北　天　津

化　學　系

COLLEGE LIFE

和藹可親
苦口婆心！
偉大的博雅塔象徵着他的人格
司徒校長住宅
臨湖軒
司徒雷登校長
循循善誘
司徒校長與
英大使合影

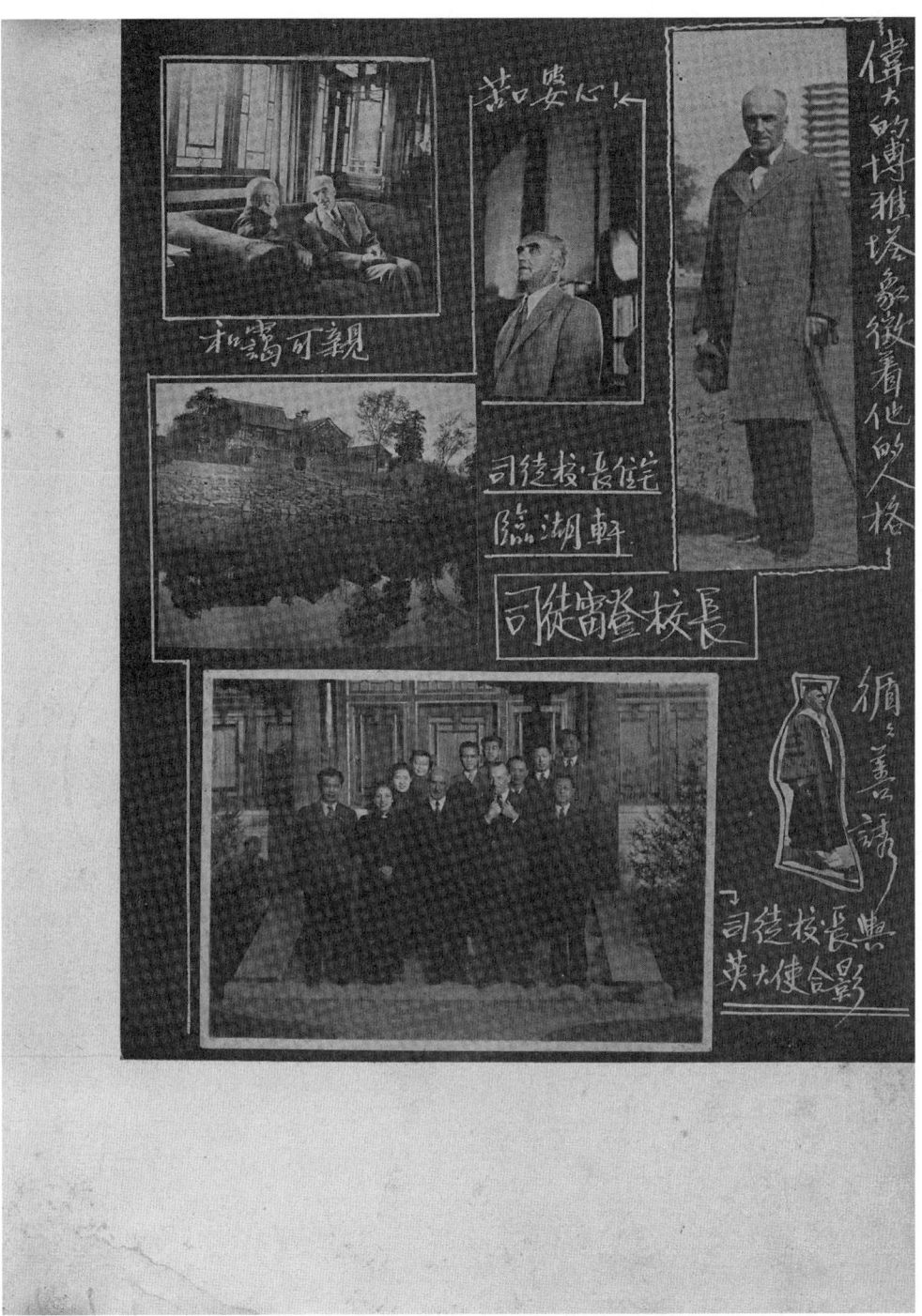

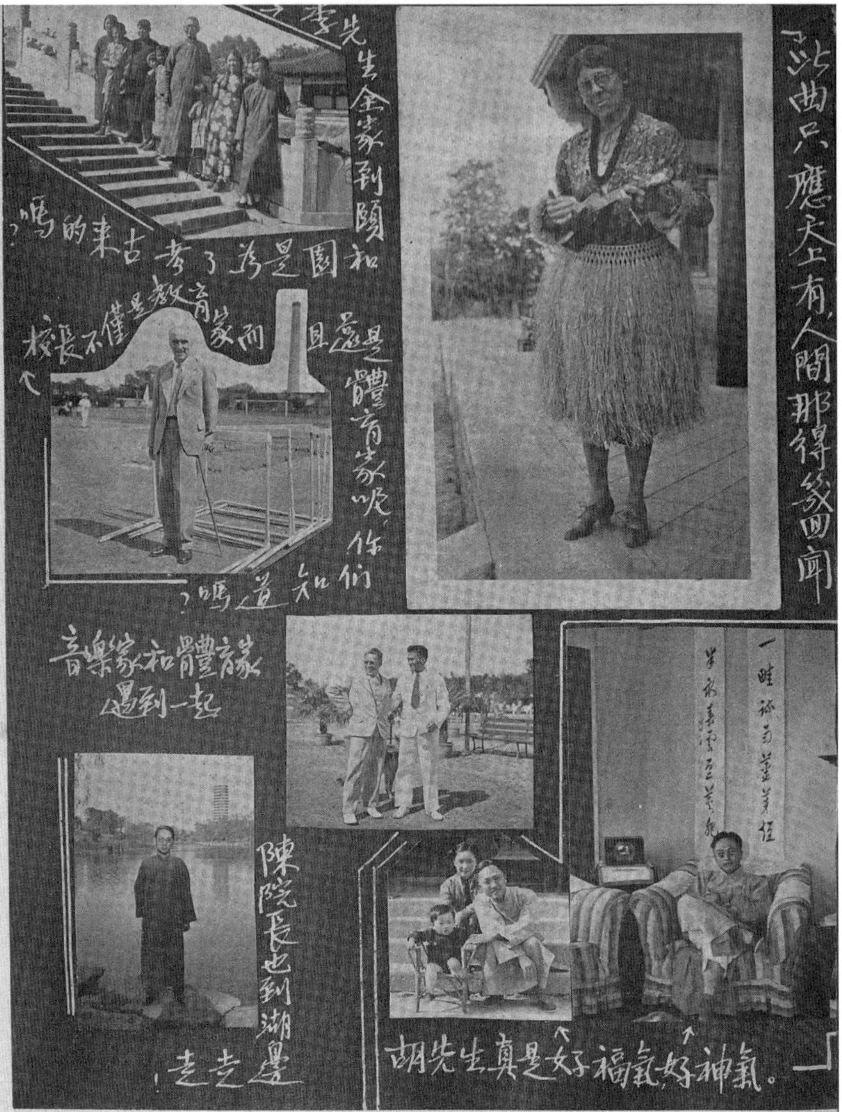
李先生全家到頤和園是為了考古來的嗎？
校長不僅是教育家而且還是體育家呢，你們知道嗎？
此曲只應天上有，人間那得幾回聞
音樂家和體育家遇到一起
陳院長也到湖邊走走
胡先生真是好福氣，好神氣。

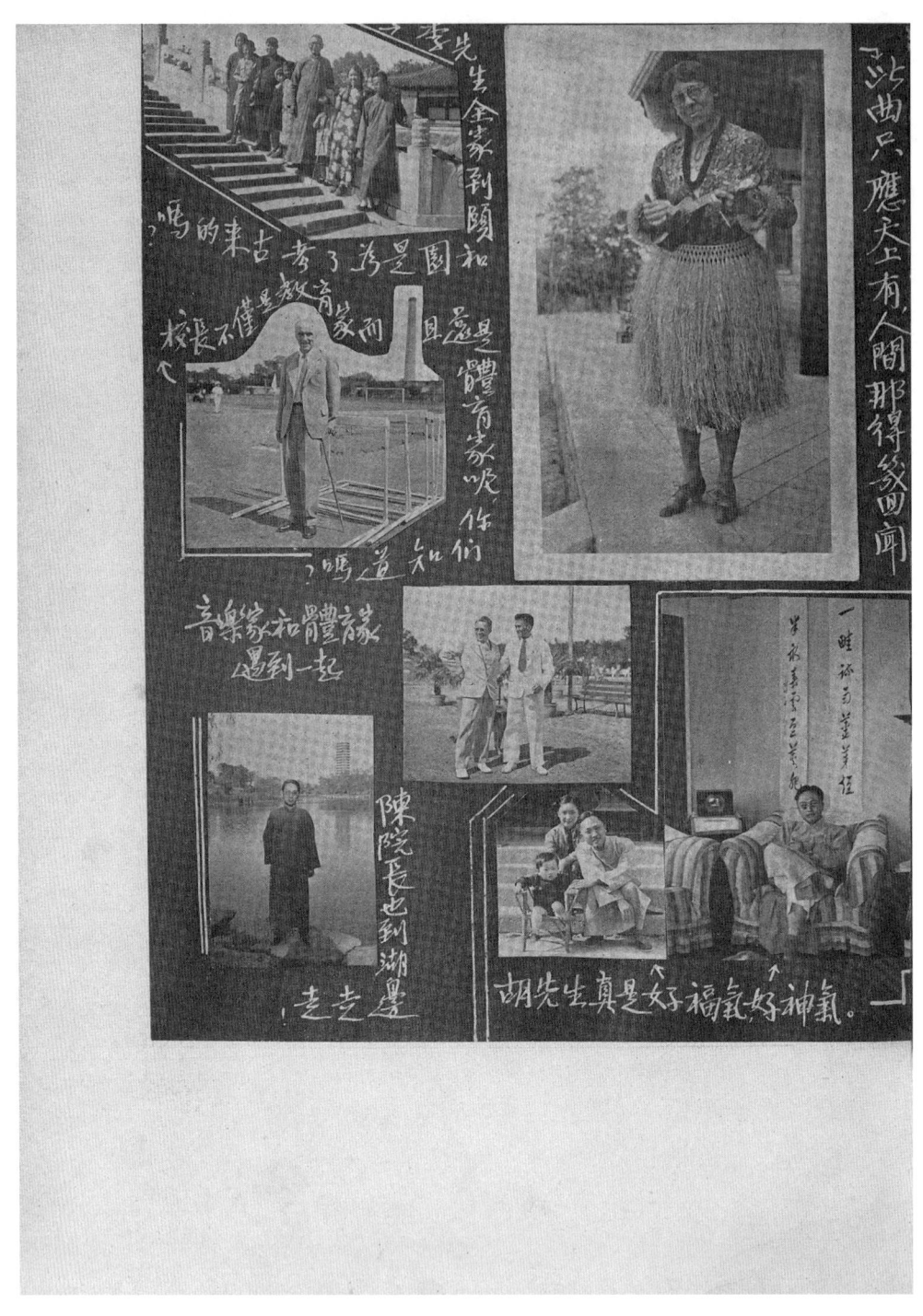

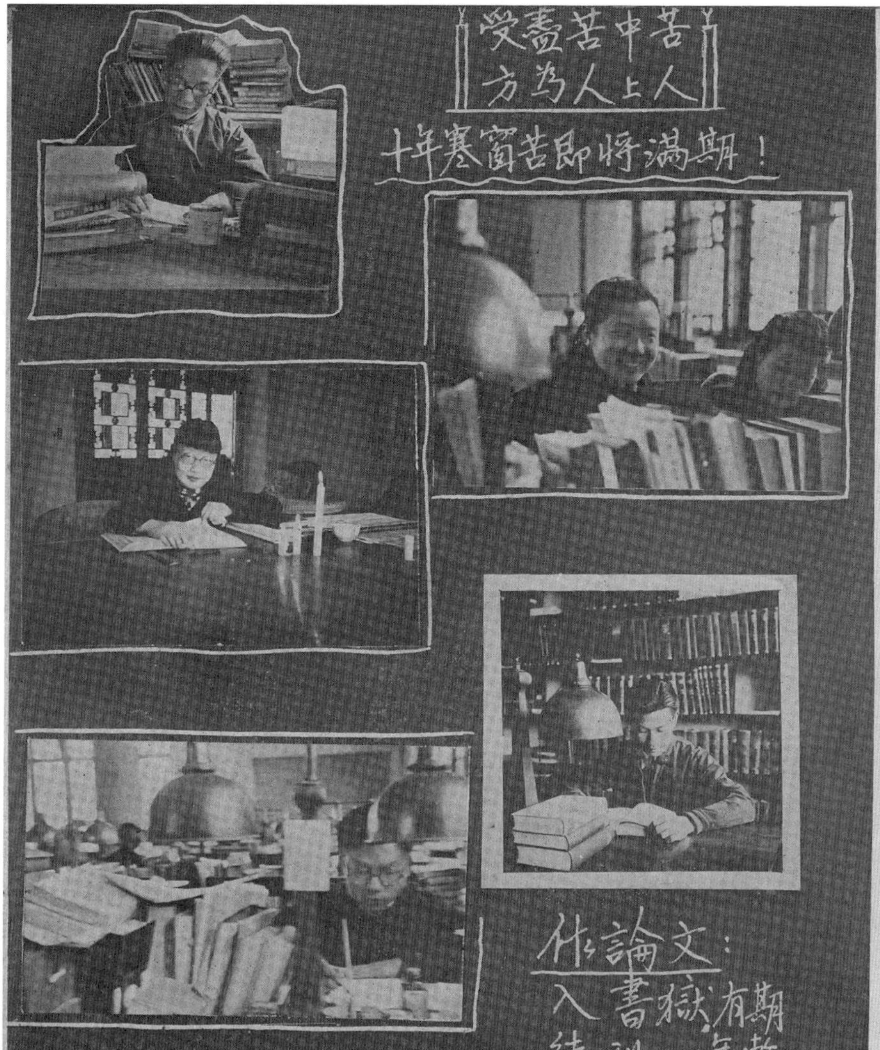
受盡苦中苦
方為人上人
十年寒窗苦即將滿期！
作論文：
入書獄有期
徒刑一年整！

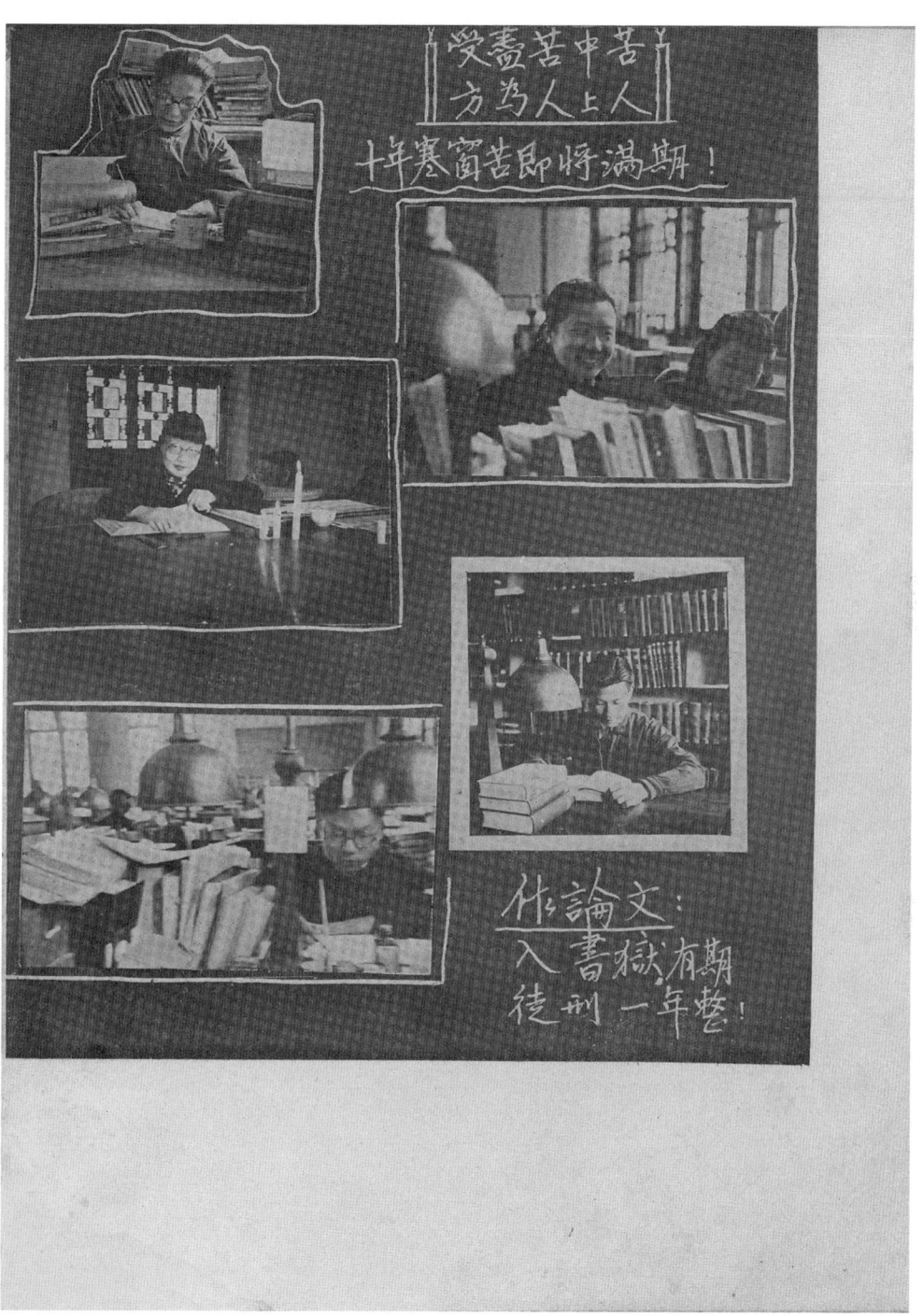

各有千秋
燈光与眼鏡光一色，腦袋瓜与書本齊飛。
一日之計在於晨
文學院挾書姿勢！
法學院挾書姿勢！
功課完畢太陽西，挾着書本宿舍去，
透透空氣再幹！
老吳，你興頭也小多了吧？
理學院挾書姿勢！

"喂！你那兒？………唔！到我office来吧！"
Modern Great 1938
生病的别着急
她有办法！

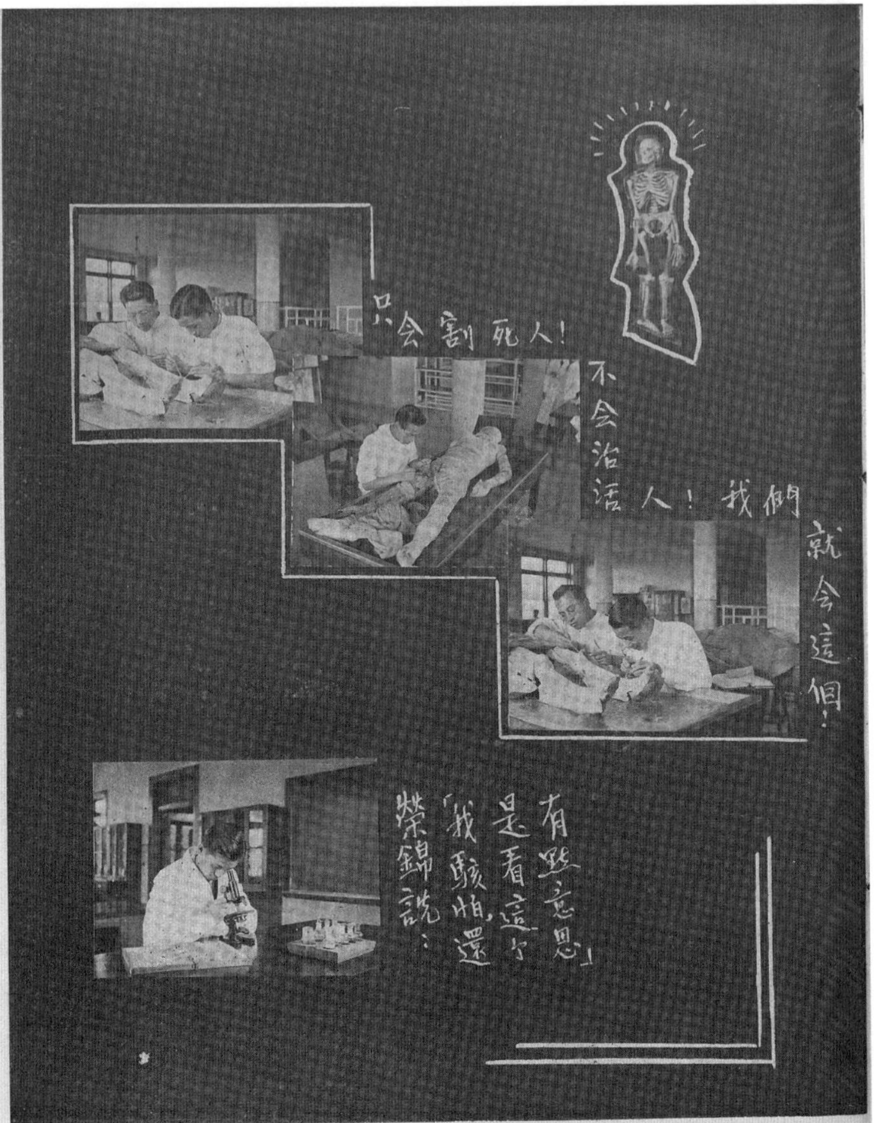
只会割死人！不会治活人！我們就会這個！
榮錦說：「我駭怕，還是看這个有點意思」

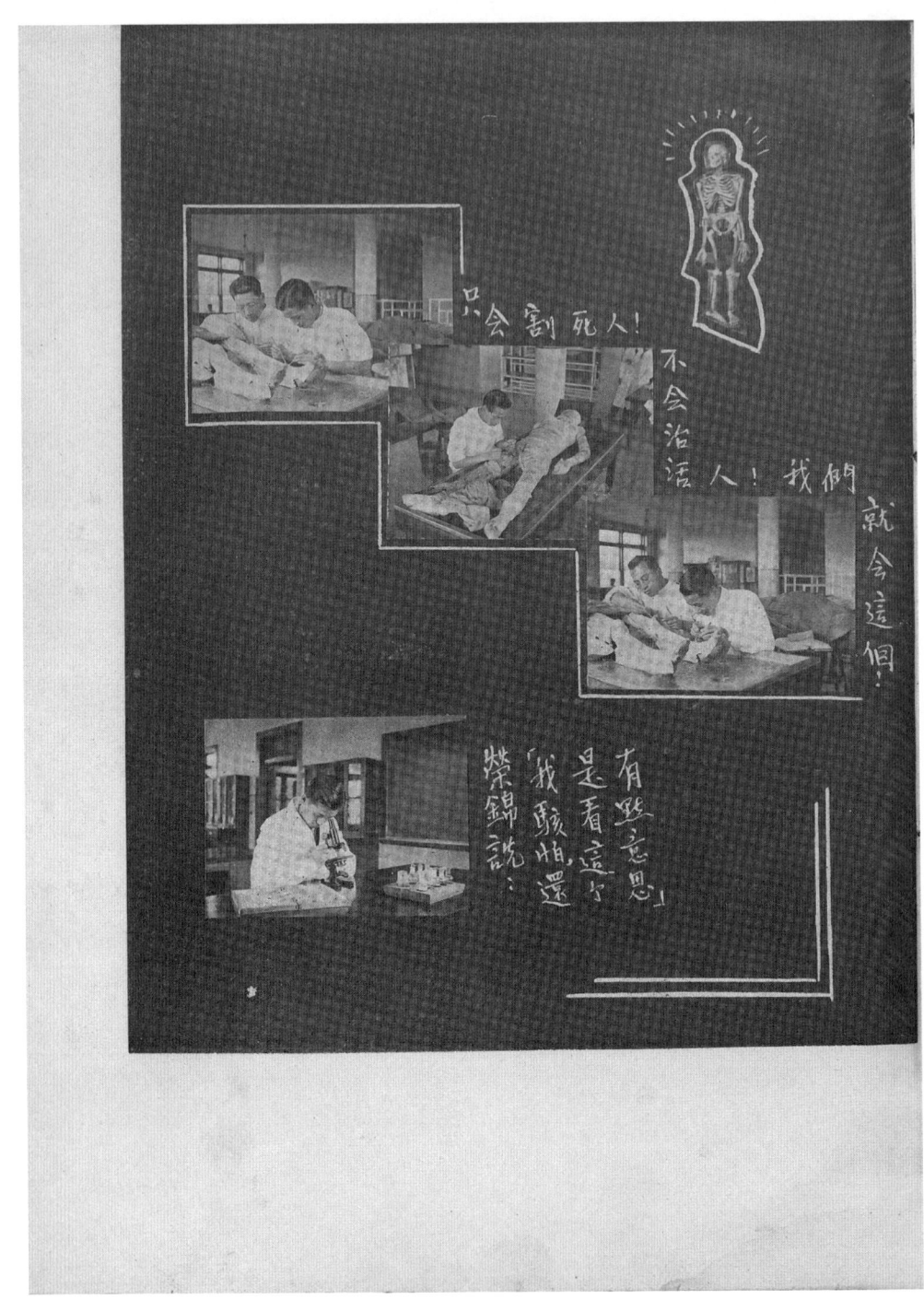

乘客過多—於是
爭先恐後！
多人寧願蝸居于載客過多之汽車？
未能估計準確
結果
University trying to Improve Bus Service
校車之載重量不足證也。！

紫禁宮門
男賓止步
香閨綉閣
兩人一屋
此屋最美得有銀盾為証？
暇時從窗内向外看々風景
女校餐廳
兩雙筷子以重衛生
或是到籐蘿架下散步！

機會難得
一年兩次、
吃東西
好漂亮的小屋
你說倒底是誰的窗户美?
也要合作.
小心別燙手!
是真在洗衣服嗎?

我們的"藝術家"
"猜一猜
"回春之曲"之一幕
載歌載唱！
又一幕
"行至中途風雨暴"
THE ENGLISH CLUB
三教九流

國劇
陳宗基說：「老林你敢進我的城嗎？」
林鏡東說：「我不幹，你們算學系的算計我一下我受不了！」
王有道說：「得啦，千不是萬不是是我的不是。你生氣我也不好受，別忘咱倆是一個人啊！」
蘇三說：「你說我够多麼命苦，走到半路把崇老伯也給丟了！」

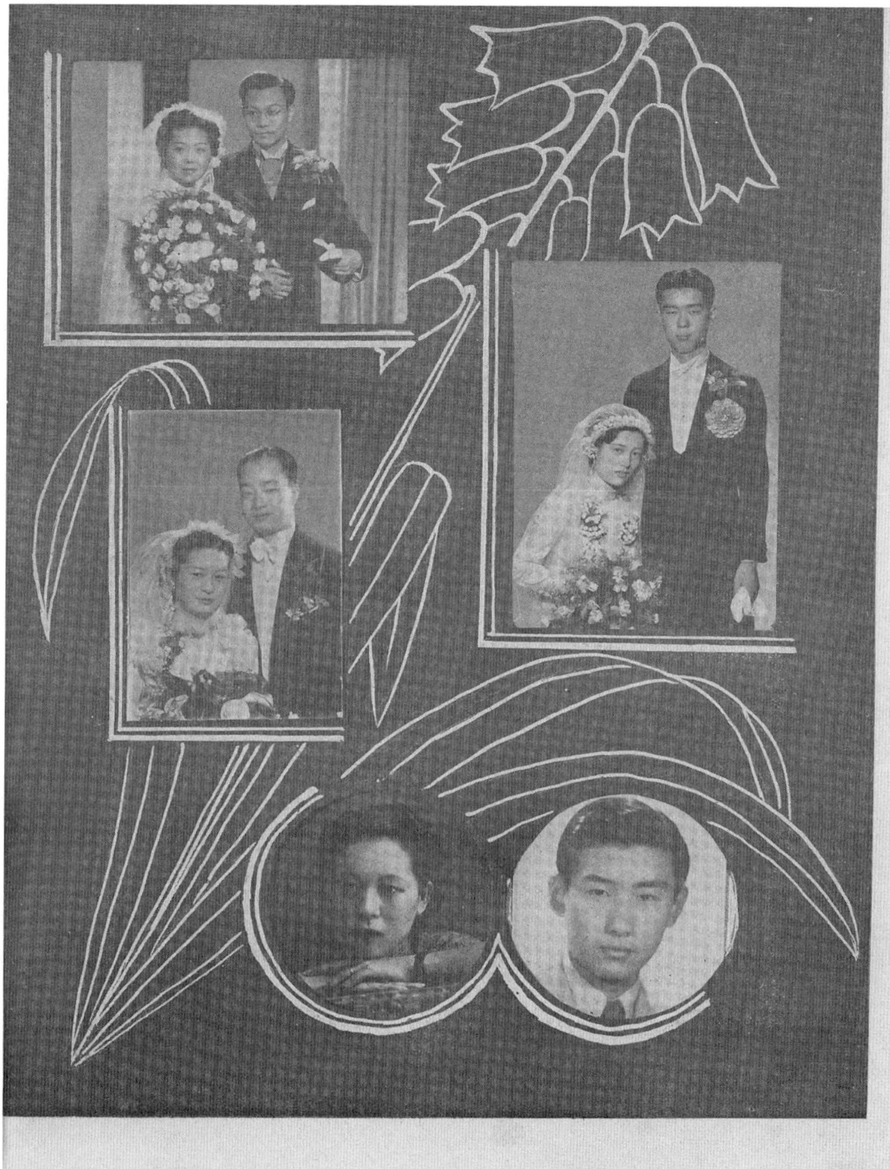

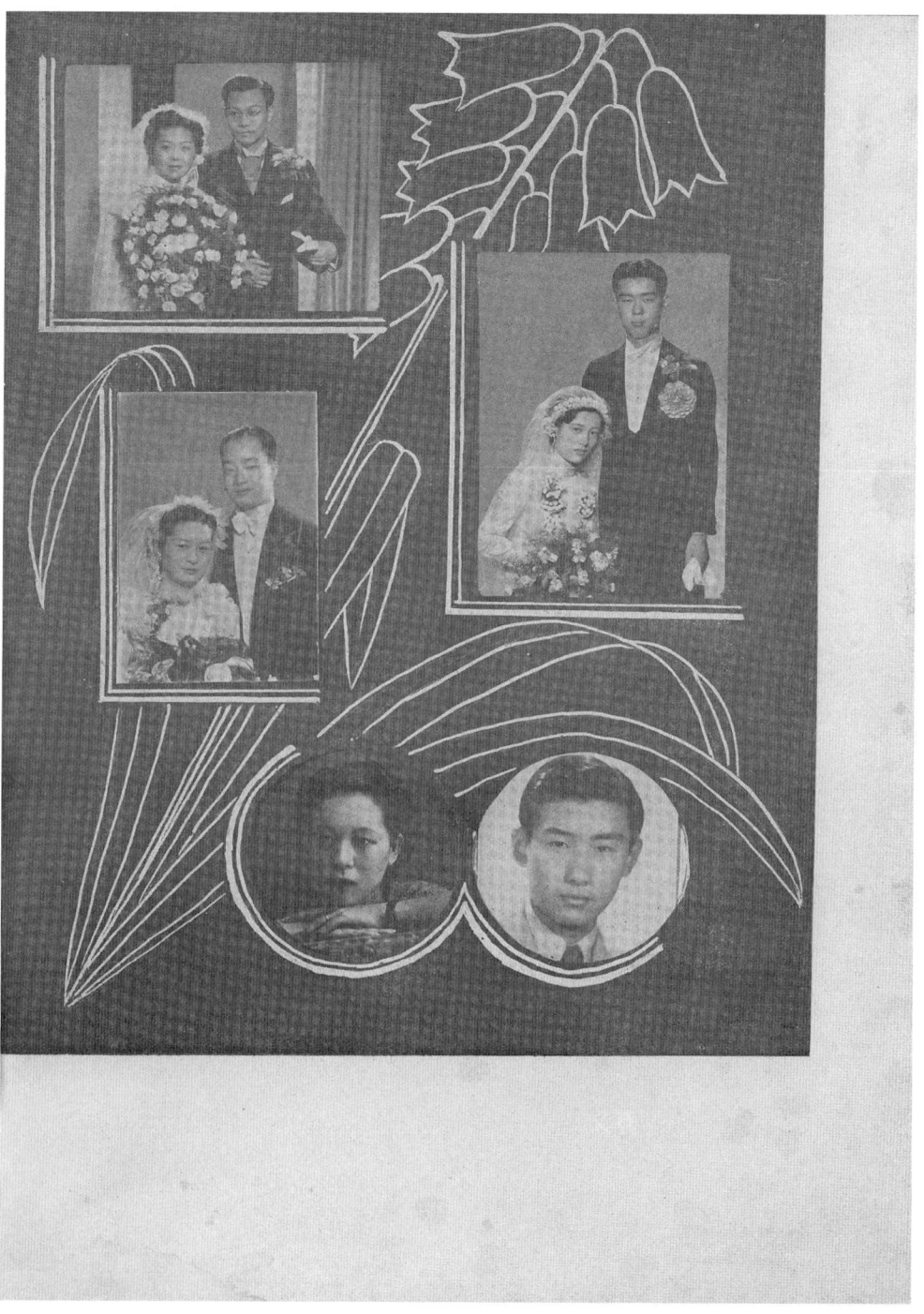

月圓
花好

這是洋囡囡!
誰想到這小孩是未來的鋼琴能手!
你們猜這是誰?
劉金定五個月時留影。
張宗善的小寶貝

食，人之大慾也。本班對於食之方式尤有獨到之研究，有圖為証：

受罪也得吃法
(畢業後实用)

私吃法(四年級实用)

集團吃法(一年級实用)

越吃越少越費事！

三味(位)吃法(二年級实用)

獨吃法(三年級实用)

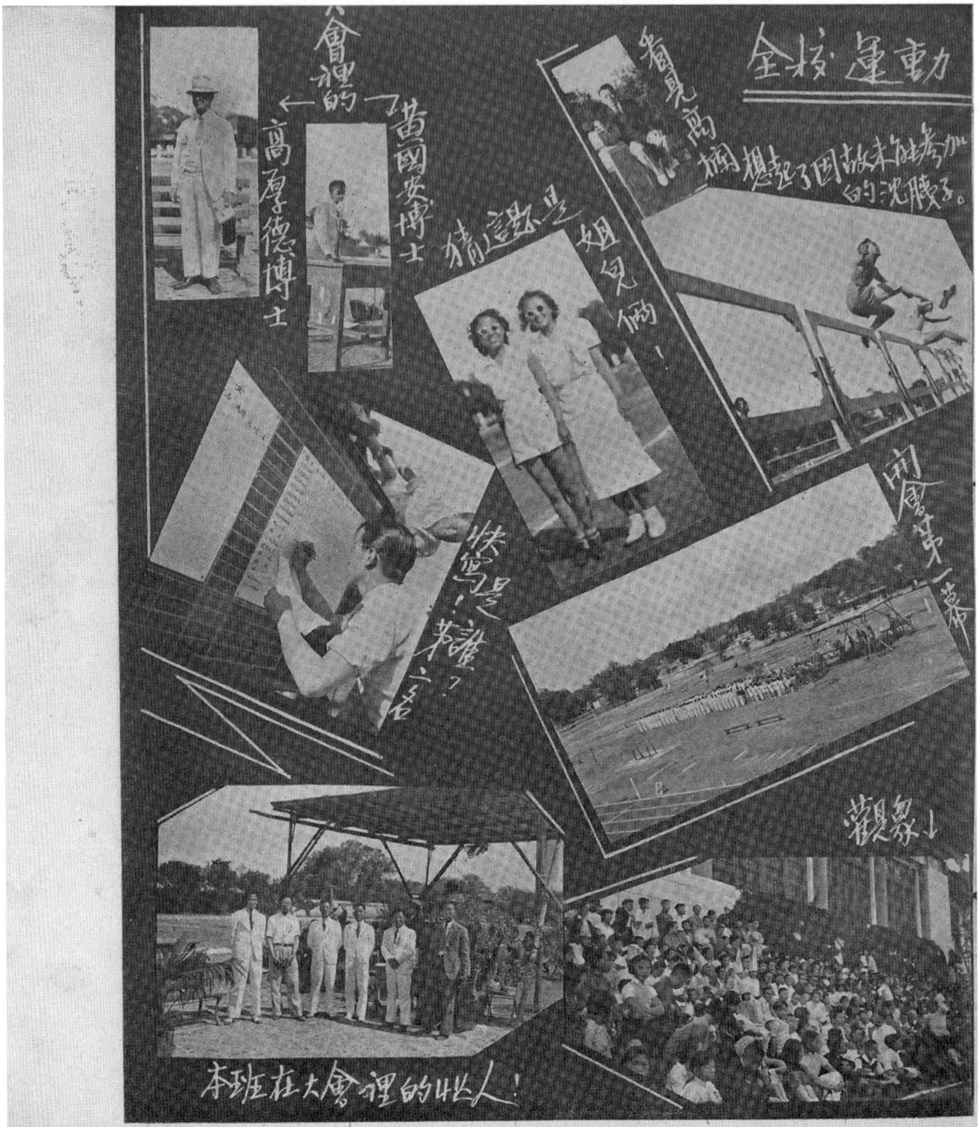
全校運動
看見高欄想起了因故未能參加的沈騰了。
大會裡的
← 高厚德博士
黃國安博士
猜這是誰？姐兒倆！
大會第一幕
快寫是誰？
觀衆↓
本班在大會裡的忙人！

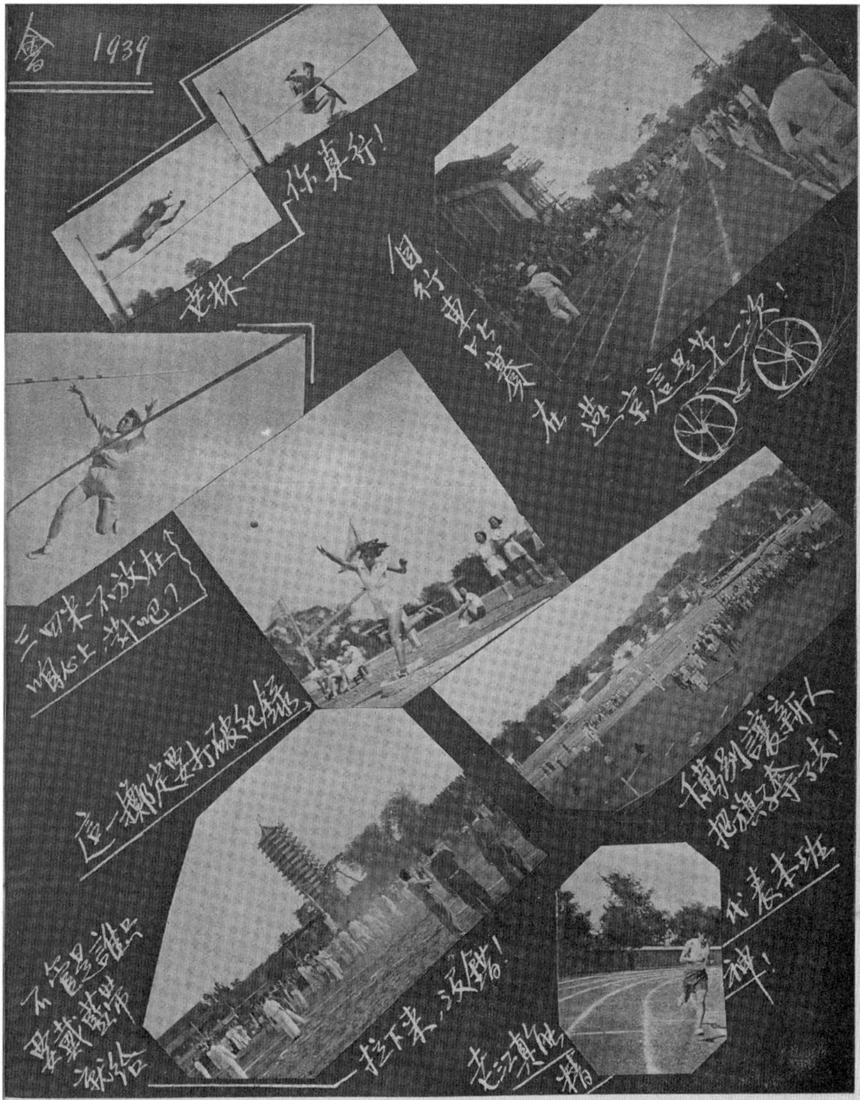
會 1939
你真行!
老林
自行車比賽在燕京這是第一次!
這一擲定要打破紀錄
拉下來,沒錯!

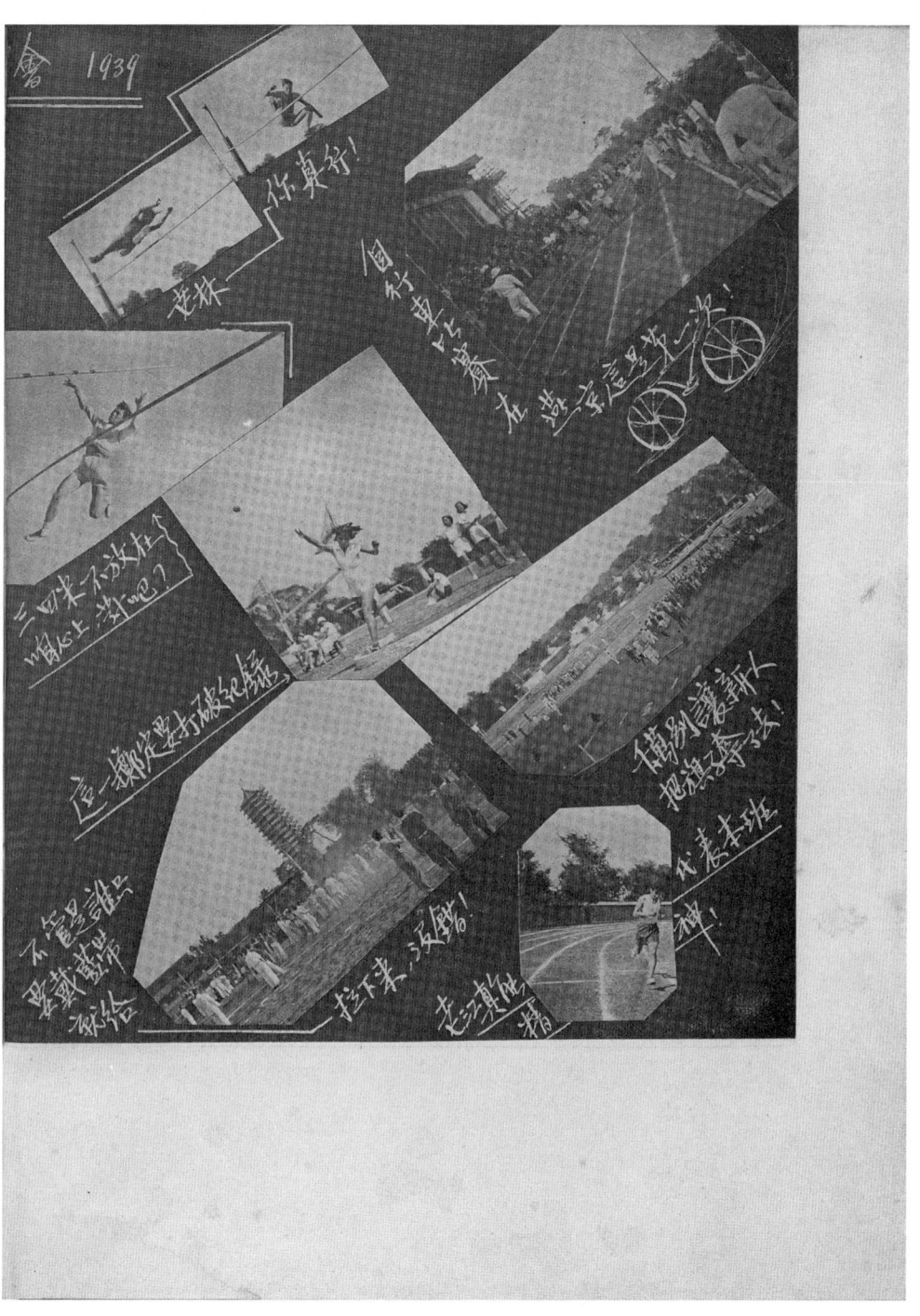

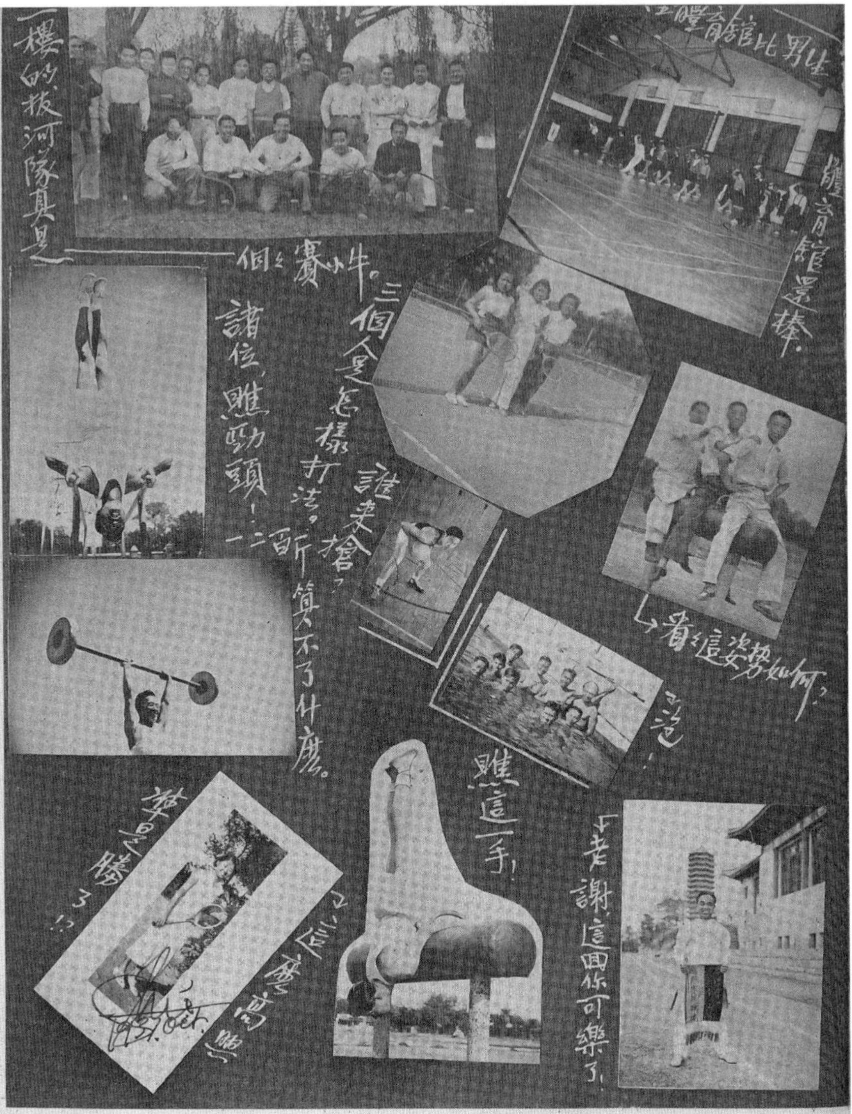

體育館還棒。
三個人是怎樣打法。
諸位，瞧勁頭！
誰來搶？
一二百斤算不了什麼。
看這姿勢如何？
瞧這一手！
老謝，這回你可樂了。
要是勝了!?

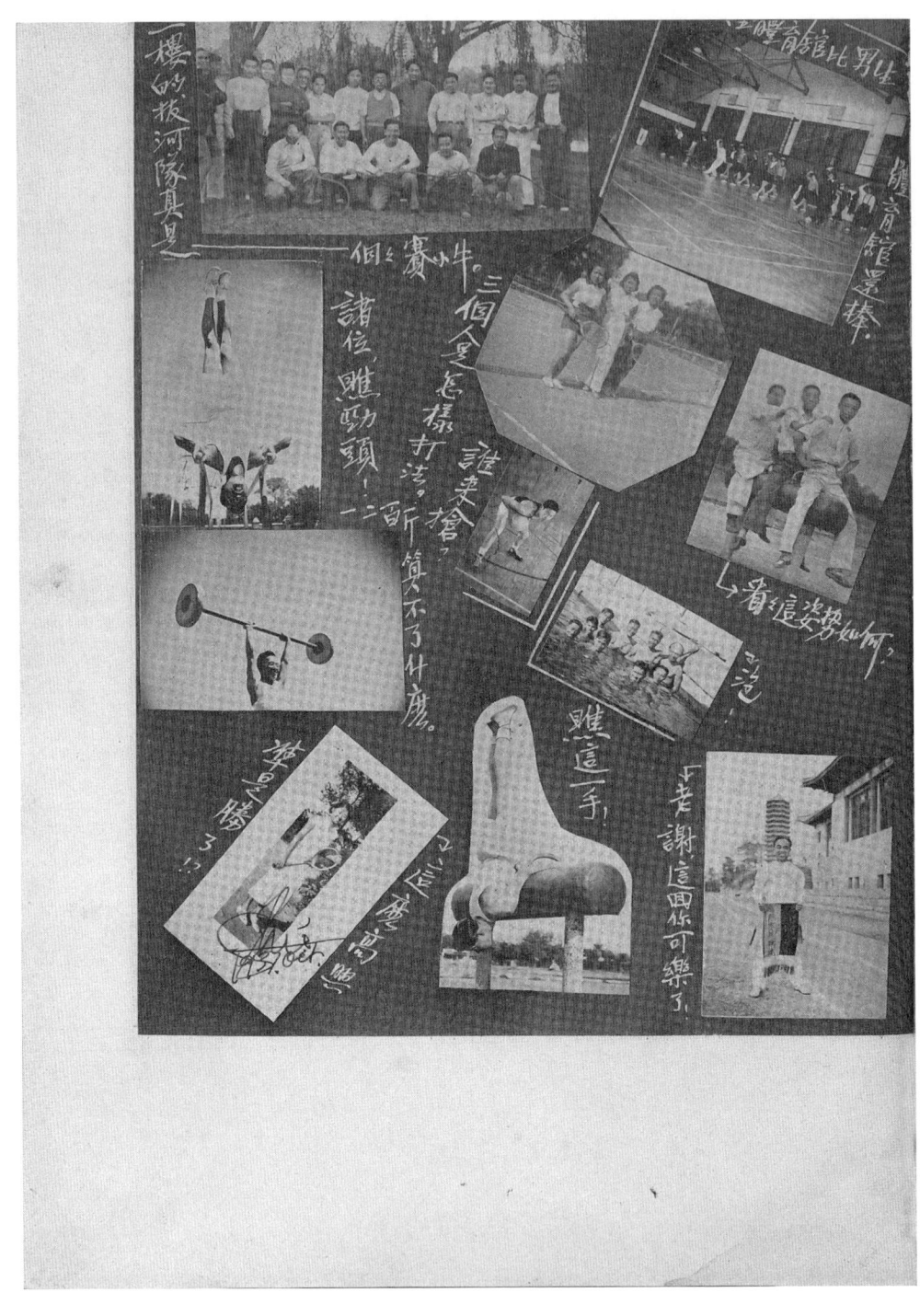

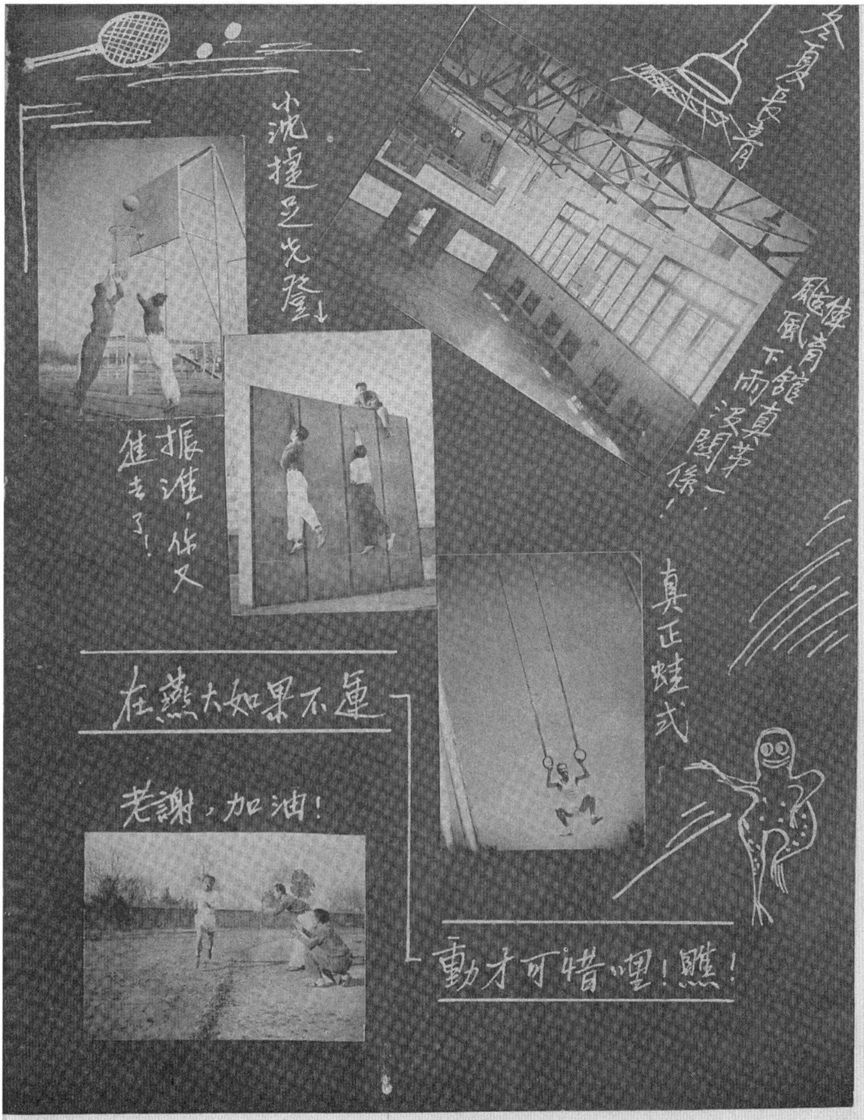
冬夏長青
小沈捷足先登↓
體育館真第一、颳風下雨沒關係！
振謙，你又進去了！
真正蛙式
在燕大如果不運動才可惜哩！瞧！
老謝，加油！

排球場上的對頭！
T. N. T.

不是吹，燕大的冰場真不含糊不信請看像片！
瞧這個大外力！
小心點別漏下去！
摔跤也講究姿勢嗎？
癮頭比賽前四名合影。

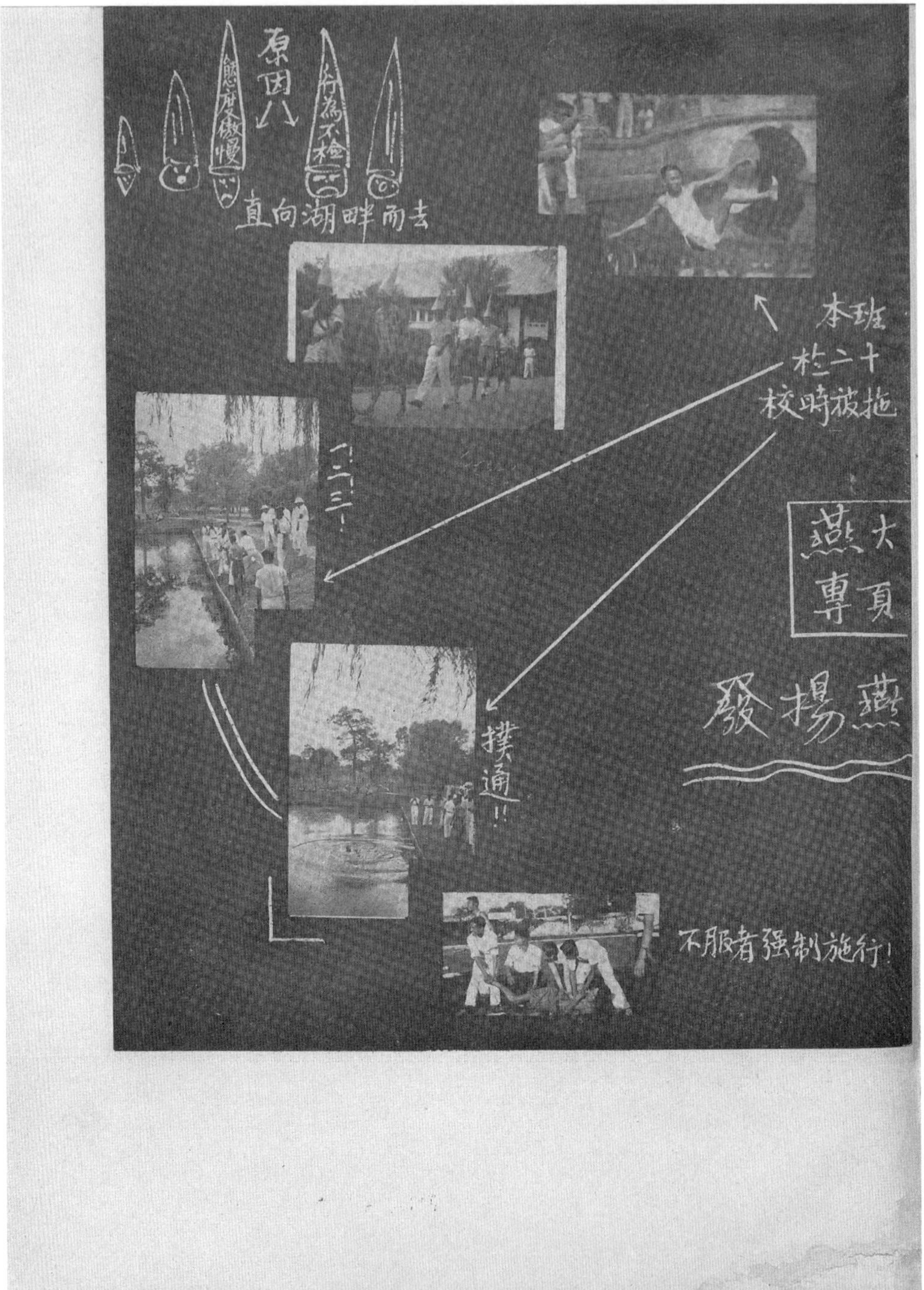
原因八
態度傲慢
行為不檢
直向湖畔而去
本班
於二十
校時被拖
一、二、三！
撲通!!
燕大
專頁
發揚燕
不服者強制施行！

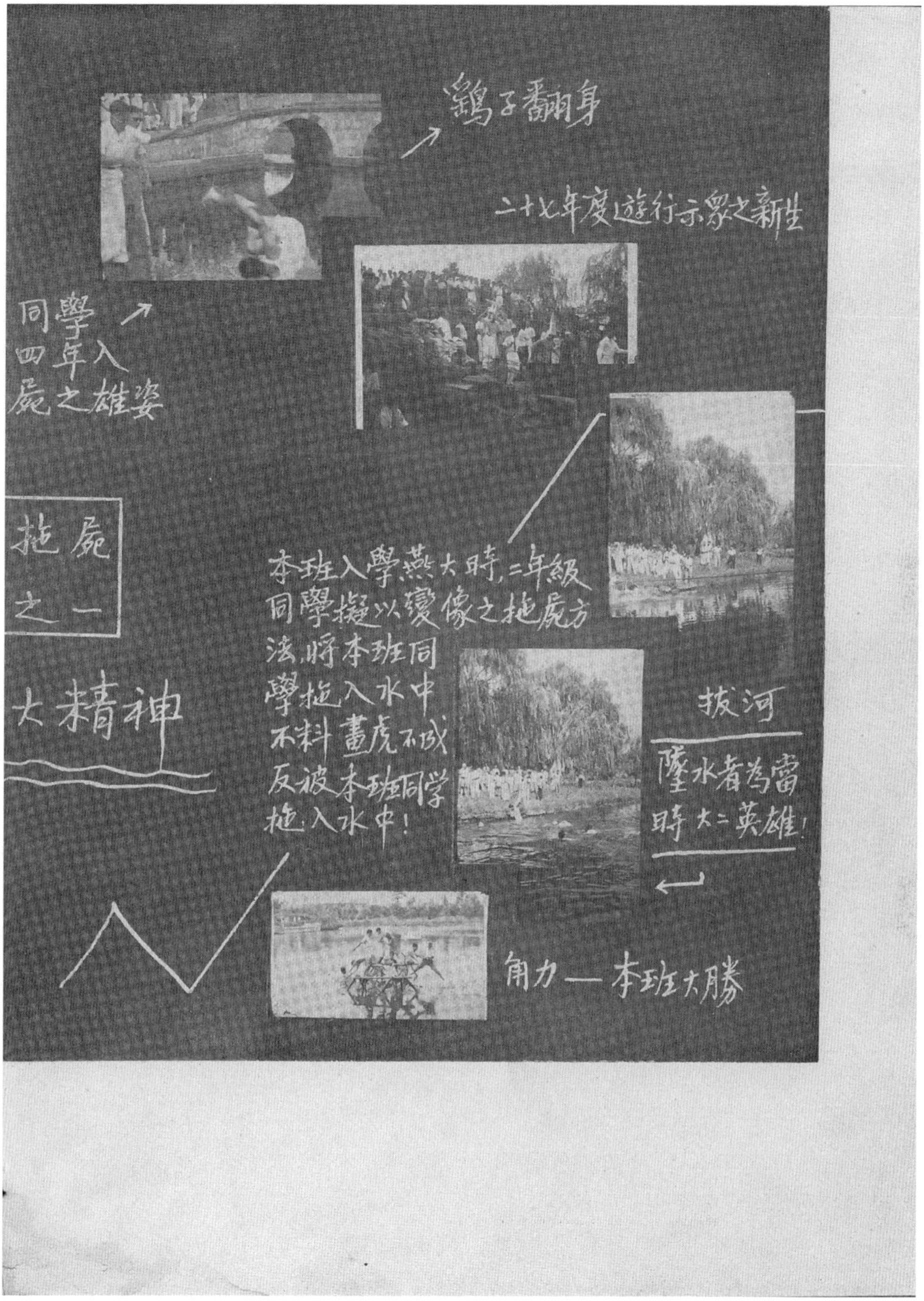
鷂子翻身
二十七年度遊行示衆之新生
同學
四年入
屍之雄姿
拖屍
之一
大精神
本班入學燕大時，二年級
同學擬以變像之拖屍方
法，將本班同
學拖入水中
不料畫虎不成
反被本班同学
拖入水中！
拔河
墜水者為當
時大大英雄！
角力——本班大勝

中外水陸拖屍種種：
大蝦式
寡不敵衆
慘被拖屍！
↓此公是龍王快婿！
元寶式←
仰面朝天一聲嘆式→
→老太太蹲被窩式
倒栽葱式（洋葱）→

開始比賽 →

本班榮膺冠軍 ←

新舊生比賽：划船—奪旗

（划船 ↓ 二十四年；奪旗 ↓ 二十七年）

奪旗

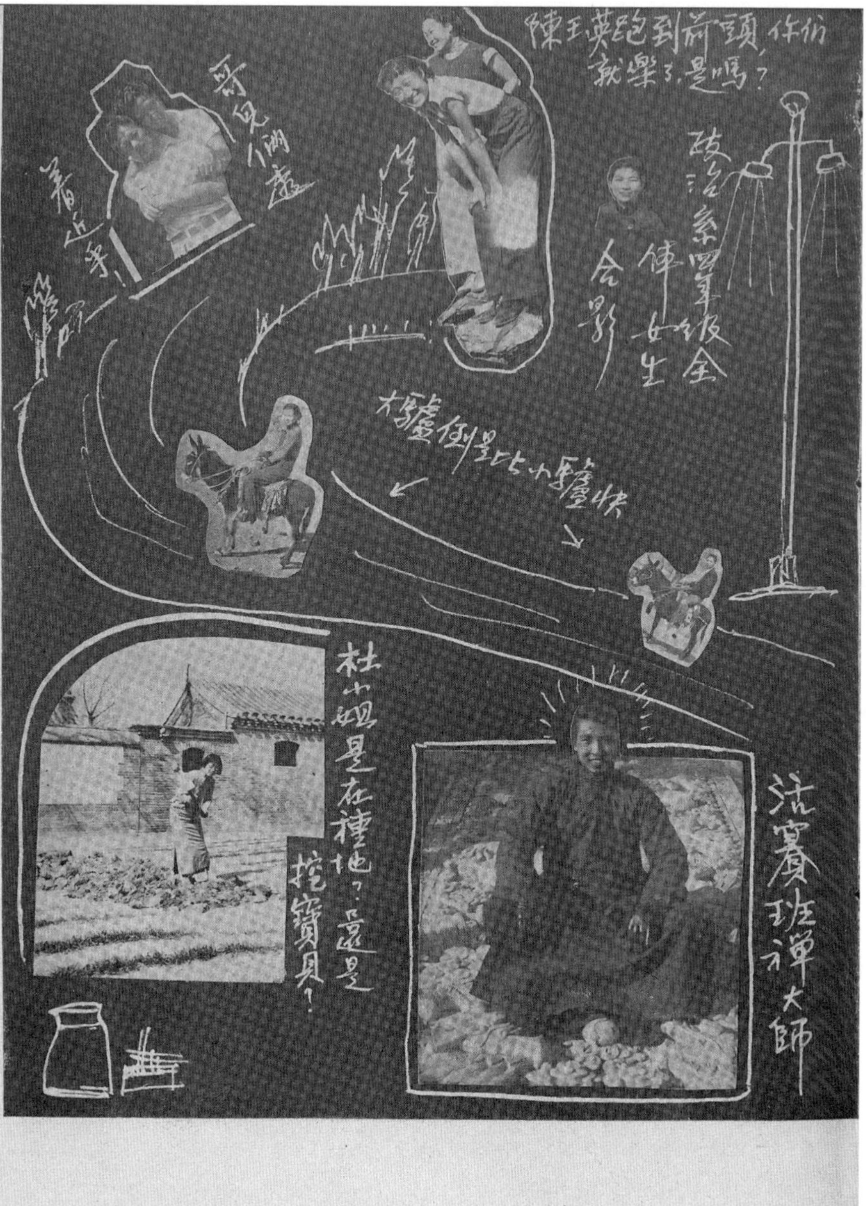
陳玉英跑到前頭，你們就樂了，是嗎？
政治系四年級全體女生合影
杜小姐是在種地？還是挖寶貝？
活賽班禪大師

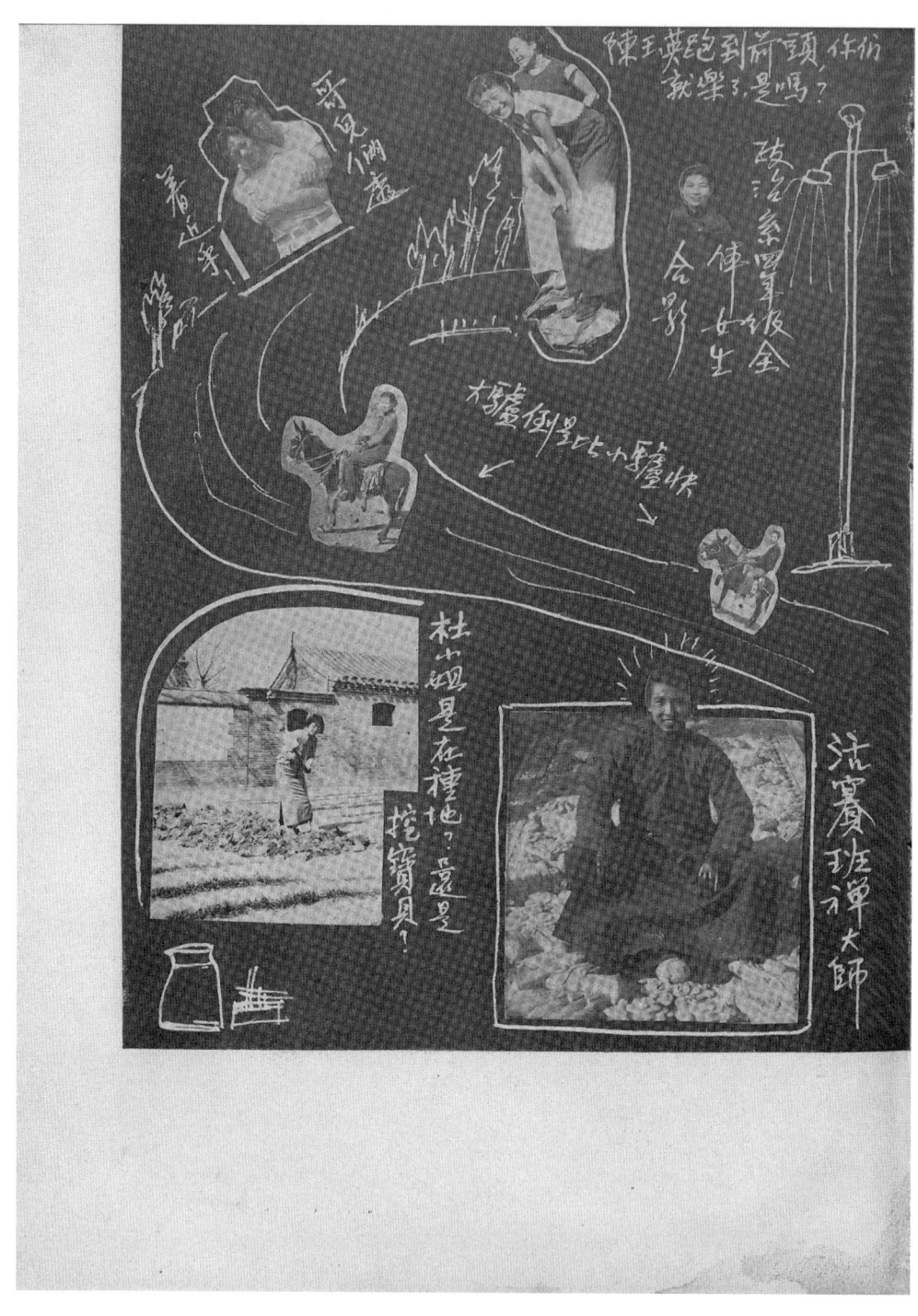

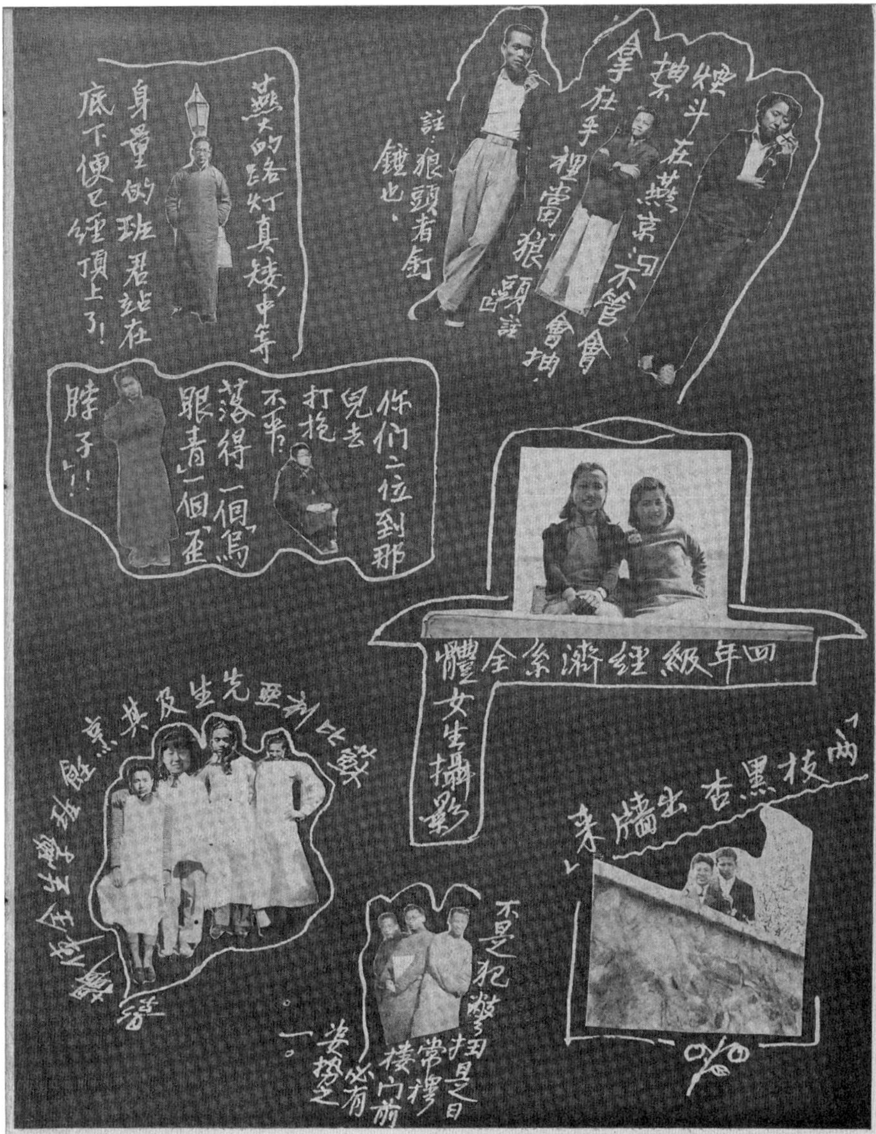
燕大的路灯真矮，中等身量的班君站在底下便已經頂上了！
煙斗在燕京不管會抽不會抽，拿在手裡當狼頭（註）
註：狼頭者釘錘也。
你們二位到那兒去打扮？不要落得一個烏眼青一個歪脖子！！
四年級經濟系全體女生攝影
蘇比利亞先生及其燕京餐廳全體女侍應生
不是犯警，是日常掃樓門前必有姿勢之一。
兩枝黑杏出牆來

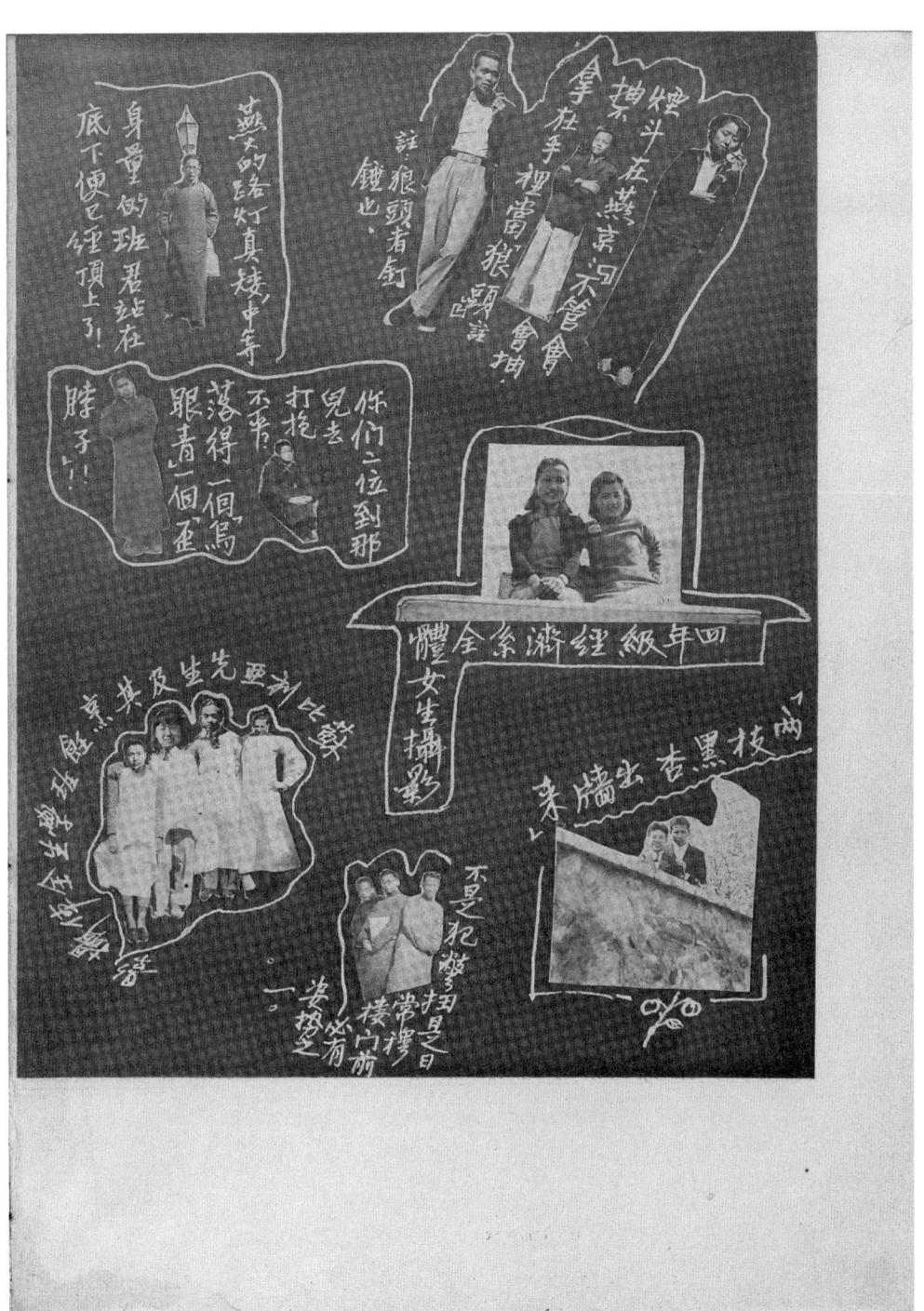

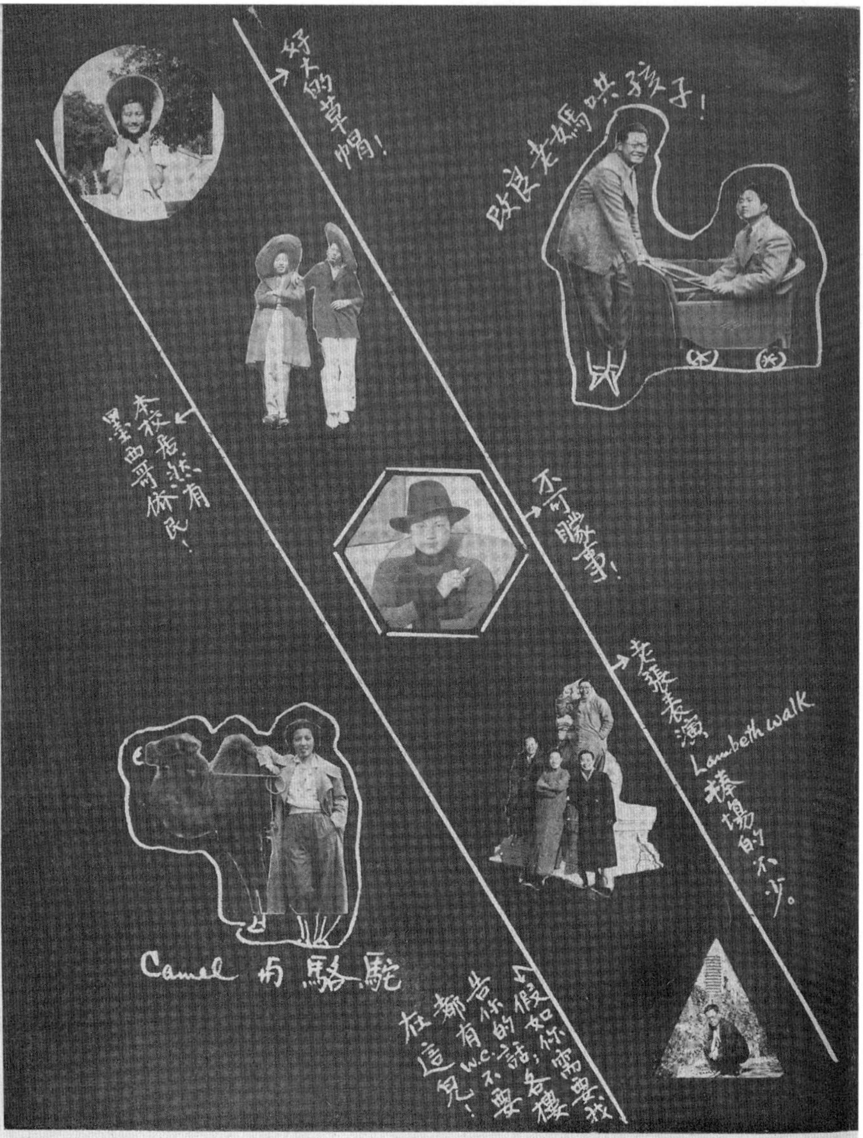
好大的草帽！
改良老媽哄孩子！
本校居然有墨西哥僑民！
不可勝事！
老張表演Lambeth walk捧場的不少。
Camel 的駱駝
假如你需要找W.C.的話；各樓都有，不要告你在這兒！

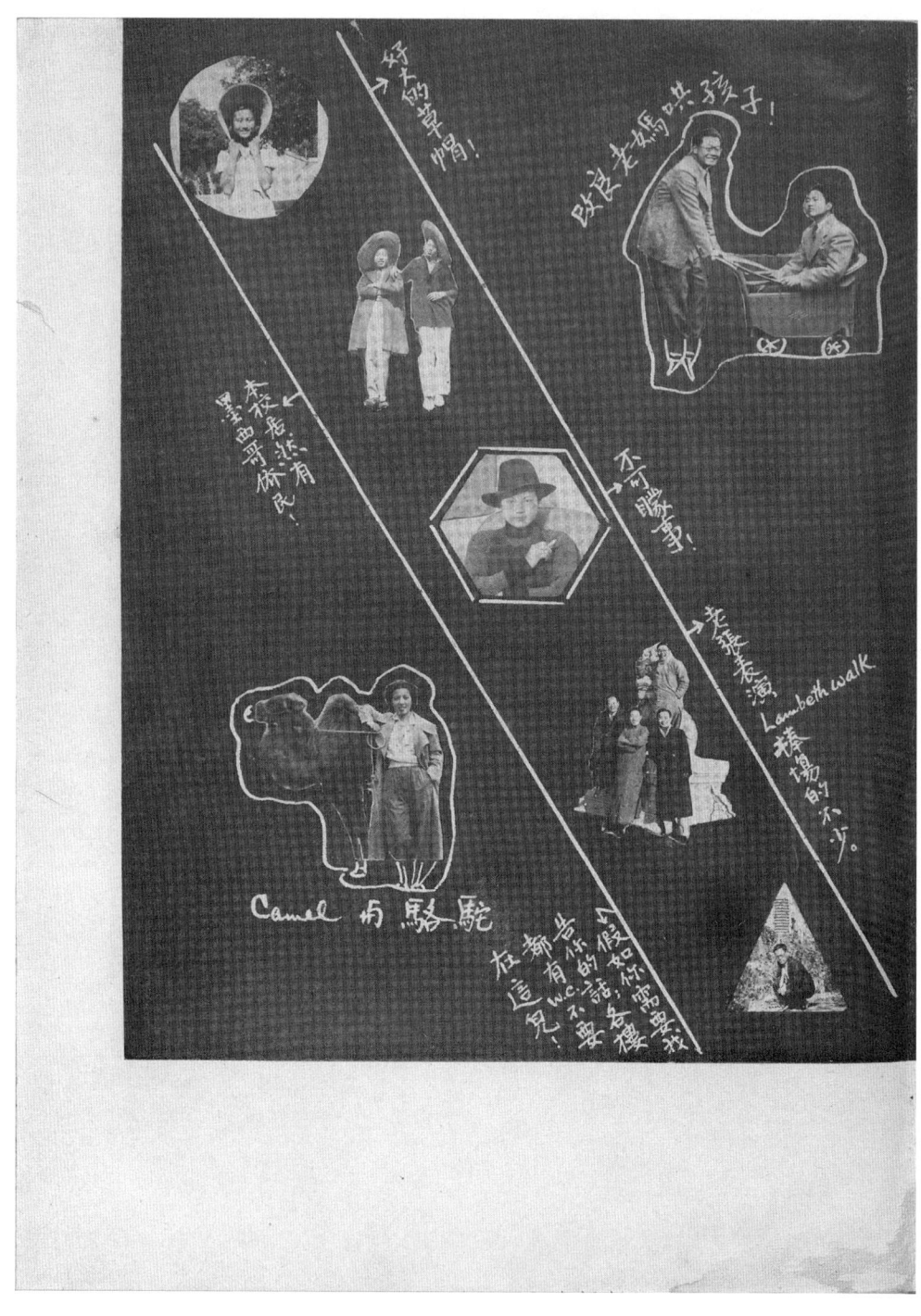

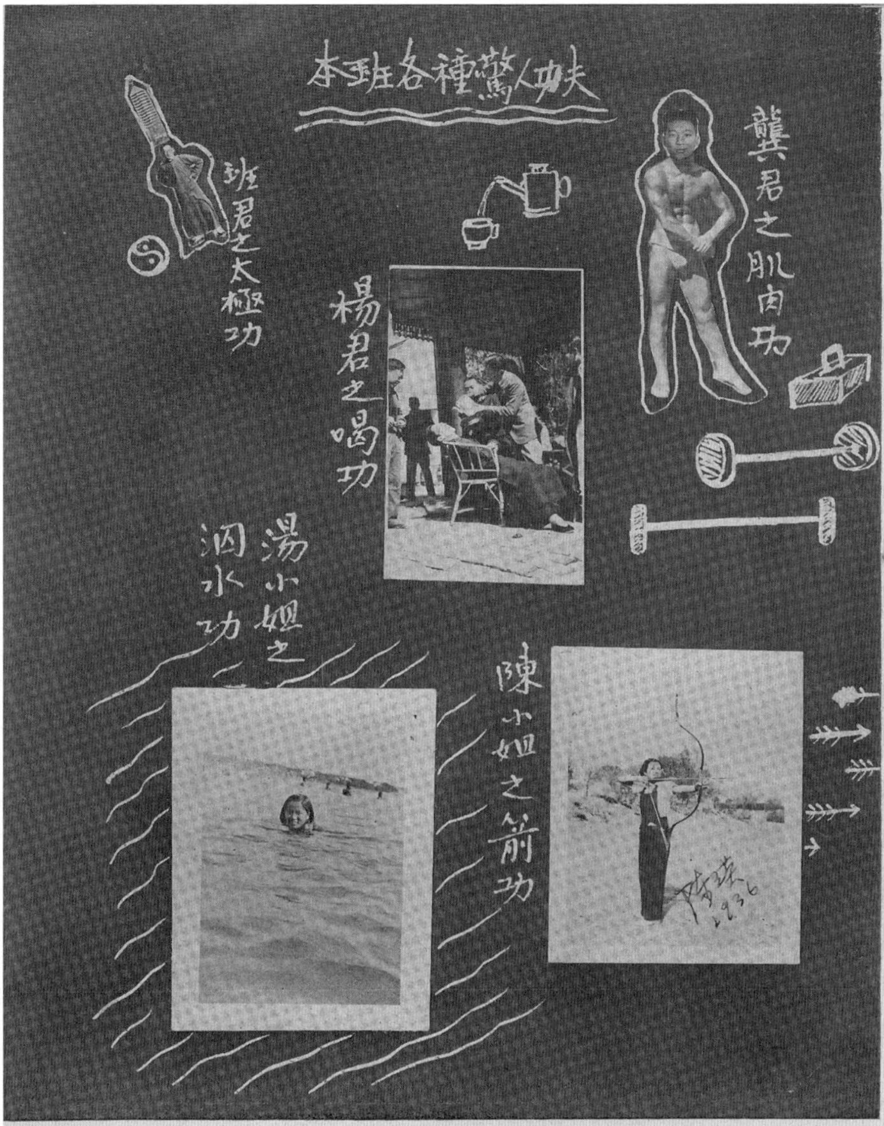
本班各種驚人功夫
班君之太極功
楊君之喝功
龔君之肌肉功
湯小姐之泅水功
陳小姐之箭功
1936

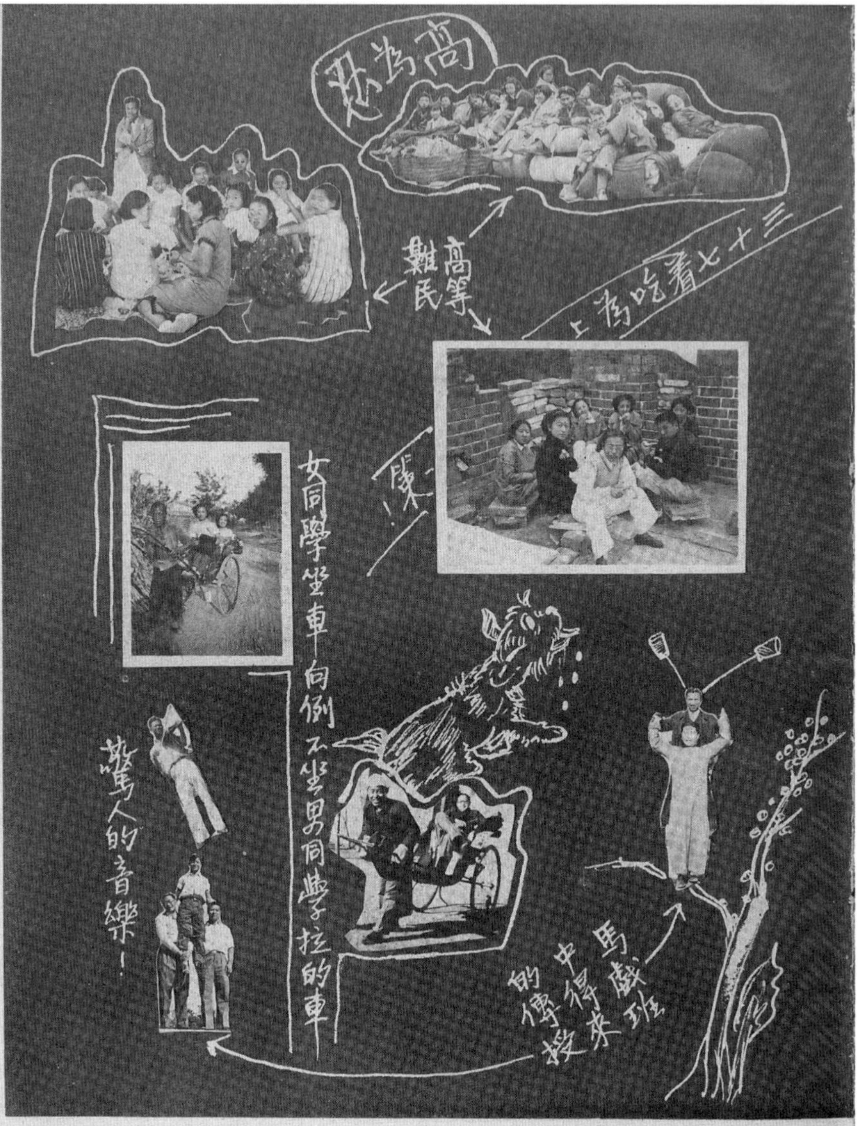
三十七着吃為上
高等難民
女同學坐車向例不坐男同學拉的車
驚人的音樂！
馬戲班中得來的傳授

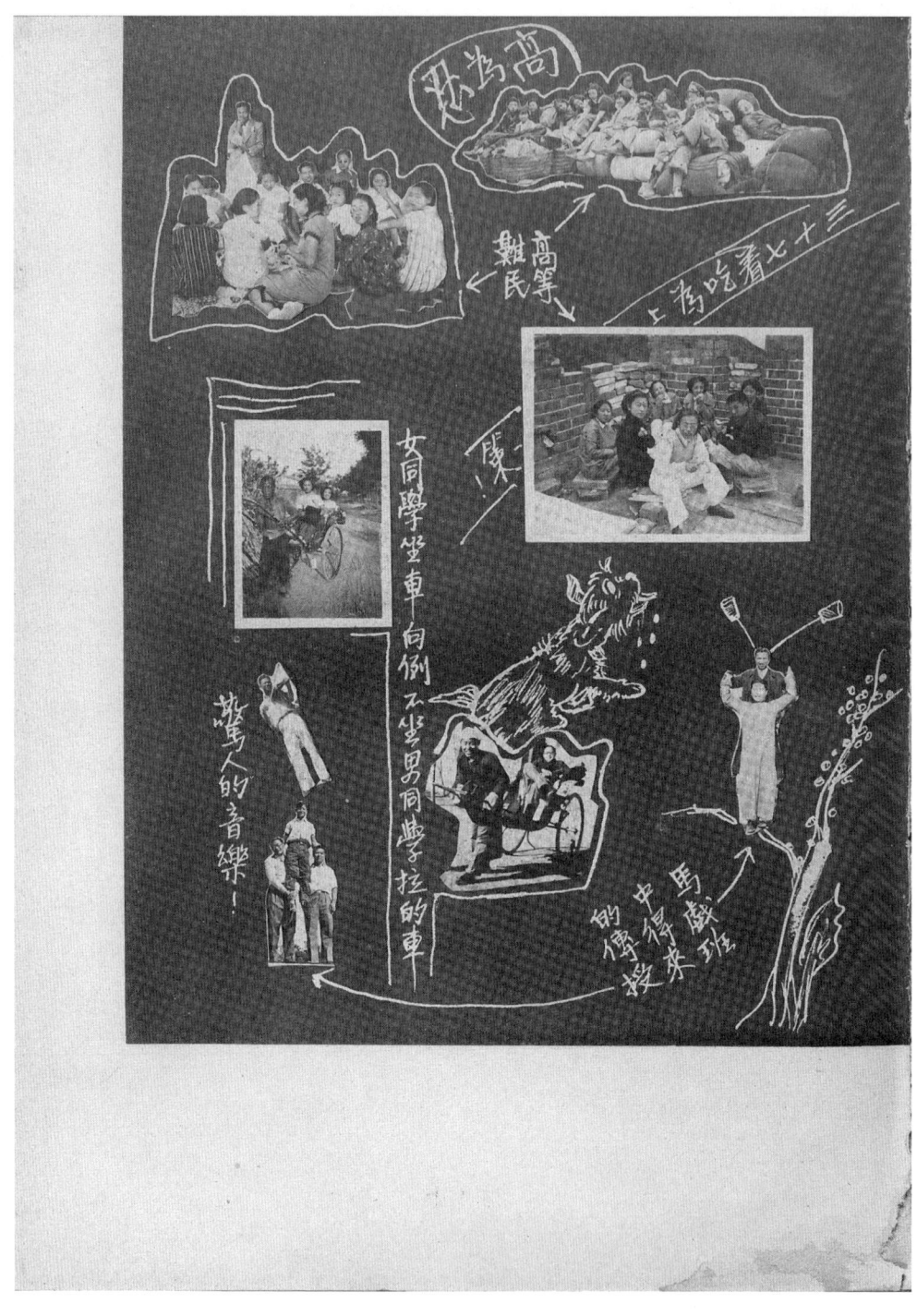

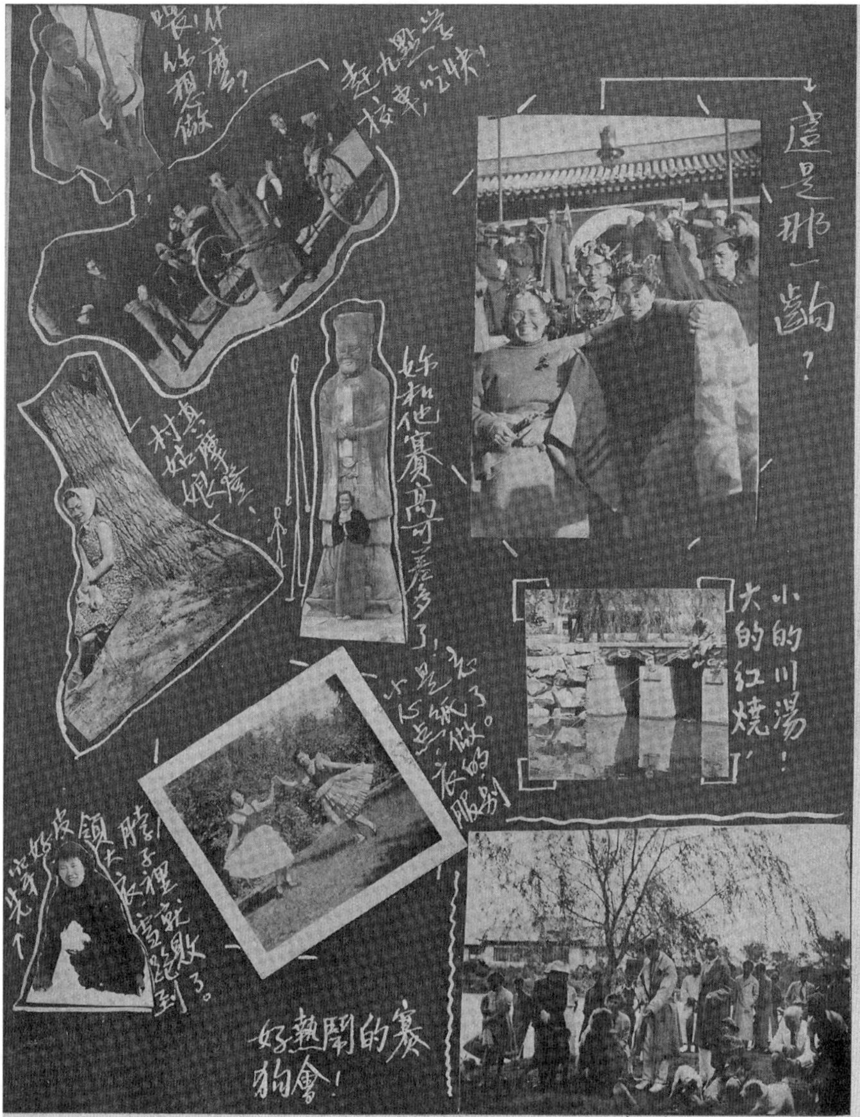
這是那一齣？
妳和他賽高可差多了！
村姑娘真摩登。
小的川湯！
大的紅燒，
好熱鬧的賽狗會！

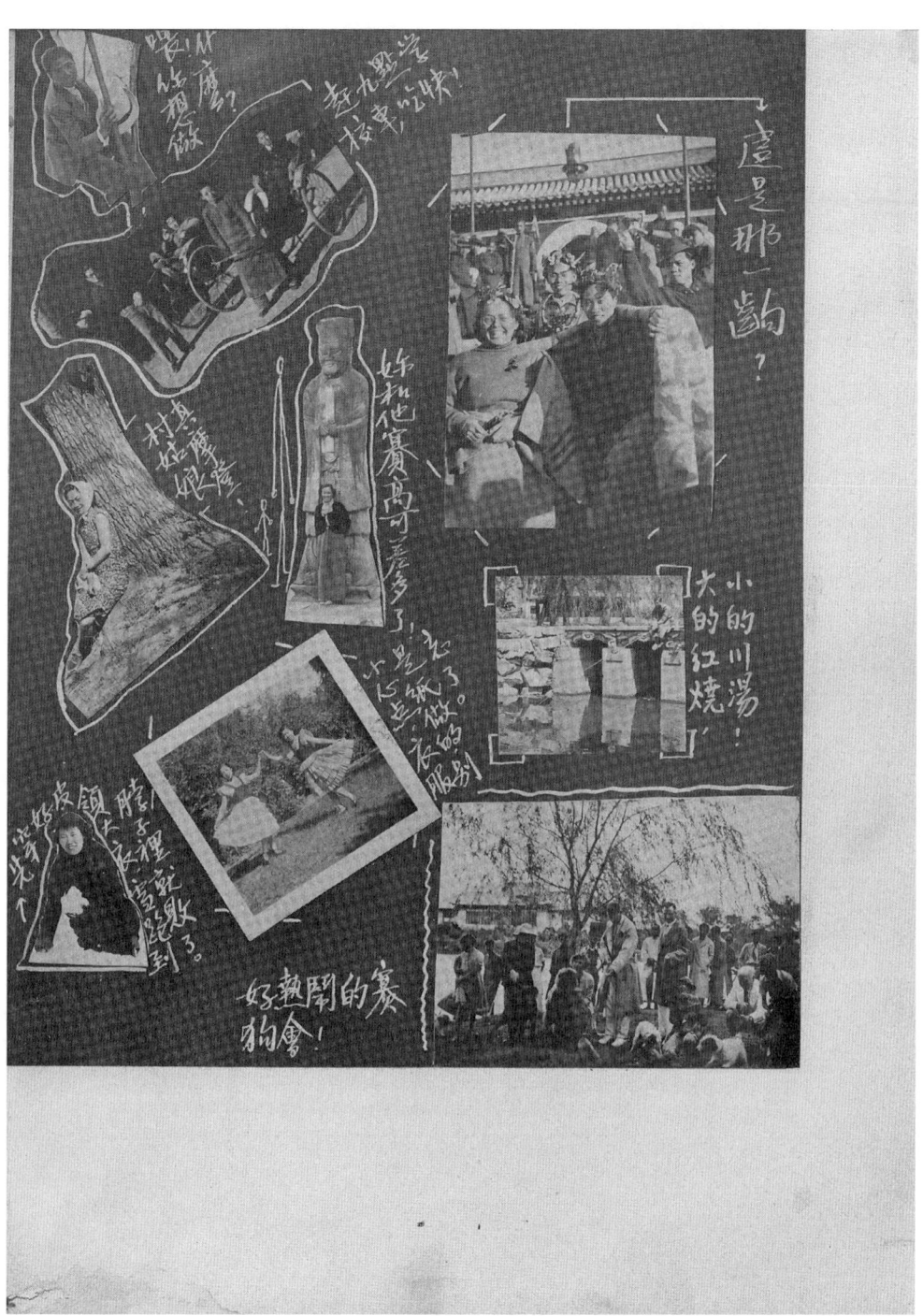

燕大滑梯第一種。
Dr.吳這種表情年只一演
很少見哪!
燕大的滑梯第二種。
你別看老何這付威嚴像，說北平話不露通!
Lazybone!
一百多磅讓人家揹着嗎?

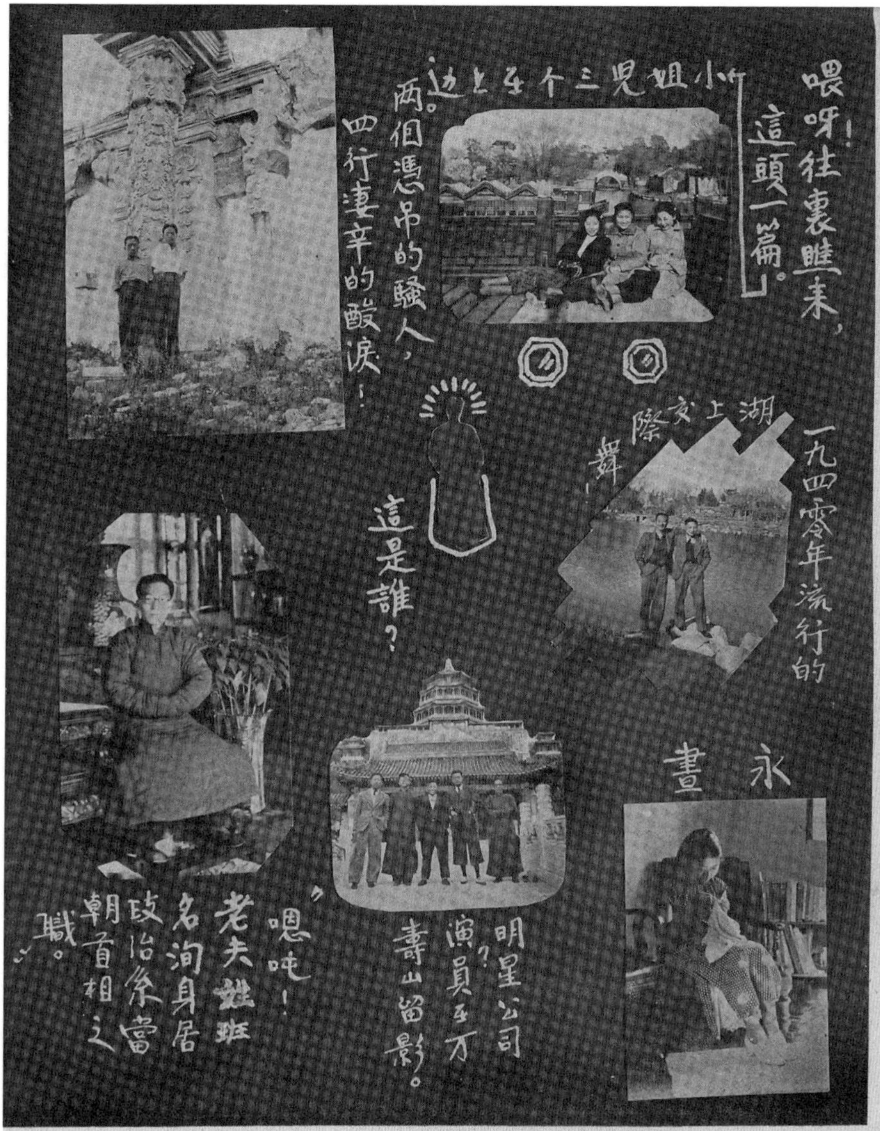
喂呀！往裏瞧来，這頭一篇。
小姐兒三个至上边。
兩個憑吊的騷人，四行凄辛的酸淚！
這是誰？
一九四零年流行的
湖上交際舞
永
畫
明星公司？演員至万壽山留影。
嗯吨！老夫姓班名洵身居政治系當朝首相之職。

瞧々人家!!
還吃!!!
你托塔
我有我的
好办法
!!!
雄視一切!
以胖聞名
形形色色
孔子曰:
物是人非!
你拿的是文凴嗎?
就这樣樂!

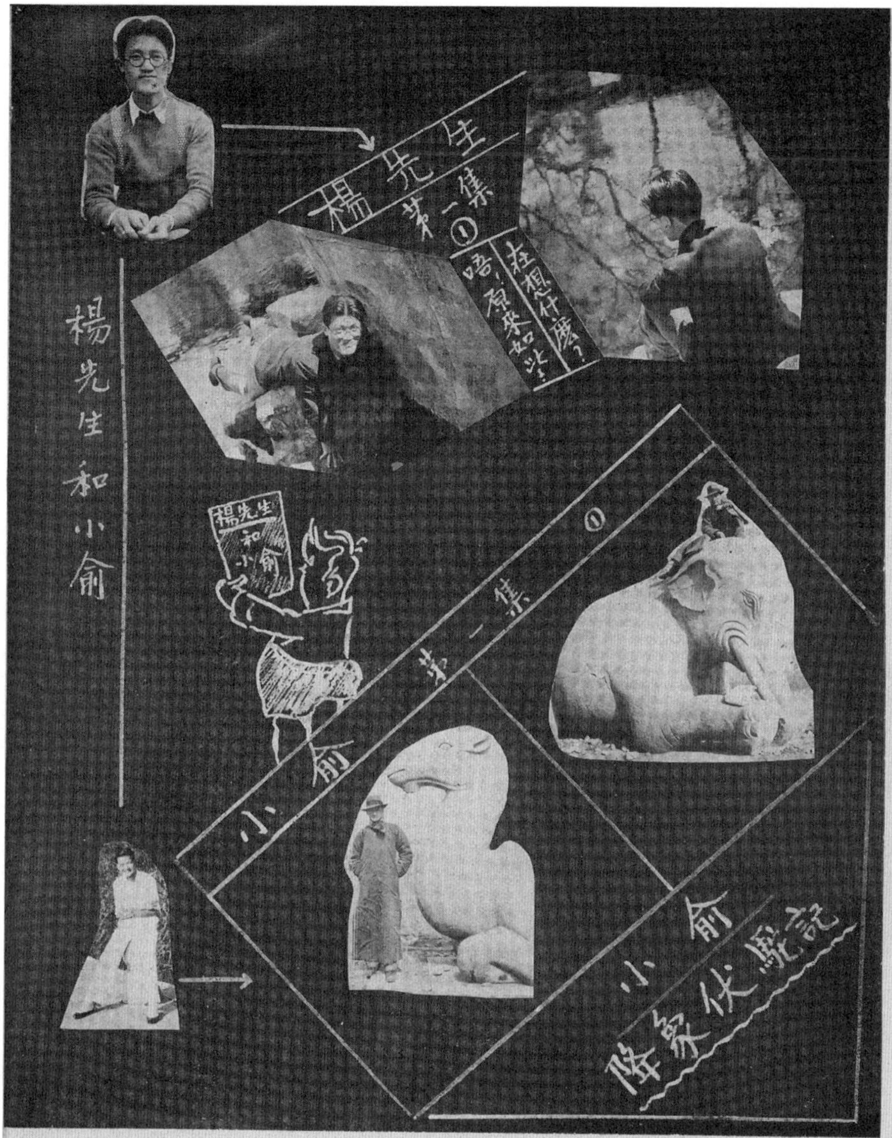
楊先生
第一集 ①
在想什麼？
唔，原來如此！
楊先生和小俞
楊先生和小俞
小俞 第一集 ①
小俞
降象伏駝記

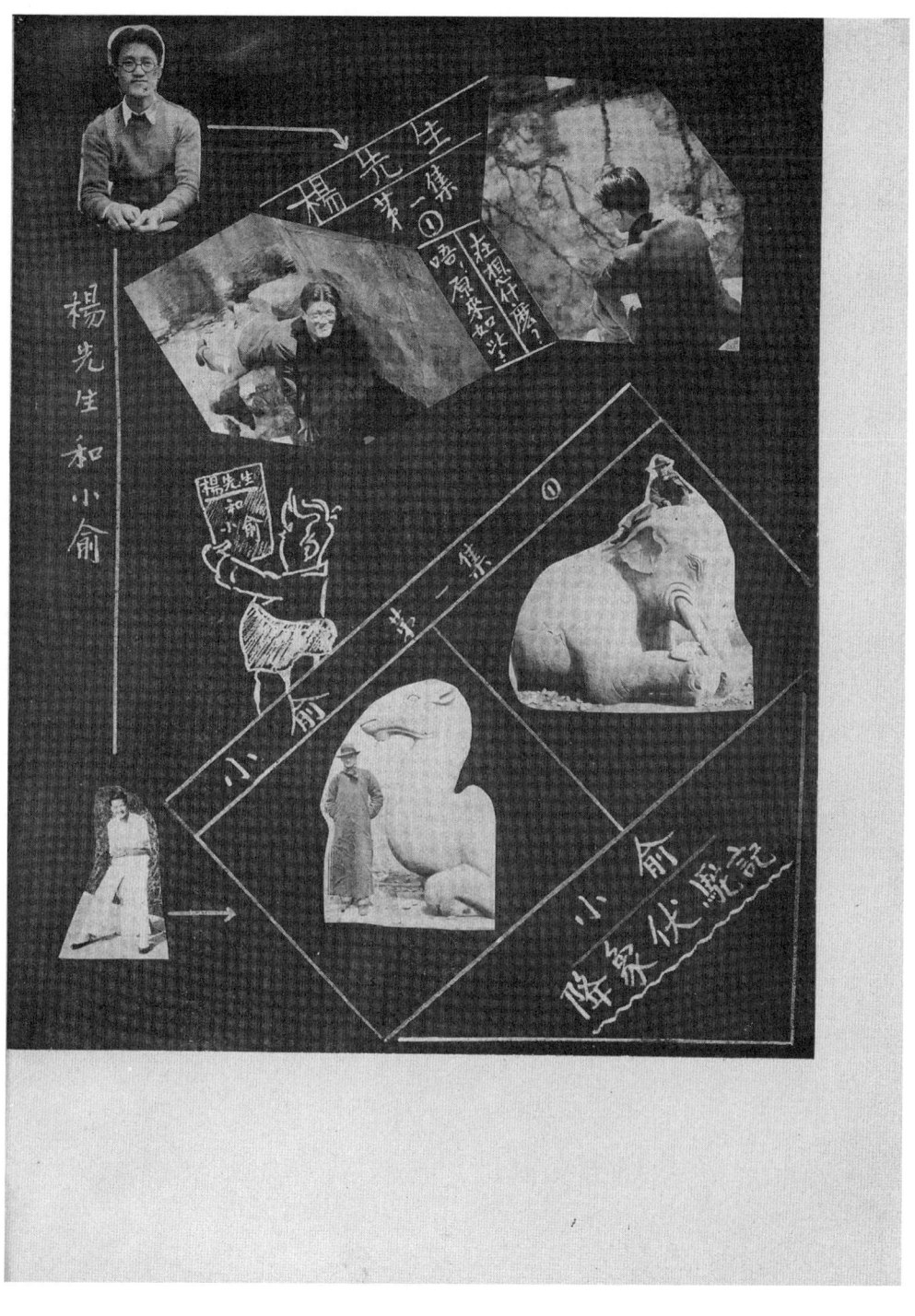

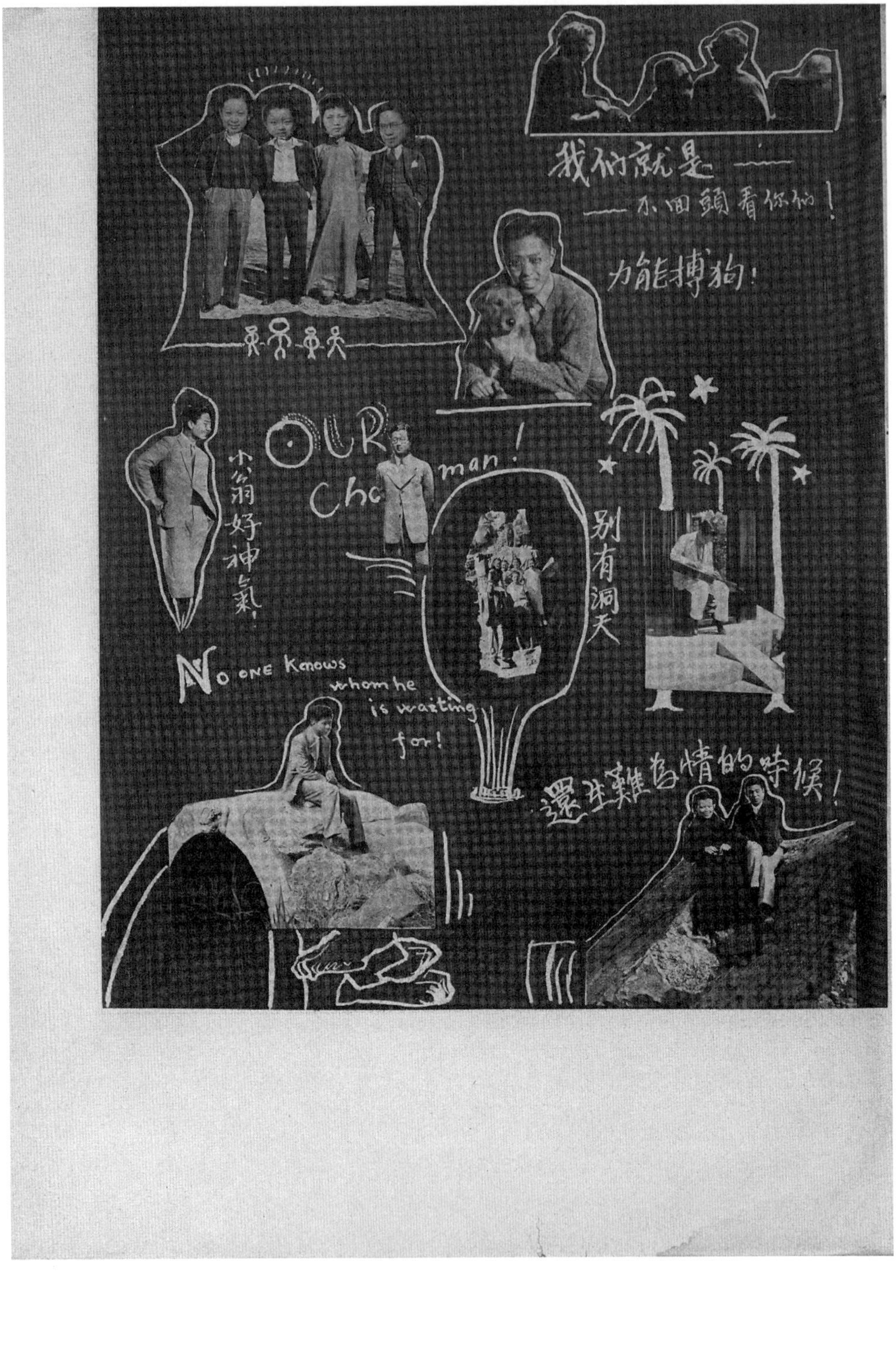
我們就是——
——不回頭看你們！
力能搏狗！
OUR
Cha
man!
小翁好神氣！
別有洞天
No one knows whom he is waiting for!
還是難為情的時候！

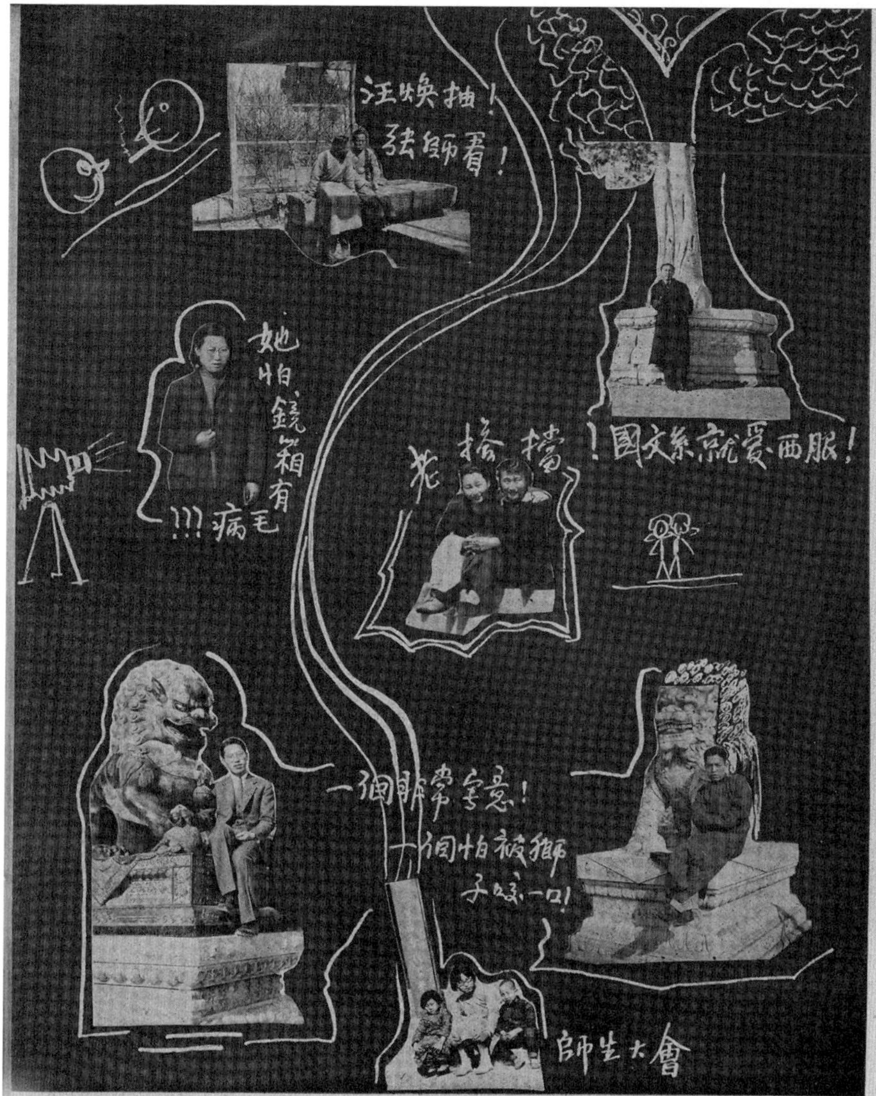

汪煥抽！
弦師看！
她怕鏡箱有毛病!!!
老搭擋！國文系就愛西服！
一個非常得意！
一個怕被獅子咬一口！
師生大會

燕京四人團！
兩個拿扇子！兩個不！
一個人有書 三個人沒有！
兩個近視！兩個不近視！
三個人不是！一個人是外國人
兩個戴帽子！
兩個人不戴！

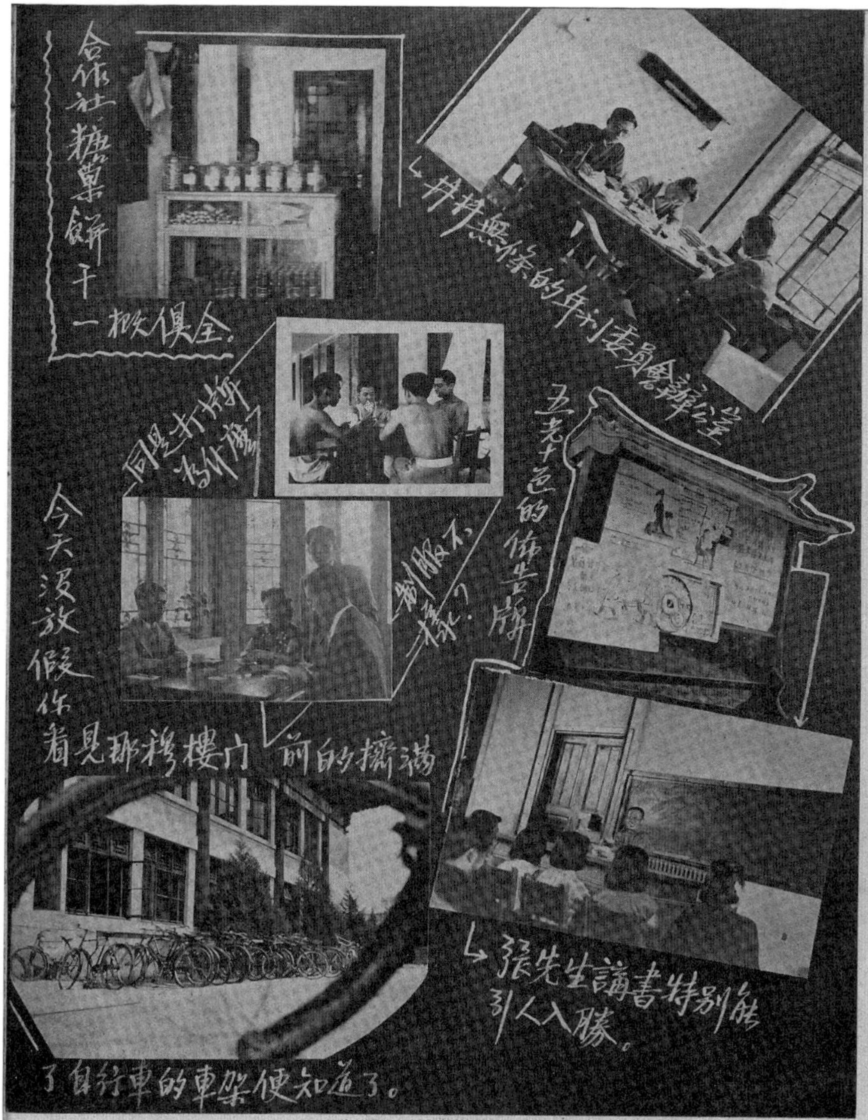
合作社，糖菓餅干一概俱全。
井井無條的年刊委員會辦公室
同是打牌
為什麼
制服不一樣。
五光十色的佈告牌
今天沒放假你看見那穆樓门前的擺滿了自行車的車架便知道了。
張先生講書特別能引人入勝。

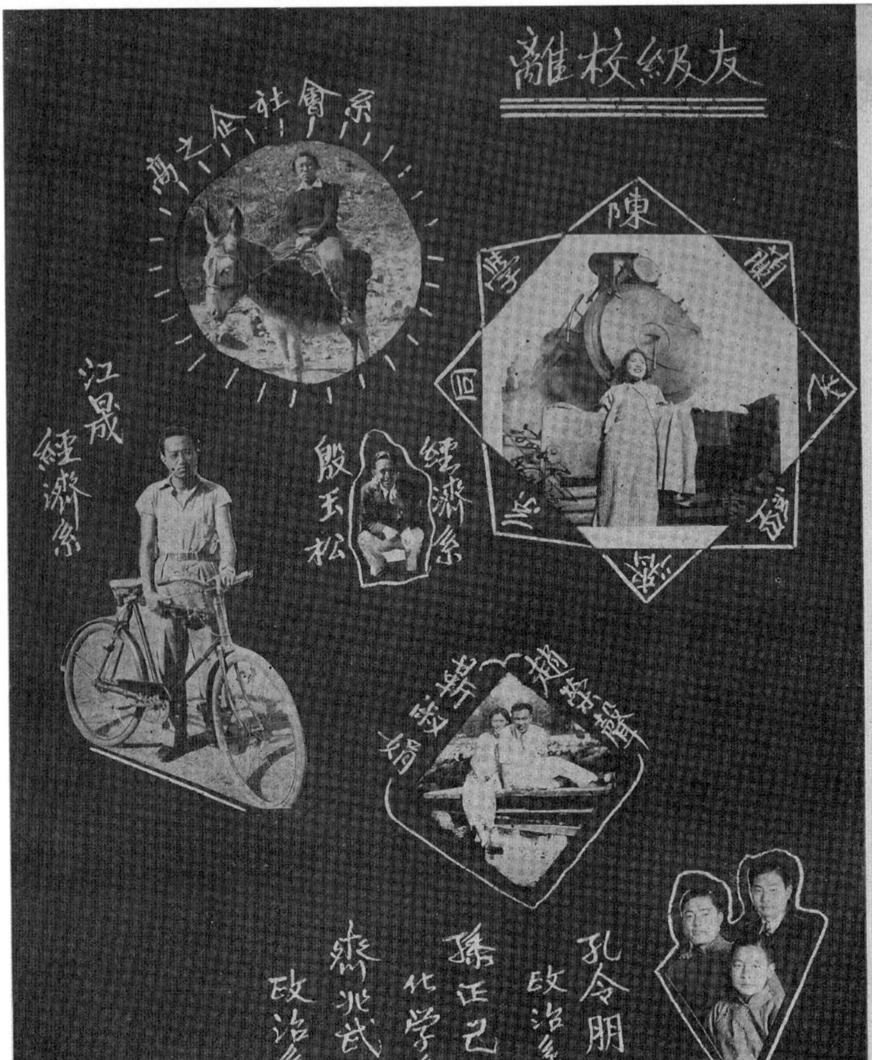
離校級友
江晟
經濟系
殷玉松
經濟系
孔令朋
政治系
孫征己
化学系
齊兆武
政治系

LITERATURE

I SHALL NOT FORGET

CHANG HUNG TSENG

I shall not forget that Yenching has a beautiful campus on which stand magnificient palace-like buildings in the midst of flowers and trees.

I shall not forget that Yenching has a willow-bordered lake around which stroll pairs of lovers on mild spring nights and on which, smart figures on skates perform on cold winter days.

I shall not forget that Yenching has a small round island with a gaily painted pavilion in the middle and a marble boat to the east, from which I have gazed at the reflection of the pagoda in quiet moonlit waters.

I shall not forget that Yenching has an ornamental pond across which stretches a stone bridge over the white marble balustrade of which I have leaned numerous times to look at the gold fish, while the soft evening breeze blew against my face.

I shall not forget that Yenching has a number of handsome dormitories from whose windows in the small hours of the night gleam the feeble rays of candles when the end of a semester approaches.

I shall not forget that Yenching has a well-equipped library in which the young scholars study day and night; and I shall remember how glances and smiles are exchanged and how têtes-á-têtes as well as solitary research sometimes take place.

I shall not forget that on the east bank of the lake Yenching has a grand gymnasium in which robust young atheletes of renown are trained, nor that on the southern extremity of the campus there is another majestic gymnasium in which sport graceful and charming damsels no less known to fame.

I shall not forget that Yenching has two sister halls, one of which has witnessed enough tenderness to keep a romantic poet busy with its description all his life.

I shall not forget that Yenching has chapels from which come loud and solemn strains of music resounding far and wide.

I shall not forget that Yenching has an isolated building by the name of Sage, in which I have faced the enquiring eyes of judge-like professors for two years.

I shall not forget that Yenching has an old man with a high broad forehead and two deep shining eyes who speaks in a low voice to all his students with fatherly kindness.

I shall not forget that Yenching has a community which speaks in both Chinese and English and reads in more languages.

I shall not forget that Yenching has a class of bright hard-working students who graduate in 1939, and who are completely ready to build higher the already good reputation of the college which has prepared them for service through truth for the freedom of the country and the human, race.

THE AUTHOR WITH WHOM I SHOULD LIKE TO GO WALKING

BUBBLES

I should like to sit next to Shakespeare in his charming theatre "The Globe". I should like to meet Dumas and his three musketeers in Europe. I should like to see Schubert's fingers on his piano keys and hear Shelley reciting this little poem of his:

"Art thou pale for weariness
Of climbing heaven and gazing on the earth,
Wandering companionless
Among the atars that have a different birth,
And ever-changing, like a joyless eye
That finds no object worth its constancy?"

I should like to do a thousand things with a thousand authors, but I would not go walking with any one of them. Authors on earth are dancers dancing upon the peak of thought; swimmers swimming in the pool of emotion; flyers flying in the air of imagination; creepers creeping on the gound of matter; and runners running the race of life. They are not walkers, no, they are not. That is why I would not go walking with any one of them.

The author with whom I should like to go walking is in heaven, far from the crowd to which we belong. She is both a dramatist and a novelist, both a musician and a poet. She performs beautiful actions, delivers excellent speeches, tells interesting stories, sings wonderful songs and chants enchanting poems. She has a mind capable of boundless understanding and a heart capable of endless love. As she walks through heaven from the east to the west, she looks at every face and the heart underneath it. She smiles at the joyful and sympathizes with the sad. I know I understand her stories, her songs and her poems better than the stories, songs and poems of any other writer. She is the author I love best and with her I should like to go walking.

I should like to go walking with her, the moon. She walks in beauty, in solitude, in pride, for she is beautiful, companionless and high up in the sky. She does not run, nor does she jump. She walks, walks with such an air of gracefulness, calmness and majestic charm that I dare not move when I gaze at her. I should like to have her take my hand and teach me how to walk with the grace which she alone possesses. I should like to have her let me share her path and show me the wonders which are unfolded under her eyes. I should like to walk with her in the beauty, the solitude, the pride which do not belong on earth.

COULDN'T BE FOUR YEARS AGO, COULD IT?

LILY T. T'ANG

"Hai, Camel!"

"Yes, what?"

"Where's your card for to-night's reception?"

"What card? A reception? Oh, you mean the...."

"I mean the reception in the Ba...Ba... Ba, Ba... What's that name? I just can't pronounce it. Good gracious, those names of the buildings. I can never remember them."

"Oh, yes the reception given by the upper class folks in honor of us Freshmen. Isn't that what you've been trying to tell me?"

"No, well, — yes. But you don't know. Something has happened. It's going to be very exciting. It's not only exciting but breath-taking. I never saw anything so amusingly amusing. I wish you had been there too and, and they were so angry. Oh, Camel, it was like...."

"What is it? You know my patience has limits."

"Well, I am awfully sorry. They said that everyone of us had to pin that freshman card on a conspicuous spot of our dress before we would be allowed to enter the auditorium. Some of our boys were quite angry about it. Just a few minutes ago, a large crowd of them gathered before the First Men's Dormitory where some upper class men were and they tore the cards into pieces and flung them in their faces and they are...."

"Be a little clearer, please. Who flung what in whose faces? It's all mixed up. Remember what I have told you about the uses of pronouns?"

"Oh, never mind the pronouns. I mean we flung them in their faces. It's perfectly clear."

"All right. I give up. Go on, — and they are...."

"And they are now marching to the auditorium. They said that if they did not allow them to enter they would force their way in, and very probably, there might be a big fight."

"That's interesting. Let's go and join them."

"You mean without the cards?"

"Why, yes, of course. You have already flung those in their faces. You've to go without one anyway."

"No, I didn't tear it into pieces. Look here, I've got it safe in my pocket."

"Now, just tell me, why did you do that? Aren't you ashamed of yourself?"

"Well, you see, the sophmores said that if we only showed them the card, we would be very welcome. And I think, this will save a lot of trouble. You might get hurt, who knows. So I took my room-mate's card and tore it before their faces but I saved mine."

"But that wouldn't be very loyal to our class, would it?"

"Well, no, but it is such a trifling matter. Besides, nobody will ever find it out."

We went out and before I knew it the card was slipped from the table into my pocket.

I AM A LITTLE FLOWER

BUBBLES

I am a flower, a flower created to decorate the garden of God.

I am not a snowy lily, because purity is not my heritage. I am not a golden daffodil because riches are not my goal. I am not a primrose, because gayety is not my nature. I am not a pansy, because eloquence is not my quality.

My name is not daisy, for I do not have a golden heart. My name is not chrysanthemum, for I cannot endure hardships. My name is not jasmine, for I cast forth no remarkable fragrance. My name is not violet, for I embody no unforgetable past.

I am nothing but a tiny, simple, blue forget-me-not. Forget-me-not! I grow among the weeds at the far end of the garden. I live near the wall where no path leads. Forget me-not! I envy no brilliancy, no luxury, no charm, for the loveliest heaven has my color. I do not want any caress, any petting, any embrace, for my roots are in the resourceful soil. I do not ask for fame, for high position, for power, because I am not worthy of them.

The passing breeze, the morning sun, the evening dews are my loves and my friends. Mosses, dandelions, pig-weeds and fox-tails are my neighbors and my playmates. At night, the stars talk with me; the moon dances for me; the air sings for me. In the daytime, the cloud teaches me darwing; the wind teaches me dancing; the rain teaches me rhythm. I face heaven with my tiny bare heart and my five little, blue petals. I reach the earth with my fine, delicate roots. I am content since the sky is my ceiling and the ground my bed. I am happy because I owe no debt; I do no harm. If by chance, some unknown spirit, whether it be that of a sage or that of a fool, happens, while passing by, to pluck me out of the grasses and tell me, as Tennyson did the little flower in the crannied wall:

I"Hold you here, root and all, in my hand,
Little flower—but if I could understand
What you are, root and all, and all in all,
I should know what God and man is."

I would be willing to die as the season passes by. Though I can give no fragrance, no charm to this vast, elaborate, enchanting garden, I am sure one who knows me will then forget me not.

憶

茨

憶念是深邃而悠長的！

四年的時光，隨着流水，輕悄的逝去了！曾記得黙黙生疎中踏進宏偉的校門時的情景嗎？曲折的路徑，宮殿式的樓閣，萬紫千紅的花叢，蒼翠欲滴的松柏，一彎石橋，一株垂柳，一泓湖水，何處不使你驚羨呢？不過生疎畏怯使你未能伸展留戀嚮往之情。一群初出茅廬的孩子，在這明媚的校園中是徬徨着呢！

不健忘的朋友，該還記得在二年級時校園中的生氣煥發吧？雖然燕園中有幽麗誘人的景色，然而熱血的青年却不甘於寂靜的，在一件件神聖的工作上發放了他們底精神與豪情。這是一個多事的年頭，校園中的氣氛是光明的，興奮的。那時我們深刻地意識着國家，社會的處境，和自己肩頭上的重擔。不過我們是稚弱的，終於窒息於環境之下了。

三年級時，外面風聲鶴唳，校園也驟然冷落淒清了。重回到燕園的人，都懷念着散於四方的朋友，對着西山落日，月下湖水，發出了嘆息。這落泊的心情，使我們習慣了欣賞園中的美景，聊慰一己思念的情懷。我們對這校園中生起了許多邈遠的遐思，因為校園是太美麗了呢！我們領略到悠然的鐘聲，晨間的山鵲，黃昏裡的歸鴉，楓島邊的石舫，松林水塔間的明月，長夜的蛙鳴，秋日裡牆角邊的白楊蕭索，冬季裡冰場上的奔馳。更有週末校園寂靜時，院與樓裡送出來訴説寂寞與憂鬱的歌聲。每個角落裡都刻劃上了我們的記憶！這樣，我們渡過了另一種平寂的生活。

再踏進輝煌的校門時，我們已是可以昂然高歌於校園中的季節了，不過心底却潛入了憂悒！要離開了呢！心裡在担心，夢寐中也會發生囈語；「真的，四年了嗎？」開始計算着日子，在圖書館中也會「偈斯底里」的跑了出去，因為日子過得這麼快，對我們是太慘酷而無情了。

然而四年真的完了，從這本冊子裡不看見四角的帽子嗎？我們黙黙的聚會到這片綠洲上來，最後又像輕烟似的，被一陣微風吹送到天涯，海角！黙黙的别了，未來還會停留在一片綠洲上麼？外面憤怒着的海嘯，曠野間的進行曲！何處會再有一片恬静的未名湖？玫瑰花會再開，鐘聲會永無止息的依循規律響着，然而我們呢，何時會再相聚？

憶念將沉入於一個更深邃而悠長的谷中！

童年片段

葛力

童年之夢是美麗的，它在年青人的心上發亮呢.

每當太陽在西天扎住脚，用他那温暖的光焰吻觸山頭的時候，灰白的小廟，青綠的松柏，就給這隻神秘的手抹上一層鮮麗的紅色；捲覆的白雲穿起彤彩的輕紗浮於層疊的峯巒，扣給這大地一頂精緻燦爛的王冠。這情景是回憶，幻想之國的一把慧鑰；牠有如輕巧的燕子掠過湖水，嬌嫩的黑色的羽翼給我畫出一條思憶之綫痕。

我底記憶也染了天光，在黃昏中閃爍。

用物外的情景蠱惑記憶的活動裏，我首先撞見「小野」這個名子；那是我黃金色童年的標記。一個不滿十五歲的孩子，頭額上偏帶着一頂鴨舌帽，兩腿套上白燈籠褲，跑起來毛腿雞一般，對這世界完全陌生，我是幸福的。

同幾個荒唐孩子以打球洗澡看小説打發一堆堆的日子，把學校裏的功課全置諸腦後；從沒想到到年歲大了，肩膀上會担有一份不輕的重量。考試時多乞靈於脖頸，然後再把眼光盡量伸展，企圖以輕捷的神情爬過鬼門關。那怕是中間隔了幾道桌子，也不能放棄「有所獲得」這個唯一的希望；有時甚至扭鄰座一把，請他給這可憐的囚徒丢個好眼色，私下作份交易。叫師兄看先生，照貓畫虎地描卷子，使我們嘗盡了這辛苦但也甜美的滋味兒。

有一身的精力想作龍朱，想作海藍色眼睛中的英俊，…… 永沒想過孩子以外的世界；整天價額角下掛副不疲倦的笑臉。

夏。高低的楊柳間穿行着飛鳥，薰風掠過人面，天上掛着的那顆大火蛋向下流淺着熱流，要把人燒滅似的。我們學校在這小小的T城裏更像一個蒸鍋。許多孩子在考試的威脅下把脖子深鑽在書堆子裏，在其間畫着名列前茅的剪影時；而我們却樂得因臨考而停課，有個痛玩兒的機會。

三五個人臂膀扣着臂膀，拉成一座活動的牆；在路上像鬼似地歪歪斜斜地走着，任使路人底焦急的喊嚷，也沒表示過半點讓步。

穿過南門，用力踏那小木橋，頓時間使它成了一面堪憐的舞場，我們却是這中間的俄國醉漢似的折爛污的舞蹈者。

細流的潞水，兩岸鋪有毛絨似的綠茵，垂柳嬝娜地擺着柔媚的枝條，密織的萍草臥於水面。幾點白鴨浮游其間，用鑑賞家底審美的神韻昂起頭，估量這夏季，有時還扎下身軀希求在水底下賺得一席美饗，把水面作成優美的花紋。這中間我們常拿小岳開心。他那兩片常張的厚嘴唇，恰像九月間熟透了的石榴。這石榴夾在蘋果似的臉龐間，有一些神秘的味兒呢。

到了秋季，T城更顯得安謐靜穆，白雲在天上浮游着，鴿子帶着銀鈴的聲音，在空中劃出飛舞柔媚的弧線，令人以戰慄的魂靈頓入於遙遠的美夢中，對這情境誰又不迷惘呢？

每晚在暮色蒼茫中我們偷出西門，在城之西北角上領略那波浪跳閘橋的壯觀，急下的水浪流像是白雲色的寬帶，那音聲猶如萬馬奔騰。我們只掛條三角巾在水裏與魚為伍。更愜意的是在水中打水戰，歸途中聽風吹木葉刮刮的響。胸際間透過涼爽的野香時，我們孩子的心頓有詩人之感了；什麼都拋在九霄雲外，直等回到宿舍才察覺得身上已沾濕了蒼露。

這些事現在想起猶如一夢，這夢境隨着夕陽昇起；待夕陽下山時，它也染上一層濃重的黑影。

現在好花漸謝，白絮紛飛，明麗之春溜逝了，我底記憶亦隨斜陽西下，棲於幽暗之谷了。

小橋流水，百囀流鶯，不是如畫嗎？朋友，我怕竹篁蕭瑟，水中月色冷呢。

每當太陽在西天上扎着脚，用他那溫暖的光焰吻觸山頭的時候，灰白的小廟，青綠的松柏，就給這隻神秘的手抹上一層鮮美的紅色，我底記憶也染了天光，在黃昏中發亮。

秋月小記

蔡善培

誰都喜歡月兒，誰都喜歡靜靜地月夜；尤其在秋深的天氣，再加上天邊明月，使人覺得痛快而凄情，別有一種說不出來的情調。

我喜歡月夜，我更喜歡秋的下弦月夜，牠既不像星夜的那樣沉悶，又不像圓月那樣清淺；上弦月雖然是同樣的深幽有趣，可是往往在人聲未靜以前，便先自悄悄地隱去。

賞月應當在夜闌人靜的時候，這時既沒有雜亂的人聲，也沒有刺眼的燈光，在人們安睡的時辰，月色微明的天地間，你可以像遊魂似的，清閒的享受你的月夜。

秋天是一個富有彩色美的季候，是大自然要結束一週年工作中最後的經營；不像春天那樣紅得膩人，也不像夏天那樣綠得死板，疏疏朗朗地幾枝葉兒，由深綠而淺綠，由淺綠而微黃，有的鋪在道旁，有的飄在枝頭，當一片白雲，輕輕地抹在碧天中，你能說這不是一幅圖畫？何況還有一枝紅葉，正對這水面弄牠的影子。你是詩人，你是畫家，你覺得你欣賞了美麗的秋天，可是更美麗的秋夜，你却輕輕地放過。

誰說月色下分不出顏色？誰說月色下的顏色不如白天美麗？試看瓦頂和朱門，你不是覺得不調和嗎？褪色的紅柱子和綠葉，你不是覺得不相稱嗎？但是當月兒用清光籠上以後，便有說不出的和協與相稱。這是一種神秘的光，牠有一種神秘的力量，牠可以照美了花草，照美了樓台，照美了湖山，而且照美了你的心靈，這便是深秋的明月。

誰都看過黃葉，可是何曾有過月下的那樣蒼白；誰都看過丹楓，可是何曾有過月下的那樣沉實？枯老的樹身，不再顯出皺紋；冷峭的石頭，不再顯出尖勁；牠們在茫茫的月下，都改變了固有的本性，像是少女的雙頰那樣細柔，鴿子羽毛那樣潔白，使你不自主地撫摸着牠們，彷彿可以得牠們的溫暖；這是你白天從來不曾夢想到的事，唯有秋天的月夜，宇宙才能有這樣的大解放。

這時候已經聽不見秋蟲的低訴，牠們早都回到各自的家裏，預備過漫長的嚴冬；這樣才顯出天地間的安靜，這安靜，是自然的美的流露，正像黃鶯鳥的唱歌，小溪的嗚咽似的，同樣的表現着自然的音樂；這無聲的音樂，正可以顯示出宇宙的偉大與莊嚴。唯有秋夜，才有這種靜美，唯有秋夜，才有沉醉於這種靜美的心情。

采桑子

何蟠飛

紫藤花下初相遇：霧樣輕盈，雪樣清貞，臨去依依月樣情。　而今花下人何在？笑似流鶯，盼似流星。夢似秋雲太易醒！

臨江仙

傅玉賢

窗內低吟窗外雨，雨聲亂却吟聲，燭光忽暗暗還明。黯然魂欲斷，那更夜寒生。　離恨綿綿人杳杳，無言獨倚雲屏。可憐瘦影尚亭亭，夢中誰喚我枕畔淚盈盈。

江城子

惜別燕園

閻簡弼

繞堤楊柳弄春柔。意悠悠，恨悠悠。湖光塔影，輕棹小蘭舟。待得蓮開人去也，花自發，水空流。　而今已是愁時候。鶯唱歇，絮花浮。韶華欲駐難休。動離憂。却問枝頭新上月，可許我，更淹留。

滿庭芳

咏擊鐘人

閻簡弼

但御平妝，不着綷幘，曉昏一杵相憑。詎憐風暴，也那顧霜横。亭畔長松作伴，細草為朋。西山嵐，平湖晚照，日日總相迎。　驚回多少夢，悠悠杳杳，昧昧冥冥。小樓裡，蒿窗羅幕銀屏。試問韶華幾許，君手下，擊走輕輕。君苦否？半時一撾，鎮日少閒停。

鷓鴣天

閻簡弼

總為憐春却惱春，人非物是自春春。空梁泥在無歸燕，玉鏡塵封嬾照臨。花自發，鳥空吟。亭臺寂寂向黄昏，幽齋怯對孤燈坐，立斷西樓看月沉。

楓湖鴻爪錄回目

巴人 著

楔 子	春誦夏絃雪泥留爪印	槐香草馥雨夜索枯腸
第一回	開盛會歡迎今雨來	反拖屍怒扯新人證
第二回	調度公車苦煞蔡一諤	舉行體驗忙倒李二懞
第三回	集烏合夏斧心倡義	組班會張英林主席
第四回	髮潤肝油張牛洩氣	身懷利刃齊大發威
第五回	逛天橋學習大搬運	選宿舍引起小衝突
第六回	排雲殿前爭觀遂艇	未名湖上搶看拔河
第七回	月白風清紫藤院鬧鬼	琴調歌雅寧德樓敬神
第八回	一聲吆倒令小郭吃癟	三記打頭光老陳燒盤
第九回	縱城納款怕劉豫降金	請願遊行效陳東衛宋
第十回	書面諫言態度嚴正	匿名警告背景模糊
第十一回	雪夜聊天也談麻雀術	春光遍地巧哨鷓鴣啼
第十二回	「不在乎」成流行口語	「力笨派」偏別具心裁
第十三回	演劇輸將為樂非同為樂	苦心憂國於戲即是於戲
第十四回	奸商圖利包糅商賣假飯票	啦隊加油江領隊發真精神
第十五回	運動百萬金司徒校長返美	講演功能學布朗博士來華
第十六回	萬愚節愚人受愚	返校日校友歸校
第十七回	鼓浪翻波王世傑春島仙逝	懷金思玉劉玉鵬醫院病情
第十八回	李戴張冠教育家成肄業處長	名同姓是法學士非馬家夫人
第十九回	柳霜庚臨芳容傾校	胡適何往妙譽鬨堂
第二十回	到處挑眼人皆海裏蹦	逐字諧音誰是「河邊飛」
第廿一回	拉丁化漢燕京新聞開筆戰	解甲爭雄第二食堂演武行
第廿二回	防回祿女校演火警	舞婆娑孔敏教土風
第廿三回	返老還童丁戲迷發起暗棋社	消閒遣悶袁柚子組織撲克團
第廿四回	集團賞月東望悲吟故國樓	結隊提燈南旋喜奏將軍令
第廿五回	夜靜蓮塘聽喁喁情話	燈明麥閣看對對鴛儔
第廿六回	美展赴京都人士盛讚獨賽亞	聖手來校燕仕女快聆披阿那
第廿七回	「毫無希望」小袁又創新術語	別有含蓄三賢發明「打字機」
第廿八回	蒲酒稱觴拍人慶花甲	蘭舟泛月多士度良宵
第廿九回	柳折西門小別猶歌渭城曲	波揚東海重逢應唱念家山
第三十回	麟亡狩獵魯史絕書	駝沒荆榛巴人收筆

你曾經看過多少次貝公樓前的雲表，你不是總嫌牠呆板嗎？可是當月色滿樓時，便可以覺出牠的莊重而嫵媚。細長的身子，像舞罷的腰肢；潔白的彩色，像初結的凝脂；當你仰臥在草地上，牠們正俯首下視，回身凝眸。下面，小草像是地氈，自己是宇宙的嬰兒，牠們是你的保姆，對你微笑，給你安慰；在秋月的光輝下，使你不得不如此。

誰不知道美麗的平湖，湖外低低地垂柳。秋月給他們再披上一層輕紗，更有無限的神秘。

夏天的樹葉太厚了，黑黑的一片，分不出來樹枝樹幹，自然更看不見樹後面的樓角；但是現在却不同了——葉子的顏色分明，而且疏疏的不多不少，既能看見一條條地樹枝，又能看出來全樹的輪廓，何况樓上還有一窗微明，可以覺得有人伴你長夜，而不至於覺得過分的孤單。

最好是從石船看月，看牠一葉小舟似的渡過千萬層雲海，一朵朵白雲照在湖面上，正像詩人的心情那樣清徹明晰，同詩人似的來去了無痕跡，月兒終於渡出了雲海，又像是新嫁娘披紗微笑，清艷與溫柔之間，並無半點脂粉氣。平湖四周的景物，也時時隨着月兒明暗，但是明時不是死板，暗時不是迷昏，總是神秘中而顯着清楚。

深藍色的天空，深得看不到底，然而並不是黑暗，牠有牠自己的光輝，牠可以映到你的心頭；小星三三兩兩，對人擠弄兩下眼，便跑到白雲後面，如果屏息靜聽，也許可以聽到他們的私語；雖然白雲幾次無聊的將他送出來，他們總是輕快的藏進去，藏在雲裡偷笑。

在這裏，你可以沉醉，可以幻想，這是你一個人獨有的天地，你儘可以忘了日間人事的憂鬱，忘了人生的逼迫，在清涼的月夜裡，你可以重溫快樂的舊事，可以幻想夢也似的未來。當年舊事，再從心頭陳列在眼前。你能看見你自己，也能看見你心上的人兒，當你們說到傷心的時候，月色下，半黃的小草也伴你們掛着幾滴瑩瑩地淚珠。

這時候你是宇宙的主宰，你是宇宙的嬰兒，萬物都屏息傾身，聽你心弦的微鳴。

朋友，不要怨我說得這樣淒涼，人在天地間原是這樣呀！淒涼即是快樂，淒涼即是人生，這就是一杯苦酒，如果你能細嚐着苦酒的滋味，你已經是幸福了。何况還有伴你的天外清風，水上明月；他們伴你夜遊，他們送你歸去；當你踏上石階時發現你的影兒是在隨着你，也許你會發出一聲意外的苦笑。

憂鬱之歌

葛力

憂鬱的眼底
又浮起幻異之雲了·
我爲一迷醉的蛺蝶，
卧於鮮艷的玫瑰花瓣，
酣作五綵的夢寐。
待西風吹白雲，
大自然服以縞素，
我明覺人類之命運了·
生活原是一美麗的謊·
宇宙可爲 Double World?
作一粒流沙·
在時空的白色帶上，
聯起串串燦爛的美夢，
現實有真善美嗎？
我心常爲苦淚浸融，
但願夢神以靈光遮上兩眼，
我幻成大自然音節的一段；
陪送金黃的太陽落黃昏，
靜卧海濱欣聞水之柔音；
再迎上姍姍的星月——
以光芒垂下千古的銀綃。
踏芒鞋默數草木上之白露，
追索紫色夜之遠樹呪·
縱然那靈光一旦消亡，
幻異的花瓣凋謝了，
我則慰孤魂而微笑；
原未把生活過份地估量

今　夜

林　圭

今夜月色又是冰般美麗，
朋友，我記起了你。
夜鶯唱着一支遼遠的歌曲，
關於一個青年人的飄零的故事。

朋友，這可還是你夜風掠過耳邊髮際的呼息？
紫色的憶，幾番浮上心頭，
又幾番的隱抑下去。

朋友，你說是：
生命的花只能一度開的最絢綺，
那麽我還是把紫色的花瓣收拾起，
寧願它永永世世埋藏在心底。

詩

丁丑春，余因事再宿榆關。是夜，風雪大作，城郊號聲震耳，終夜未得安睡，感而賦此。

耐　飈

旅泊非同汗漫遊，今宵三宿古關頭。園林冷落知春早，館主逢迎感意稠。急雪打窗驚客夢，疎笳號野動邊愁。曉來鴻爪留泥處，為望遼東登戍樓。

暮秋湖樓曉望

燕　飛

曙色纔從林隙生，湖光一片入樓明。荻花隱白悲秋晚，楓葉標紅醉曉晴。塔影亂翻石徑冷，鐘聲疎奏柳風清。憑欄縱目斜烟外，秀嶺崇巒面面迎。

秋夜聞簫有感

禺　心

何處清簫入夜幽，微風吹過曲欄頭。棲鴉帶露驚寒樹，冷月搖空咽碧流。靜趁客牀千里夢，急和砧杵萬家秋。故園儘少蓴鱸美，也覺聞聲動旅愁。

頤和園懷古

小　百

不見軿車過，繁華盡委沙。西風衹黃葉，湖水自生涯。殿冷晨趨鼠，樓荒暮宿鴉。可憐歌舞地，今日是誰家？

詞

南鄉子

何　蝙　飛

夜幕又高升。靜挂天中幾顆星。月色如風牽黑帳，輕輕，塔影湖光夢未醒。　何處忽清明？垂柳因風撥細萍。一片白雲浮碧水，如冰，料峭春寒暗裡生。

己卯識小

我們的意見

	燕京大學好像	燕大教授好像	燕大學生好像	畢業論文好像
張厚珏	看守所	檢查官	犯人	出獄證
張宗善	理想世界世外桃源	洋文書鋪的經理	天之驕子·惟我獨尊	試金石(Indicator)
趙致順	天然療養院	像保姆又像大夫	像不同症候的病人	像一片模糊的影子
趙盛鐸	打字機	打字匠	打字紙	贋鼎的宋版善本
江順成	小家碧玉造知識工廠	?	高等消費者	搪差事的公事
錢蔭桐	大家庭	保姆	小孩子	閒筆的文章
祝福康	大旅社	檢查旅社的軍警	旅客	法幣
范希純	工廠出貨·客店留賓	奧妙秘笈愈久愈好	繡花枕頭外表漂亮	冰糖橄欖澀而甜
傅玉賢	關口	把關的官吏	過關的行人	通行證
何繙飛	話匣子	唱片	聽衆	聽衆聽了記的唱詞
許其田	廚房	廚夫	食客	食品
徐緒堃	學校	是人	也是人	什麼也不像
胡啓寅	近代化的廟宇	謫仙	蝸牛	沙堆中檢金
闞冠騂	神仙樂園	好朋友	天眞爛漫小孩	抄書報告
葛力	家庭	養鴨人	鴨子	黃蠟
孔慶雲	醫院	看護婦	病人	出院證明書
李芳	花園	園丁	各種花草	果實
劉紹秀	大學	教書匠	大學學生	生死關頭
劉會壯	古廟裡面唱大戲	農夫耕地	書包	泰山壓頂
劉詒娀	一片乾淨土	一群老小孩	糊塗虫	催命符
沈聿溫	大旅館	宰豬的	被宰的	取畢業文憑的證券
宋文甲	租界地	不肯吃苦的避難者	四代同堂·四年級是老子	帖行會的masterpiece
丁秉仁	世外桃源	同學的保姆兼嚮導	繁榮市面者	大學出學試驗的考卷
屠曾餄	大學	債主	負債者	悔過書
董離	葡萄園	日光和肥料	葡萄樹	葡萄
閻簡弼	火車	查票員和收票員	旅客	出站時交還的廢票
袁桓猷	學校	一群××	比中學生高一點點	餓則必吃的飯
岳家翰	社交試驗區	留聲機	謄寫版	招牌

我們的感覺

	燕園最可留戀的地方	四年來的收穫	燕大的特色
何焯容	無處不值得留戀	認識了人類的虛偽與勢利	校長兼作證婚人
范希純	寂寞的圖書館，夕陽裏的未名湖	認識了燕大生活	風景美，設備好，人情厚
趙盛鐸	二三樓間的藤蘿架下	『兩袖清風，一塵不染』	偉大的博雅塔，象徵着司徒先生的人格
董　離	我留戀整個兒燕京	Smiling Face	自由服務的精神
葉家璋	湖邊和貝公樓前的園地	從純粹的小孩脾氣，變成半大人脾氣	洋味
沈聿溫	臥房的軟鐵絲床	嗅了兩斤 H_2S	「男」「女」宿舍不許「女」「男」進去
胡啓寅	蔚秀園	多知道點洋文	亦中亦西
劉曾壯	四樓 109 號	長了二十磅	隨意消遣，而效力不減
祝福康	法學院圖書館	學士學位抬頭紋三道半	Normal Curve System of Grade
葉蕙芳	四院的洗衣間	學了些半官腔的北平話	自由發展
趙理海	圖書館	得了一些應有的常識	不敷衍
譚娟傑	實驗室	近視程度加增 200 度	男女部各自爲政
闞冠卿	六樓三〇三號	知道如何作人	美與自由
吳奎齡	月夜中的石舫上	?	造就「洋」學生

我們的嗜好

	最喜歡的課外消遣	最喜歡吃的東西
張厚班	聚知已而「神聊」	雀克力
張宗善	唱歌，打網球，下棋	橘子，西紅柿（因爲聽說Vitamin多）
趙致順	躺在床上看一看書，爬 起來翻一翻零七八碎	烤白薯
趙盛鐸	校友橋觀魚	島亭合作社「一三九號」糖
周淑生	看電影	蜜柑
錢蔭桐	湖邊散步	冰激凌
祝福康	煙·酒·茶·談·舞	玄妙觀的豬排
范希純	幻想，低唱，讀詞	糖
何焯容	看雜誌畫報	Pickles
徐秉正	划船、看電影	蘋果
徐緒堃	打麻雀，睡覺	窩頭
胡啓寅	談話，槳球	長生果
葛　力	同朋友到野外散 步，讀文學作品	烤肉
孔慶雲	散步·旅行·看小說	北平的大柿子，常三的白燒白菜
羅秀貞	Bridge	椰子
麥佳曾	打網球，溜冰	四院的餃子
沈聿溫	願打聽朋友情人的姓名 約友好三四，籃球場表演一番	
譚娟傑	Guitar	鮮荔枝
丁秉仁	下瞎象棋（丁派首創 唯我獨尊）	小花生，炸大蝦，鮮橘汁
汪德秀	實習 gossipology and eatology（特製新字）	每星期三，四院的餃子
汪煥鼎	看報，吃煙	倪家的焦溜烙炸，常三的 白燒白菜，馮家的烤肉，
吳壽祺	寫字 Chinese drama	Orange & apple
楊毅和	玩一些小玩藝	牛奶
言穆淵	運動和打洋牌	甜心糖
岳家翰	騎車進城	扒肉，肥肥的，熱熱呼呼的
袁恒猷	集郵票，貼像片，往 像片本上寫字	不花錢而來的食物

我們的心事

	得意事	傷心事
沈聿溫	離開了燕京看看外面『世界』	離開了燕京別了這「世外桃源」
胡啓寅	說了，你便知道了。	不說罷！
張厚班	考試得意	要進城搶不上車
趙致順	接到我所期望的信	不能解決我要解決的問題
陳金淼	體重減少七公斤	站在汽車內不能直腰
江順成	窮	窮
麥佳曾	同先生辯論，駁得他一句話說不出	離開燕大
權國基	當然是結婚囉！	寒假才能畢業
周淑生	找個問題，把先生難住	沒學好溜冰
李　芳	曾救過一個人的性命	失掉了一隻最愛的錶
徐緒堃	星期六進城看電影	到了電影院，座位已滿
何播飛	在美的賞鑑中忘記了人間世	說北平話，沒人懂！
丁秉仁	念遠東史半年，蒙洪博士慨賜一「九」	在大四一年中，連修三個體育
汪煥鼎	講了你們不懂，不必對牛彈琴	四年級時，還修體育
趙盛鐸	夢與辛博森夫人接吻	無從說起
闞簡弼	考試得意	『人歸沙叱利，世無古押衙』
吳達人	我的得意事就是沒有傷心事！	我的傷心事就是沒有得意事！
俞德康	被選爲平津埠際乒乓選手	祖母去世，不能獲得最後一面
唐文順	今年學會了騎自行車	我從來沒有傷過心

我們的外號

蝦仁	洋膠	老鷄	趙子曰	Big Sweet Child
大狗	活僵屍	駱駝	大鷄蛋	皮球
小丑	小耗子	味味	小奔子	細佬
燕	老山西	童子	小寅	善本
皮蛋	二毛	拐子	巧巧手	老弟
印度博士	老三	總統	東方梅蕙絲	小胖胖
拿破侖	香火道人	福官	跳蚤	瘸子
小鷄	柚子	河邊飛	海裏蹦	三角板
白兎	豌豆黃	大斧金	落鴈	傅老板

我們的畢業論文題目

張純碧	地方自治制度之研究
張漢槎	Recent Works in 18th Century historical characters and events connected with literature: A Critical Bibliography 1928-1938.
張厚班	中國領事制度
張秉乾	大白菜中炭水化合物之分析
張宗善	我國公務員之獎懲制度
張鴻增	Ching Hua Yüan, the Chinese gulliver's Travels.
張師賢	中國印刷史略
趙修復	A Study of the Injurious Insects of the Local Fruit Trees and Vegetables
趙理海	一八九九以後之中美關係
趙盛鐸	西藏民族之社會生活與禮俗之研究
趙宗乾	韓柳比較研究
陳金淼	天津之買辦制度
陳宗基	行列式淺述
陳　瑜	宋金史紀事互證
陳玉人	Underground Temperature Measurement.
陳玉英	客家的研究
陳如石	國民政府收入之研究
鄭材棟	Anatomy of the Hammerhead Shark.
戢鎮雄	Thermal Conductivity of Chinese Window Papers
江順成	以鄉村學校為中心建設農村之研究
錢蔭桐	改良中式簿記
靳宗和	中國五個實驗縣之比較研究
周淑生	我國對英債務之研究
祝福康	工業農村化
權國基	津浦鐵路
范希純	近今中國農民運動
傅玉賢	元曲與皮簧
韓天勇	中國海關金單位制度之研究
何焯容	中美兩國中學生自治之研究與比較

何蟠飛	王維詩研究
賀方達	教師任用問題之探討
赫寶源	書法批評的社會一致性
胡榮德	Cost Distribution of Residence Hall Food Purchased in the Women's College Yenching University (Sept. 1938—Feb. 1939)
謝維仲	國民政府支出的分析
許其田	江寧實驗縣縣政之研究
許純鎏	清查地理志圖解
徐麗春	兒童幼稚時期指導的研究
徐緒堃	Charles Dickens as A Social Reformer
徐國憲	The Mechanism of Alum Tanning
徐國勳	銀行成本之計算
薛懷瑞	A Critical Study of the English Translation "San Kuo"
高文具	A Study of Standard and Living in Village Homes of Yenching Kung Chang Workers
葛　力	陽明哲學
郭壽彭	中美外交關係
孔慶雲	中國郵政經濟之分析
江大偉	英格蘭銀行發展小史
龔立華	外人在華之外交保護
李　芳	我國中學師資改進之途徑
李復克	The Enzymatic Hydrolysis of Chinese Dietary Oils in Vitro
林鏡東	A Study of A.C. Pigou and His Welfare Economics
劉濬璇	Homogenous Coordinates
劉詒娀	黔苗研究
劉穎方	廣西猺民研究
劉曾壯	中國農民生活程度與工人生活程度之比較 北京梨園與社會
劉紹秀	燕京成績考核之研究
羅秀貞	太醫院之沿革
婁安吉	兒童情緒之研究
馬　蒙	中國農村社會結構中之土地分配問題
麥佳曾	北京懷幼會之研究
倪道燾	中美政府之比較

班　洵	憲法上人民基本權利及其轉變
沈瑤珊	芝加哥社會學學派對於都市社會之研究
沈聿温	The Phytin and Gotal Phosphorus Content of Chinese Foods
孫璧娛	Metabolism of Onalate
宋文甲	戰時收入問題
孫素錦	Nutritional Status of Village Nursery School Children.
孫德充	Atmospheric Potential Gradient Records
譚娟傑	昆虫頭部及附器之比較研究
檀先璜	過去中國犯罪研究的分析
丁秉仁	平津大報游藝版之檢討
丁鑑宏	Thackeray as a Social Critic.
杜　洽	唐府兵鎮兵考
杜含英	歌謠中的河北民間生活
杜連華	玀玀之研究
蔡善培	元代散曲及其作家
屠曾貽	陶土之可塑性
董　雝	三旗區婦女教育
王觀琪	報紙與學校教育
王志毅	Matrices and Invariants
王世慈	中國非常時期之財政
汪德秀	小學低年級算術教材的研究
王端驄	天津棉花市場
魏大仁	A Comparison Between "Ivanhoe" and "Shui Hu Chuan"
魏道煌	Paints Testing
翁景光	Experiments on Ultra High Frequency Electromaguetic Waves
吳全齡	管理貨幣與穩定物價之研究
吳壽祺	Effect of Electrolytes on Clay Shrinkage.
吳達人	Chinese Foreign Relations from 1931—1937
吳潤芳	歐戰後裁軍問題
楊長生	Dielectric Constant of Soil at Radio Frequencies
楊曾武	A Study of John Stuart Mill

楊毅和	說文部首研究
葉家璋	中國印刷術之發明及其向西方之傳播
閻簡弼	宋人詞集考
言穆淵	論中國華洋義賑會指導下之河北省農業合作社的貸款功能
嚴東生	Organolite, Synthetic Base-exchange Matenals
俞康元	A .Comparison Between Chinese and Shakespearean Theaters
玉文華	西冉村的農民生活與教育
袁桓猷	所得稅之研究
岳家翰	Changes of PH, Sugar, Starch, and Cellulose of Chinese Cabbage During Growth and Storage.

我們的永久通信處

姓名	通訊處
張安	北平西總布胡同三十八號
張純碧	福建漳州小溪平和書局
張振淮	天津英租界四十七號路恩慶里二十五號轉
張漢槎	香港般含道二號
張厚班	北平東四東水車胡同五號
張秉乾	北平東直門內羊管胡同十七號
張師賢	北寧路留守營慕德堂
張宗善	平西燕京大學信差室轉
張鴻增	河北省威縣從容村
趙致順	濟南南關所里街十七號
趙修復	福建長汀廈門大學趙修謙轉
趙理海	山西聞喜縣東村鎮轉下官張村
趙盛鐸	秦皇島開灤礦務局查工處
趙宗乾	深澤縣東關泰和堂
陳宗基	北平北新橋王大人胡同十八號
陳瑜	唐山韓城聚豐棧
陳玉人	天津鎮芳鎮格達村
陳玉英	香港九龍彌敦道三二二號二樓
陳幼石	天津英租界戈登路一〇二號
陳耀翰	協和醫院
鄭材棟	福州城內石井巷三十號
戚鎮雄	北平北長街會計司二十三號
程樂德	協和醫院
齊世昌	遼陽稅課司胡同
江順成	河北省灤縣扒齒巷大沙窩
錢蔭桐	北平宣外兵馬司中街十號
靳宗和	天津西蘇橋
周淑生	北平東城柴廠胡同二十九號
祝福康	無錫北塘米廳弄五號

權國基　北平西單報子街三十五號
朱洪蔭　北平西城大帽胡同二十五號
范希純　四川鹽亭縣東街
馮保群　上海膠州路一二零弄一號
傅玉賢　北平西城二龍路九號
韓天勇　北平崇外木廠胡同十二號
賀方達　北平無量大人胡同二十五號
何焯容　香港德輔道中工商報館胡秩五先生轉
何蟠飛　廣東高要縣第九區富灣街百和堂轉渡頭何
赫寶源　北平王府井大街小紗帽胡同三號
胡啟寅　開封雙龍巷七號
謝維仲　北平水磨胡同二十一號
許其田　鼓浪嶼筆架山許宅
許純鎏　福建泉州培元中學
徐麗春　北平東四三條五號
徐緒堃　北平廠橋西皇城根六十七號
徐國憲　天津日租界中原里十三號
徐國勲　天津英租界耀華里八十九號
徐秉正　北平協和醫院
薛懷瑞　青島冠縣路六十號
闞冠卿　河北省遷安縣闞莊
高乂其　上海霞飛路六一三弄三四號
高潔泉　天津義租界東馬路二二號
孔慶雲　天津英租界五十九號路伊甸園六號
郭壽彭　天津英租界五十六號路怡和里三號
江大偉　上海法租界霞飛路馬斯南路口樂安坊五十三號
龔立華　天津英租界五十二號路一百五號
勞同霞　天津英租界十七號路一百四十一號
李　芳　北平西城皮庫胡同二十七號
李復克　燕京大學
林鏡東　天津英租界永志里五號
林華堂　廣東省陽江城愛和軒藥房

劉濬璇	天津法租界三十三號路鼎新里二號
劉金定	天津英租界二十六號路四十三號
劉漢緒	唐山喬屯東西街五號
劉詒娀	北平東城寬街十號
劉穎方	廣東台山公益埠長樂街劉德誠堂
劉曽壯	北平宣外米市胡同内扁担胡同二號
劉紹秀	北平崇内豆腐巷二十四號
羅秀貞	汕頭自動電話所
晏安吉	天津英租界戈登路七十四號
馬　蒙	香港般含道七十一號
麥佳曾	香港九龍塘雅息士道八號
倪道燾	天津英租界圍墻道二四七號倪宅
班　洵	北平簾子庫一號
沈瑤珊	北平交道口棉花胡同甲十一號
沈聿温	天津法租界緑牌電車道恆安里四七號
蘇應衡	c/o 137 Prinsenlaan, Batavia, Java.
孫璧娣	北平西單太平橋五十一號
孫德充	北平崇内馬匠廠十一號
孫素錦	北平西城成方街二號
譚娟傑	北平西四兵馬司山門二號
檀先璜	上海法租界勞神父路六四八號
湯心巽	秦皇島渤海路
陶榮錦	安徽滁縣南街裕昇祥布莊
丁鑑宏	山東日照濤雒鎮
丁秉仁	北平西單北甘石橋石缸胡同文華里五號
杜　洽	山西文水縣同濟銀號
杜含英	山西離石縣柳林鎮楊家坪
杜連華	河北省遵化縣平安城鎮西街
董　龢	江西餘江新洞門
蔡善培	天津英租界五十二號路九福里九號
汪煥鼎	浙江麗水燧昌公司汪鴻鼎轉
王志毅	天津法租界三十三號路義善里二十一號

王觀琪　天津法租界六號路一二三號
汪德秀　上海法租界辣斐德坊五九三號
王纘武　山西臨汾東關德泰魁轉下靳村
王端驄　天津糧店街七號
魏大仁　北平西四羊市大街四一號
魏道煌　北平宣武門外南橫街二十號
翁景光　香港樓梯街五號
吳奎齡　天津特二區平安街平安里三號
吳壽祺　天津東馬路二道街西口
吳潤芳　北平宣外潘家河沿六十四號
楊長生　北平東單北遂安伯胡同三六號
楊曾武　天津英租界馬廠道二三零號
楊毅和　四川萬縣西門外正街二十九號
楊友鳳　北平協和醫院
葉家璋　北平東板橋蠟庫十一號
葉蕙芳　廣州市大新路一二八號
閻簡衡　河北省正定縣城內梁家角燕翼堂
言穆淵　北平和平門內後細瓦廠二十七號
嚴東生　北平兵馬前街三四號
殷增芳　湖南株州昭陵郵局送大豪坪
俞康元　北平前內前府胡同四十號
俞德康　上海膠州路瑞芝邨二三號
玉文華　北平西四禮路胡同十一號
袁桓猷　北平西城東鐵匠胡同七號

編　後

大學的生活是完美的，燕京大學的生活尤完美得使人留連忘返。的確，優美的校園，新式的設備，豐富的藏書，自由的氣氛，友愛的師生感情，那一樣不在我們腦袋裡烙着深深的印呢？不過大學好比一條溪澗，學生只是一些流水　溪澗的水程是有一定的，完了，我們就得離開這裡了。可是燕園裡每一所樓臺，每一座石橋，每一株樹木，每一束花草都嵌着我們一段生活，都黏着我們一絲記憶。我們能淡然置之嗎？然而記憶經過太長久的日子是會褪色的。也許將來的生活會磨碎了我們的記憶，而做一些無聊的事情，那麼，燕京的大學生活豈不像雲影渡過春水般一些痕跡都留不到？為着這個原故，我們在最忙碌而又短促的時間中負起編印年刊的重擔。因為我們相信保留多一分完美的記憶，將來會增加一分立身處世的勇氣和決心。

年刊的計劃，本來是很理想的。但結果還有些不能完全現實。原因第一，時間實在太匆促，由發起至付印僅僅三個月，第二物價飛漲，比我們初時的預算超出四分之一以上。現在年刊已經如期出版。我們只好放下重擔來聽各位同學的批評和指教罷了。

這本年刊的成功，除了各位班友敦促鼓勵外，我們還獲得不少校內外人士的幫忙。現在特此分别致謝於後：

校訓是徐世昌先生的手筆。校花是齊白石先生的手筆。封裡和各卷卷首圖案是王善甫先生所設計，第一頁的篆字是容希白先生的手筆。封面是蔡雲程君所設計，在這裡我們不必替他們介紹，只有表示誠摯的感謝！

廣告方面，得到龔師義先生，王勤望君，何廷華君，沈慶生君及鄺家駒君的幫忙很多，至於攝影也得到宋猷彝君一些幫忙，這是使我們不能忘掉的。

本刊由友聯中西印字舘承印，他們辦事人非常熱心和誠懇，多方遷就我們的計劃，實在是本刊及時問世的最大原動力

編者

ADVERTISEMENT

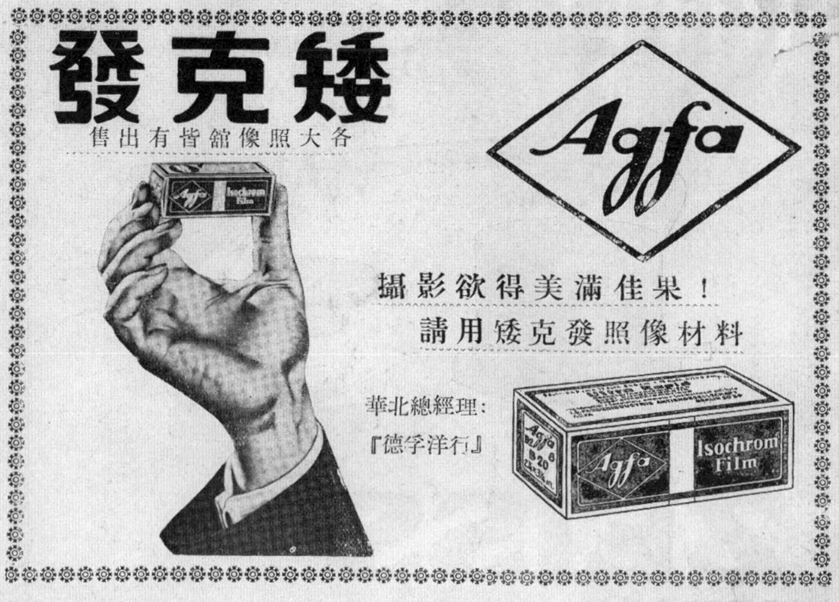
矮克發
各大照像館皆有出售
Agfa
Agfa Isochrom Film
攝影欲得美滿佳果！
請用矮克發照像材料
華北總經理：
『德孚洋行』

陰丹士林
晴雨商標
"陰丹士林"深藍色布
市上深藍色布中顏色最為堅牢
請詢購下列各色
三一五號 三三五號
三八五號 三九五號
晴雨商標 購冢南針
親眼認明 即購勿疑

ZEISS

OPTICAL
MEASURING
INSTRUMENTS

IN INDUSTRY
AND
RESEARCH

CARLOWITZ & CO.

LABORATORY-SUPPLY-DERT.

12, Hatamen Street
Tel. E.O. 208 - E.O. 4994
PEKING

General Agents for E. Merk Chemical Works, Darmstadt, Carl Zeiss-Jena and Zeiss Ikon-Dresden

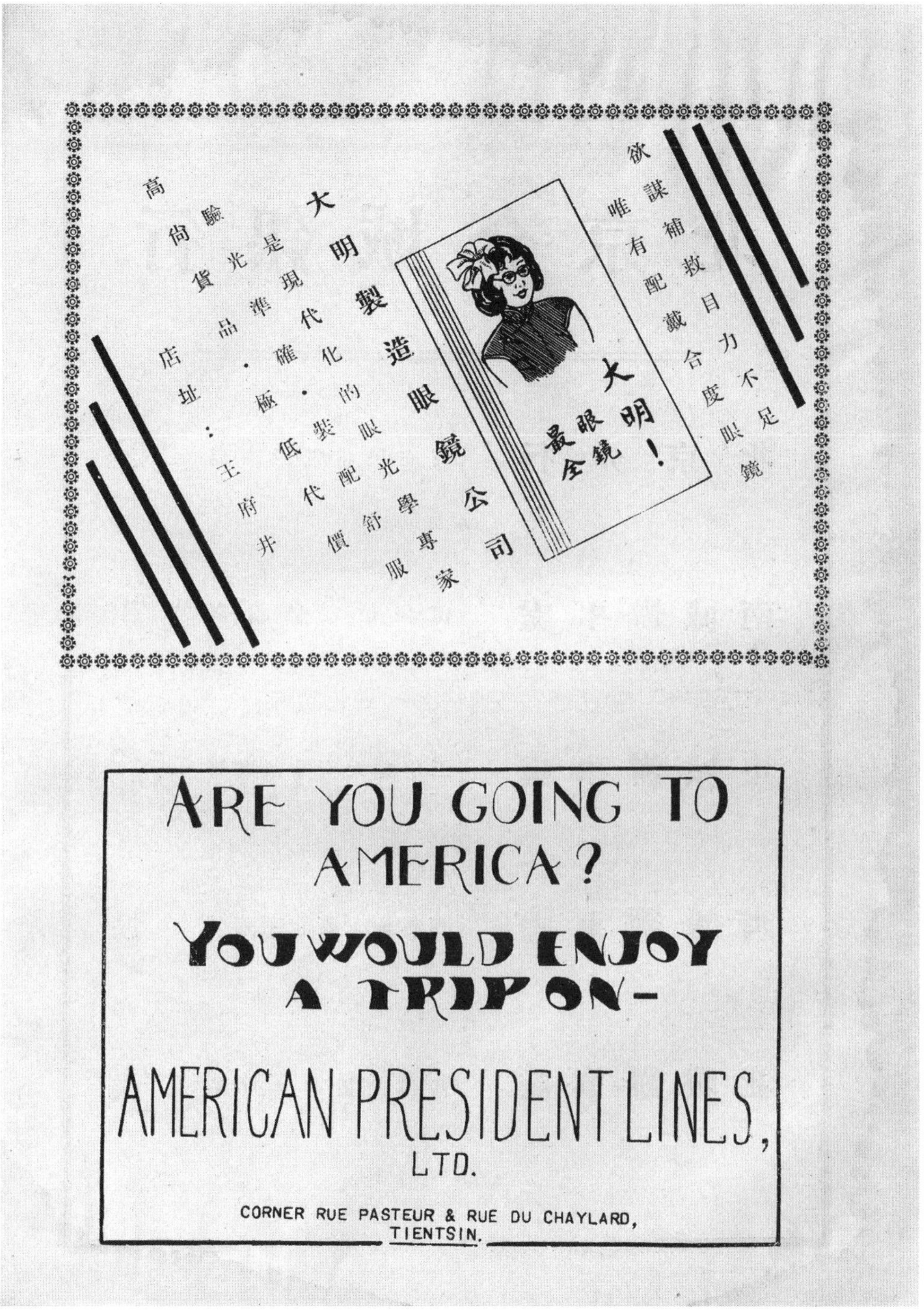
大明製造眼鏡公司
是現代化的眼光學專家
驗光準確·裝配舒服
高尚貨品·極低代價
店址：王府井
大明眼鏡最全！
欲謀補救目力不足
唯有配戴合度眼鏡
ARE YOU GOING TO AMERICA?
YOU WOULD ENJOY A TRIP ON-
AMERICAN PRESIDENT LINES, LTD.
CORNER RUE PASTEUR & RUE DU CHAYLARD, TIENTSIN.

THE CHINA CHAFT & CO.

30 Hatamen Street, Peking,

Peking Cross Stitch and Applique work

on

Grass Cloth and Cotton Cloth

of

Table Cloth and Bedspreads.

中國美術商行

本行自設工廠專製桃花補花各樣桌布床單等等花樣鮮艷樣式美觀工精料實售價低廉

惠顧諸君請速駕臨

行址 崇內大街三十號

電話東局三三二七

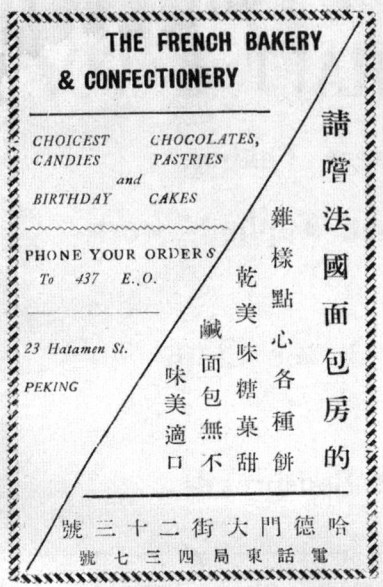

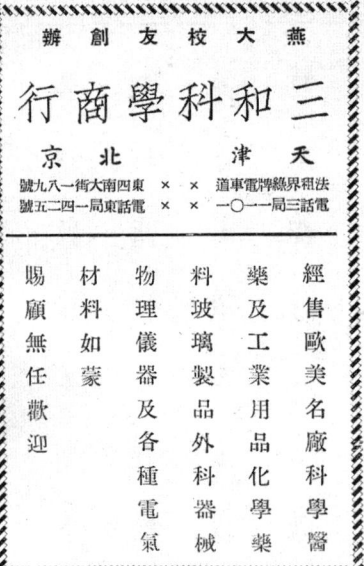

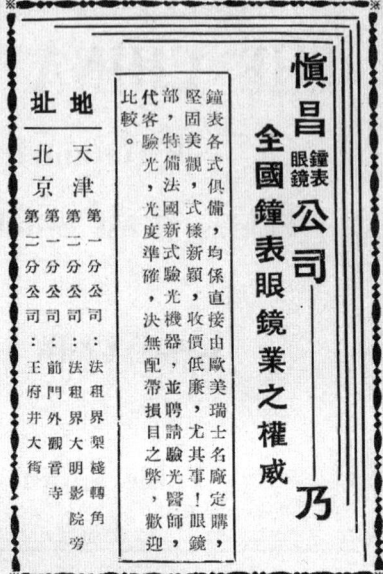

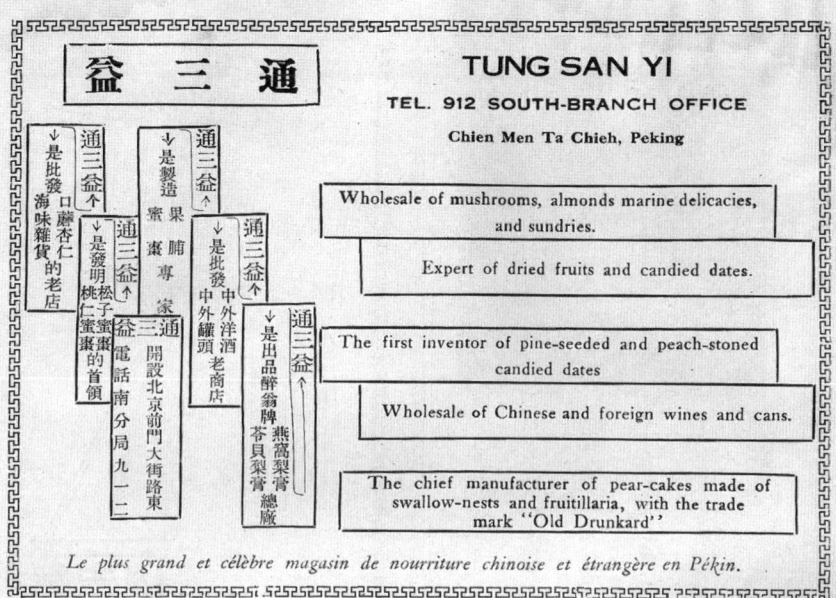

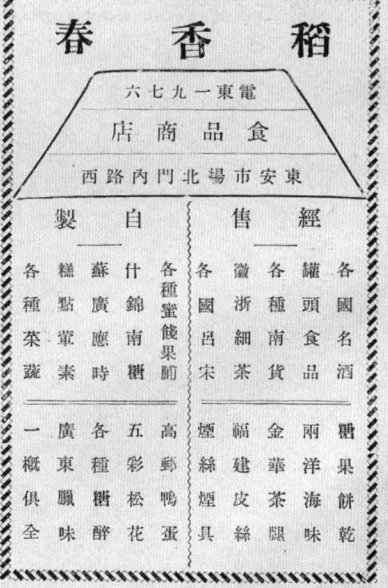

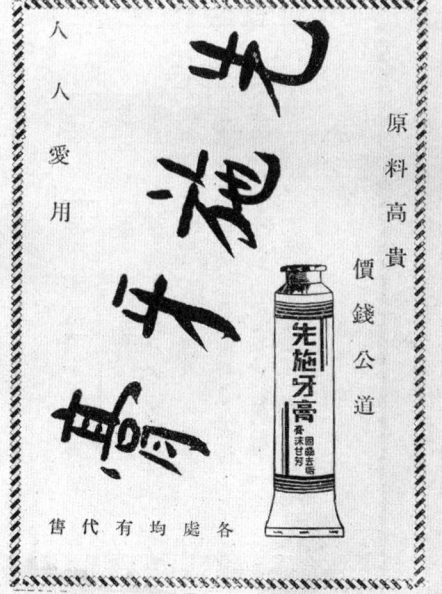

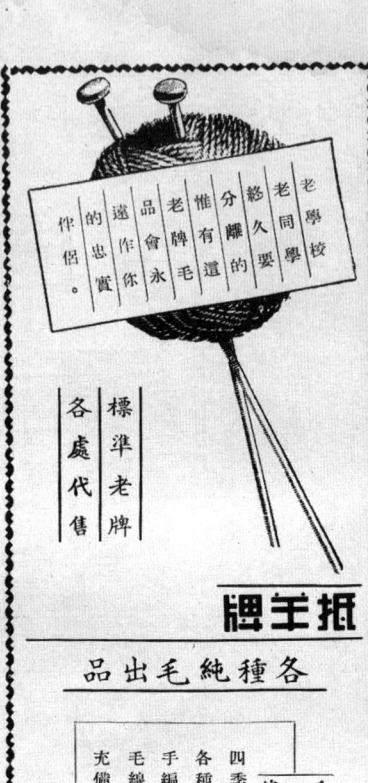

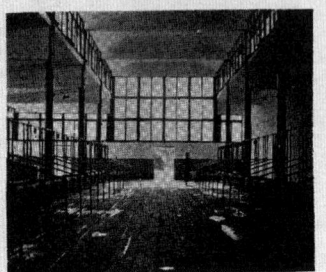

PEKING
HUNTLEY TIMES & OPTICAL CO.
亨得利鐘表眼鏡行
北京總店
前外觀音寺大街
電南一二三二號
素以忠誠態度服務社會
獨將超特品質供應國人
備有世界最新德國電流驗光儀器代客免費檢驗目光異常準確
第一支店·王府井大街 電東二八五乙二
第二支店·西单北大街 電西一乙五號
營業提要
定造樓閣大鐘 自製本牌時鐘
專運全球鐘表 修理鐘表話匣
各種坐鐘掛鐘 金銀手表懷表
國產茶晶水晶 自磨光學鏡片
望野千里遠鏡 表練表墜表帶
各種名伶唱片 無綫電機唱機

GRAND HOTEL
DES WAGONS LITS
PEIPING

An establishment where the qualities of a high class modern hotel are combined with the comforts of your own home.

Cable: **WAGONLITS**

FOR

FIRE

LIFE

and All

INSURANCE

REQUIREMENTS

apply to

C. G. DANBY.

7A, Erh Tiao Hu'ung,
Peking

Tel. 152 East.

發昌祥西服莊

NATIONAL TAILORS

121 HATAMEN STREET

PEIPING

Telephone 4131 E. O.

崇文門大街門牌一二一

電話東局四一三一

裁製

西裝

名將

麗豐綢緞莊西裝部

本年精春裝料最新服樣及九九式本部備尋
本料委裁樣請齊看參
嶄新歐美呢絨材料高次俱全上海名師裁製

樣子準確合體

總店王府井電東二三四支店煤市街電南一一七五

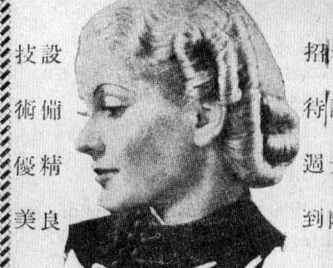

聚順和蜜餞商店

北京前門外大柵欄西口路北

電話南局九百四十號

南貨海味

四遠馳名

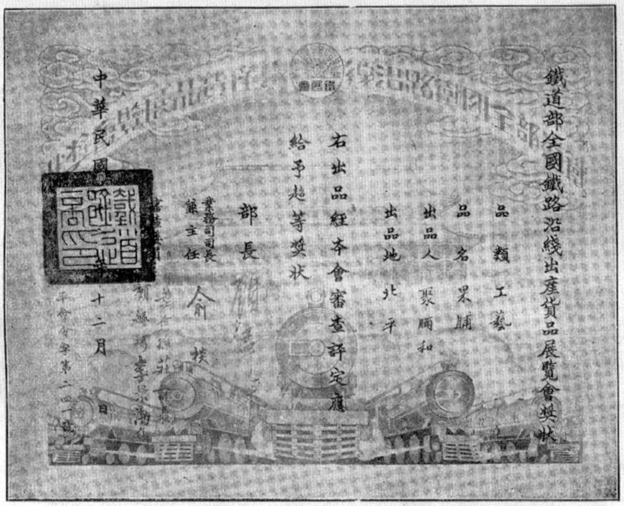

聚順和南貨海味蜜餞商店

向在各省各海島專門採辦燕窩銀耳魚翅海參。自設專廠製造果脯蜜棗止嗽秋梨膏歷經中外賽會獲得最優等獎憑各界仕媛無不讚揚。

本號派有專人每日赴燕京大學及教職員住宅送貨電話賜顧至爲方便無任歡迎

地址： 北京前門外大柵欄西口路北

電話： 南局九四〇號

CHÜ SHUN HO

Wholesale of Edible bird's nests and marine delicacties Manufacturer of dried fruits, candied dates and fruitillaria.

Winner of various fairs.

Special delivery for Yenching Community

Address: Ta Ch'a-lan Peking

Telephone 940 S.O.

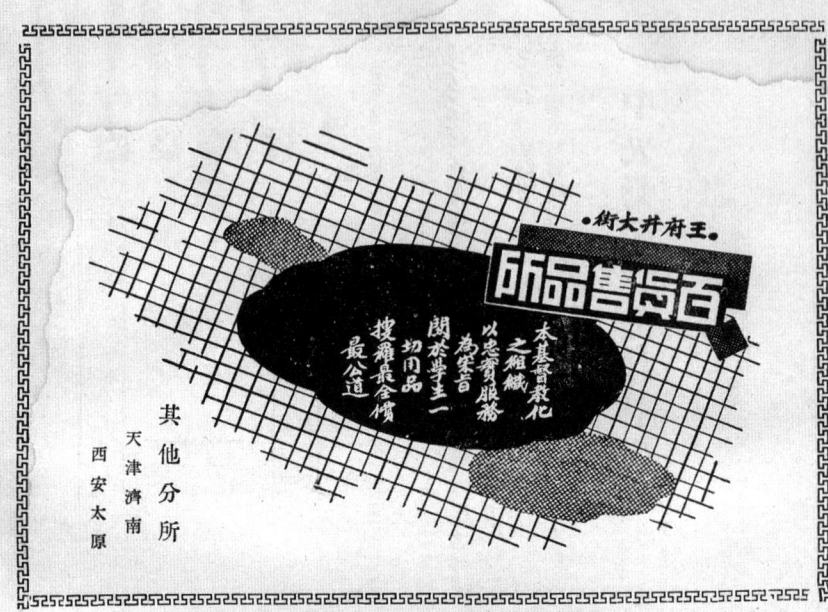

河北省銀行北京分行通告

本行辦理商業銀行一切業務信用昭著收做各項存放款扶助農工商業附設倉庫押做雜糧貨款手續簡便利率從輕在本省商業繁盛區域均有聯行事變以後京漢津浦兩線重要地點分支行均逐漸恢復營業照常匯兌如蒙惠顧無任歡迎

行址西交民巷東口

電報掛號二二二二

電話南局
經理室七八六
營業部六〇三
庶務處一七二
傳達室一七三〇

北京市銀行

調劑市區金融代理市金庫辦理小工商放款及其他普通銀行一切業務

營業時間上午十時起至十二時止下午二時起至四時止星期六下午及星期日休業

行址北京前外大街一六三號

電話經理室南局二四〇　營業課南局二四二

傳達室南局二四一

天津

天寶金店

開設法租界光明社西

金銀首飾中外馳名
珠寶鑽石精美絕倫
器皿玲瓏禮品維新
如蒙賜顧極誠歡迎

電話三局〇〇一八號

本店創設日租界及分設法租界由民國廿六年起因事變歸併於法租界一處營業請惠顧諸君注意

天津

物華樓

金銀珠寶店

珠寶鑽石貨高價廉
金銀首飾成色十足
器皿禮品式樣新奇
餽贈親友保管滿意

總店 日租界旭街電話二局五三八五

分店 法租界馬家口電話三局四五一號

北京
中原金珠店

赤金純紋低潮回換

本店收售珠寶鑽石
古玩玉器條金錠金
赤葉精製金銀鑲嵌
首飾珠花各種器皿
喜慶禮物

地址 廊房頭條中間路北
電話南局五百五十二號
支店開設西安東大街路北
天津法界廿五號路隆華珠寶店

The Only Up-to-Date
and Best Equipped
Printing House in
Peking

THE YU LIEN PRESS, LTD.

248 HATAMEN STREET　　TEL. 4698 & 3871 E. O.

友聯中西印字館

文化都城，須有完備的印刷機關，本館爲應社會之需要，及時而產生！

本館承印：華洋書籍帳簿單據，美術石印，工作迅速，定期不誤！

北京崇內米市大街二四八號
電話東局四六九八 三八七一

（本年刊爲本館承印）

570203
J(1939)
燕大年刊

SPCW

燕大年刊一九四〇

燕大年刊一九四〇，全名是《燕京大學一九四〇年刊》，由燕京大學一九四〇班年刊委員會於1940年6月出版。

本年年刊扉頁印有梅花圖，梅花是燕京大學的校花。

題名頁有“孔祥瑩”簽名，並鈐有“孔子晶”朱文方印。可知此册原爲孔祥瑩私藏。孔祥瑩燕大1940年經濟系畢業，故有此年刊。孔祥瑩（1916—1969），歷史學家孔繁霱的長子，曾任中國遠征軍英語翻譯，北京大學圖書館館員。1969年不幸病逝於江西鯉魚洲五七幹校。此册後來歸入北大圖書館館藏，應與其在本館工作有關。

本册正文前照舊刊登有校訓、校歌和校花。其中校訓由老校長吴雷川書寫，梅花爲齊白石所繪。此後是燕京大學全景模型圖。

本年的年刊，主要内容與之前的年刊差别不大，包括：校景、教職員、畢業生、設備與概況（“設備”與現在的概念不同，這裏指燕京大學主要機構）、團體、生活、一九四〇班。本年刊的“編後”指出了其與往年年刊的不同之處：“今年的年刊，並不只代表一九四〇班，在這年刊裏，我們要表現目前整個燕大的精神，因此增加了設備與概況，各學系團體和各同學的生活照片，本班只佔年刊的一小部份。”“編後”還提出：“希望下年的年刊能變成校刊，不只是畢業班的私有物。”

“校景”部分，刊登的17張照片，既有“燕京大學”牌匾、校友門，也有四季校園風景，甚至夜景，畫面優美，印製也比較好。

“教職員”方面，從本年年刊可知，司徒雷登仍任校務長，並代理校長。

司徒雷登照片之後的“The President's Message”（校長寄語），結合燕大校訓，寥寥數行，卻意味深長。司徒雷登希望燕大學子能對自由與真理、真理與自由之間的密切關係樹立清醒的認識。他説，青年男女中真正的背叛者只關心自己的快樂、野心或成功，而感受不到服務於自己的國家、社會和人類所帶來的挑戰。

本年主要院部負責人：研究院院長陸志韋，宗教學院代理院長李榮芳、文學院院長周學章、理學院代理院長胡經甫、法學院院長陳其田、女部主任桑美德（Margaret B. Speer）、代理教務主任林嘉通、總務主任蔡一諤、圖書館主任田洪都。然後是各系主任，以及年刊顧問委員會成員名單及照片。

“畢業生”部分首先是司徒雷登的英文“臨別贈言”——To the Class of 1940—in Parting。司徒雷登鼓勵即將畢業的燕大學生將愛國主義的理想和燕大精神付諸實踐，服務於國家。他希望畢業生們在回顧在校生活時，校園生活和社會生活的對比，能够使他們珍惜自由，並爲了保存這份自由，向加在人類生活上的暴政作鬥爭。

本年刊登照片的畢業生119人。他們多在自己的學科領域有所成就，這裏選擇幾位略作介紹。

第一位查良錠，浙江海寧人，著名詩人穆旦（查良錚）的堂姐。畢業後在協和醫院任見習營養師，後在北平道濟醫院、北平中和醫院、北醫附屬醫院任營養師。1950—1986年任北京協和醫院營養師、副主任營養師、主任營養師，曾任北京營養學會主任委員。

外國文學系的張淑貞，後改名周彬，畢業後任職於天津女子師範學院，曾任中共天津女師支部書記，後與姚依林結婚。

護預科的張蓀芬，是中西交通史學家張星烺之女，畢業後到雲南參加中國紅十字會，後與來自保加利亞的外科醫生相識並結婚，抗戰勝利後隨同到保加利亞，任索菲亞大學漢語教授。

特别生物學系的趙葆洵，神經精神病學家。1943年畢業於北京大學醫學院，後留校。曾任北京協和醫院精神神經病學系研究員，神經科主任，中華醫學會神經精神科學會常務委員。

特别生物學系的屈鴻鈞，流行病學專家。新中國成立後，歷任天津市傳染病醫院院長、天津市防疫站站長、天津市科協副主席。

特别生物學系的馮傳宜（1918—2009），神經外科學專家。曾任北京協和醫院副院長、外科副主任。

經濟系的關淑莊，計量經濟學家、數理經濟學家，著名語言學家丁聲樹的夫人。1941年赴美留學，1948年獲哈佛大學博士學位。1948—1956年在聯合國秘書處經濟部門任經濟事務官。1957年回國，曾任中國社科院經濟研究所研究員。

“設備與概況”部分，實際上是燕京大學教學研究和其他機構的概括介紹，長達72頁，單獨作爲“燕京大學概覽”小册子也未嘗不可。除研究院、宗教學院、文學院、理學院、法學院、教務處、總務處、圖書館、資助委員會、體育部、校醫處概況外，還有高厚德（Howard S. Galt）撰寫的Yenching University and How It Came to Be；桑美德（Margaret Bailey Speer）的Yenching College for Women；田興智的《近三年來的課外活動》。高厚德的文章主要介紹校園和建築、院系與課程、燕京大學與國外機構的關係等。田興智文章題目中的“近三年”，應指1937年抗戰爆發至1940年的三年，文章主要介紹了學生社團、出版物、師生大會、自助工作、宗教生活、體育活動、音樂活動等。

“團體”方面，刊登有國文學會、歷史學會、哲學會等19個學生社團合影，另有研究院合影。

“生活”方面，多數爲照片，也有一些漫畫。主要包括校園照片、“我們的司徒先生"、"高厚德博士在華服務四十年紀念"、男女生日常生活、衣食住行、體育運動、宗教活動、郊遊、音樂戲劇等。此外，還有校友返校節、各地校友合影等照片。

"一九四〇班"部分，首先刊登的是"關於本班"，概括四年的大學生活。然後是全班合影和院系合影，班級有關照片，"四年回憶録"漫畫。與以往《燕大年刊》不同的是，本年級的調查問卷，問題包括：

我們覺得Freshman時候的燕京與現在有什麼不同嗎？

燕京特點是什麼？

燕京四年來最值得紀念的是什麼？

你的怪脾氣　嗜好。

燕京那一點兒使你最留戀？燕京那一點兒使你最討厭？

你四年來最得意的是什麼？你四年來最傷心的是什麼？

你最喜歡那門功課？你最討厭那門功課？

燕大同學的回答五花八門，不乏幽默諧謔的内容。

此外，此部分還列出了畢業生的論文題目和通訊處。

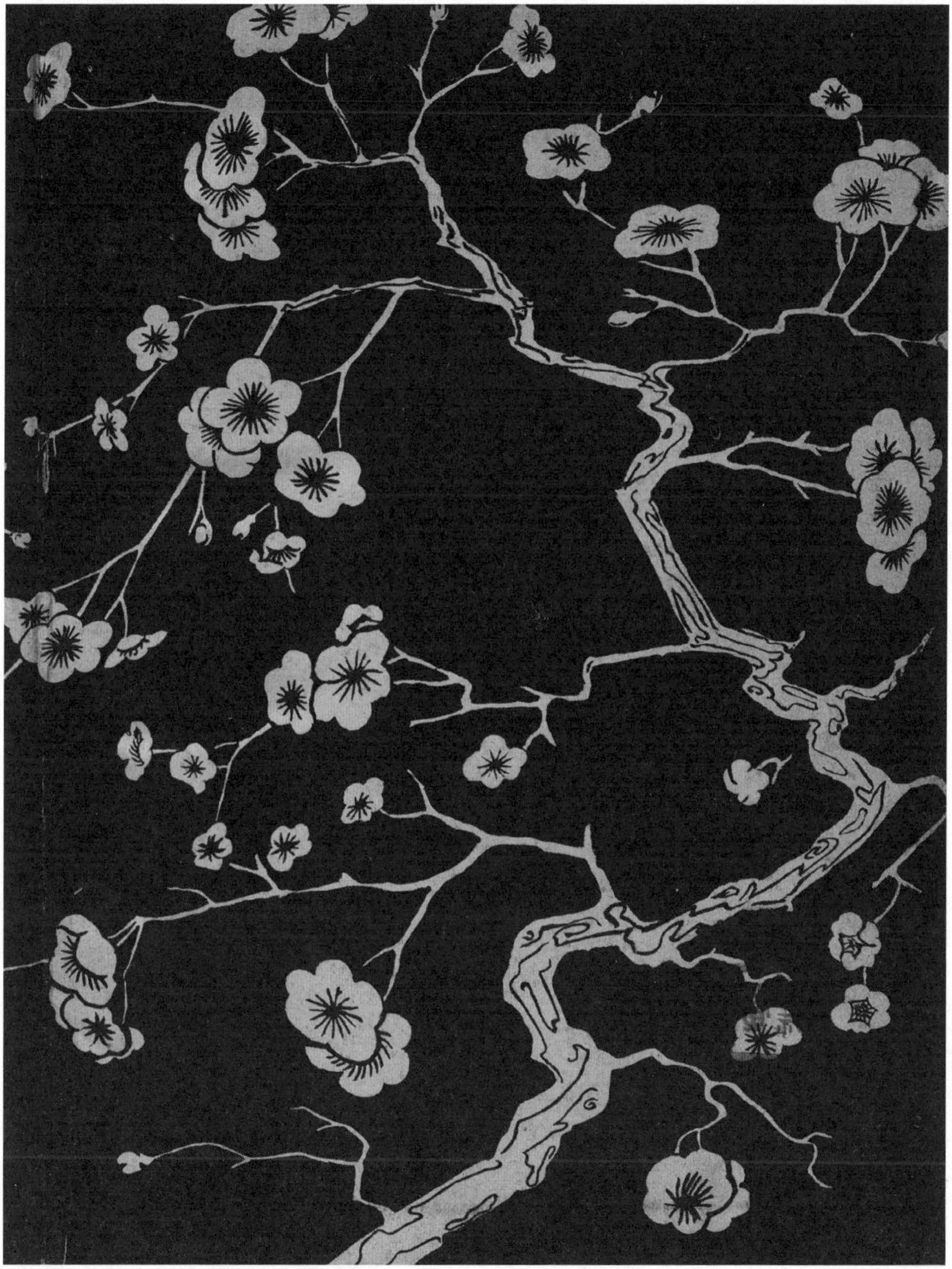

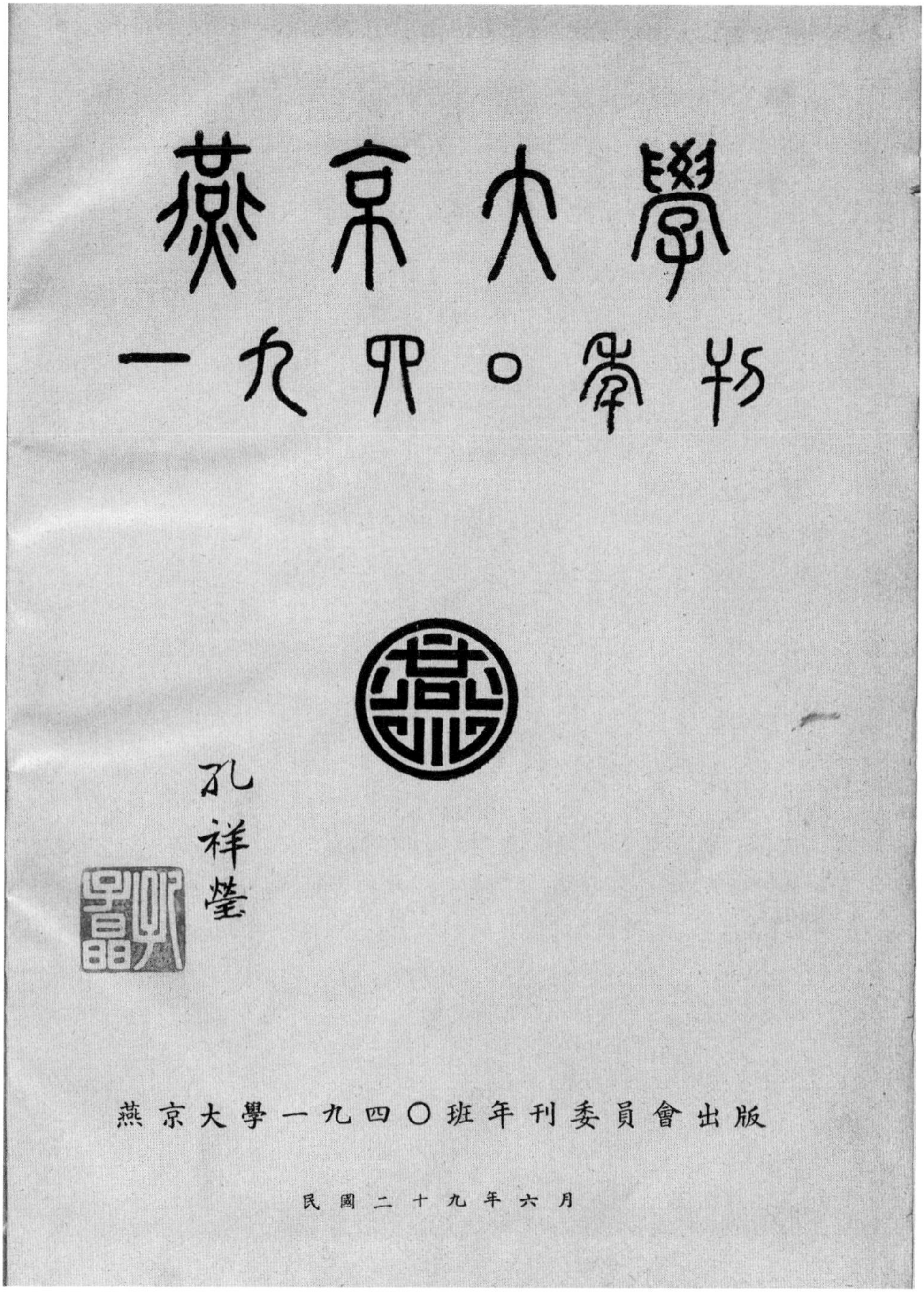

燕京大學
一九四〇年刊

孔祥瑩

燕京大學一九四〇班年刊委員會出版

民國二十九年六月

校訓

因真理得自由以服務

吳雷川敬錄

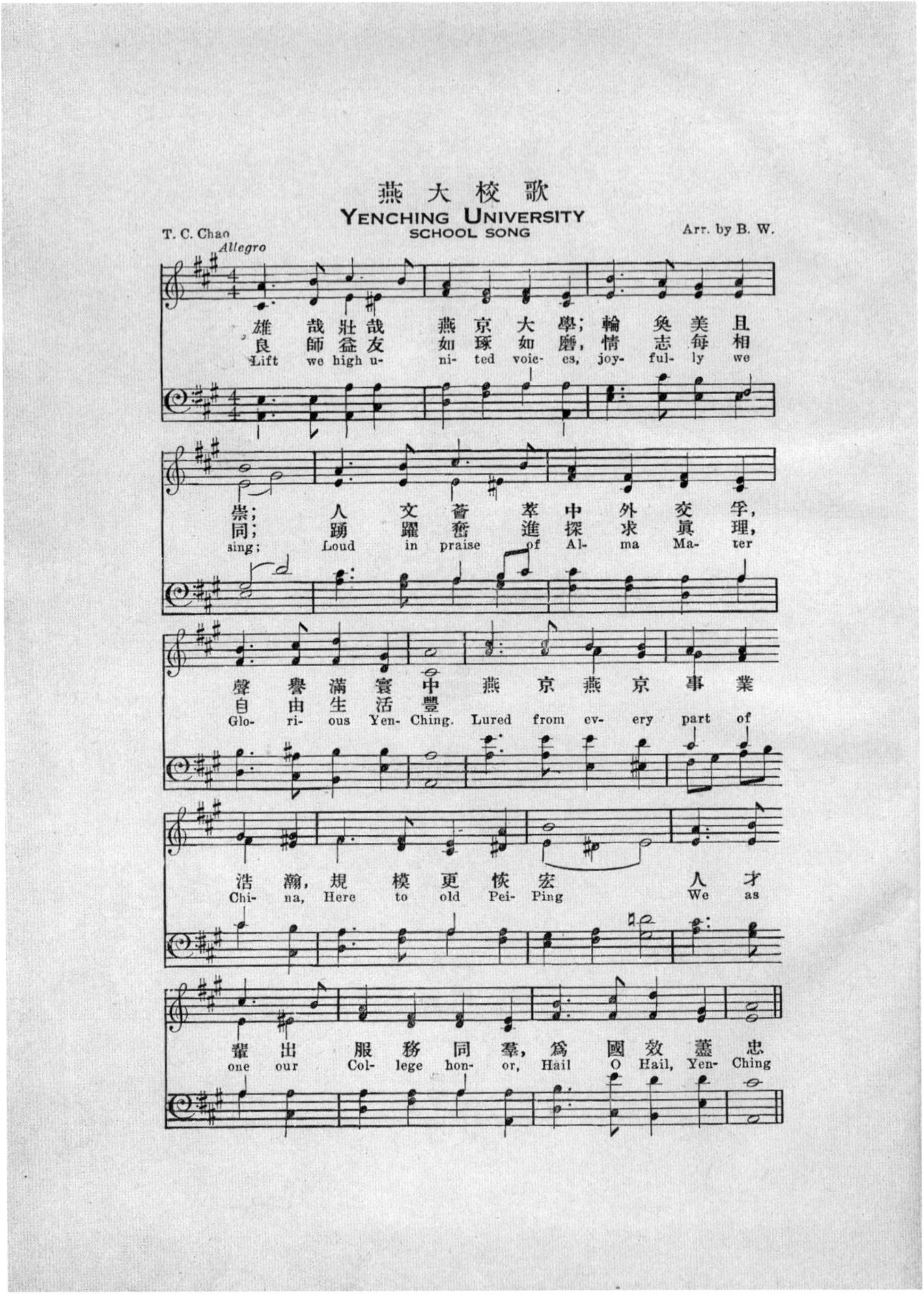
燕大校歌
YENCHING UNIVERSITY
SCHOOL SONG
T. C. Chao
Allegro
Arr. by B. W.
雄哉壯哉燕京大學；輪奐美且崇；人文薈萃中外交孚，聲譽滿寰中
良師益友如琢如磨，情志每相同；踴躍奮進探求眞理，自由生活豐
Lift we high u- ni- ted voic- es, joy- ful- ly we sing; Loud in praise of Al- ma Ma- ter Glo- ri- ous Yen- Ching.
燕京燕京事業浩瀚，規模更恢宏人才輩出服務同羣，爲國效藎忠
Lured from ev- ery part of Chi- na, Here to old Pei- Ping We as one our Col- lege hon- or, Hail O Hail, Yen- Ching

校　花

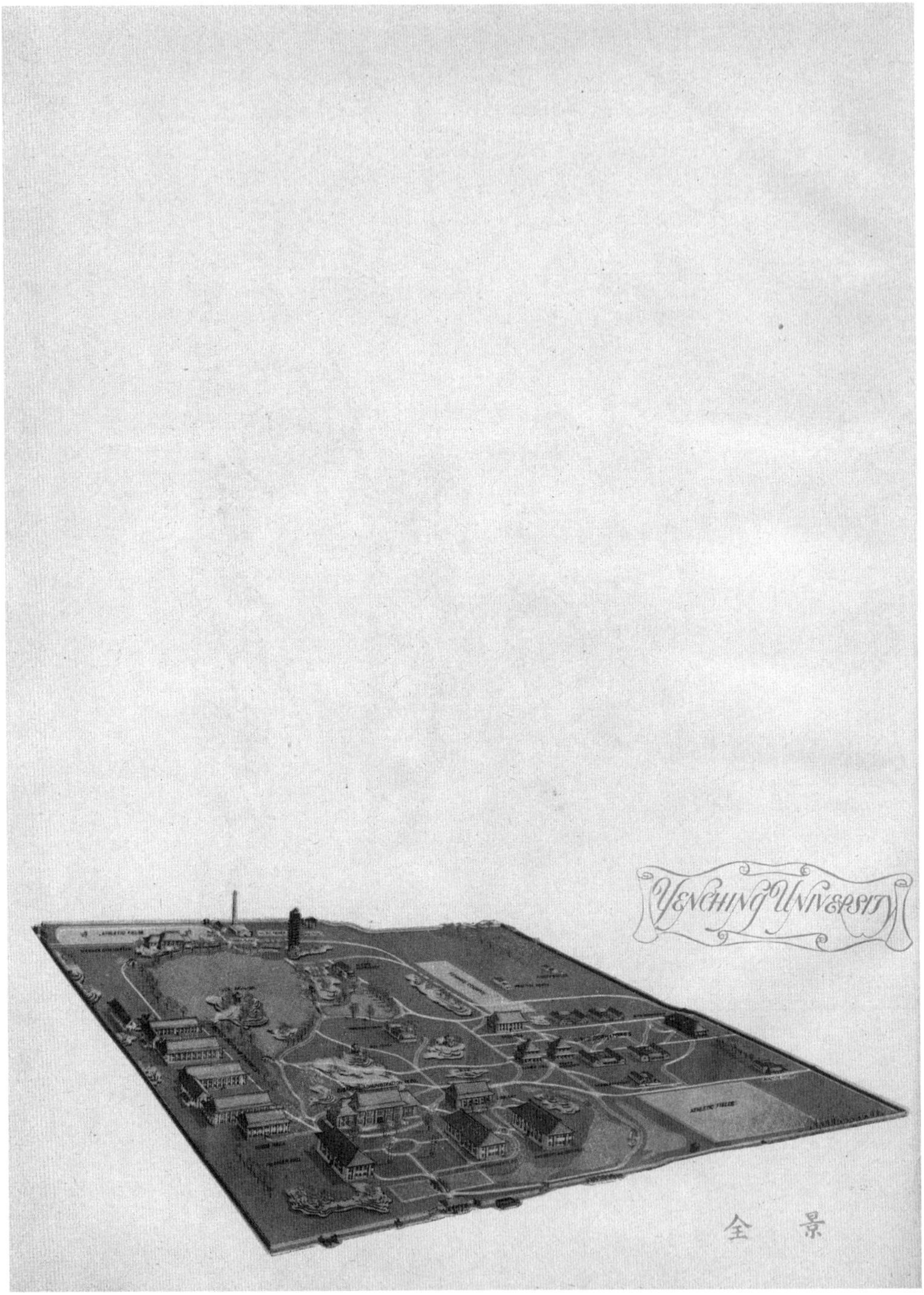

全景

目　　錄

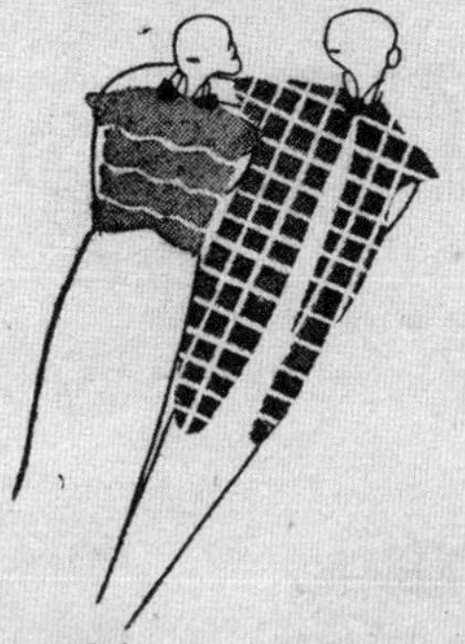

抵羊牌 三百號 毛線

製法，毛質，顏色，近
來有不可思議的改良。
誠用便知。

共分細織成衣薄而暖。
條股勻編織時無麻煩。
毛質純不落色定價廉。

各大商店
均有出售

"Butting Ram"
抵羊牌

Kindly Mention The Yenching Annual 請聲明由燕京年刊介紹

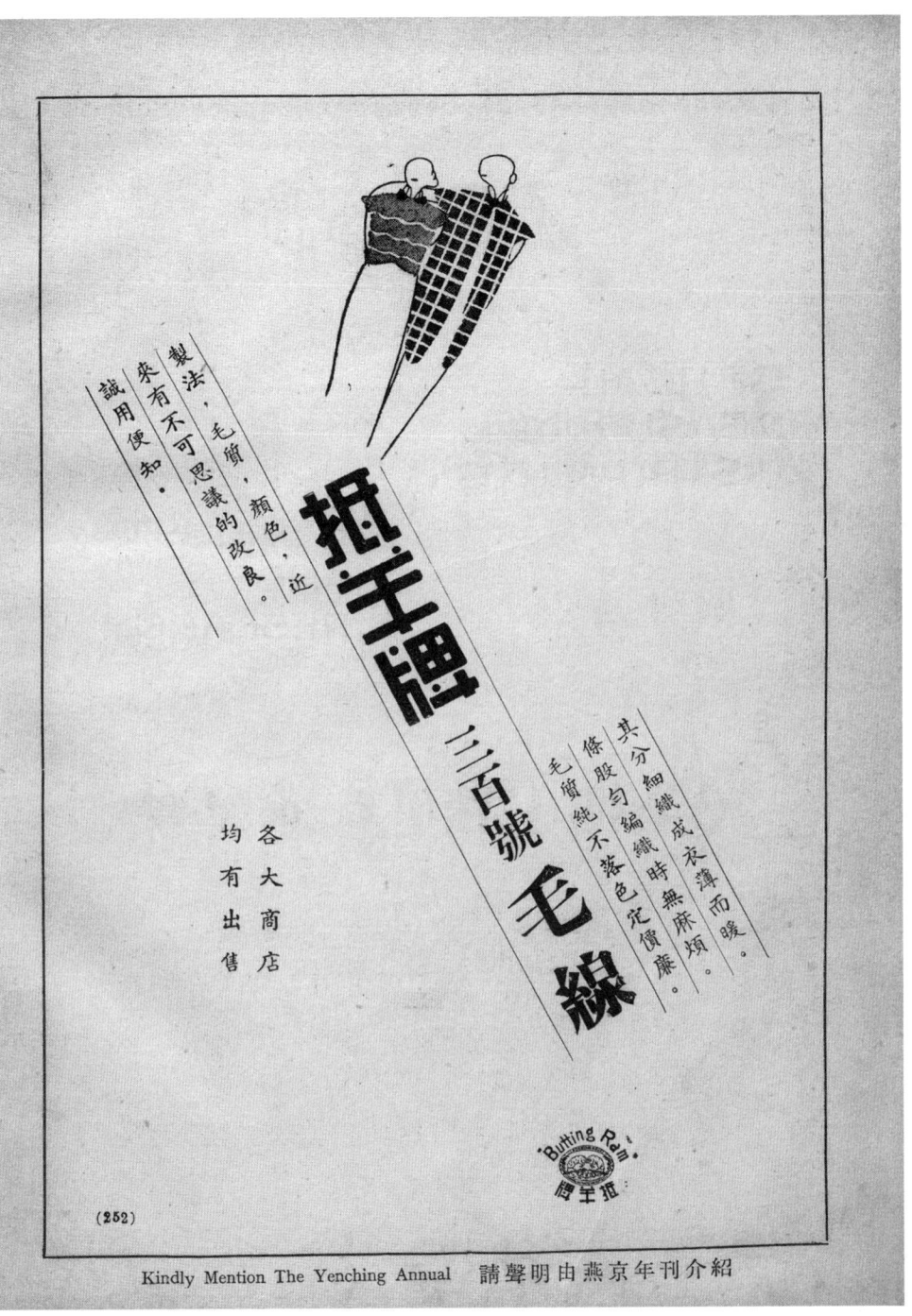

鼎昌煤業公司
開設北京崇外東月墻一号
電話分局八五三号又八三五号

本煤棧開設京市三十餘年經售華北井陘正豐六河溝開滦各礦烟煤山西大同大炭陽泉紅煤門頭溝中英礦機器炉塊末煤青白石灰一槩零整批發如承賜顧竭誠歡迎

公記煉焦廠
北京東便門外磚廠廿九号
暫借電話分局一七五号

本廠聘請津唐各師自煉清水焦炭純按新法製造火力耐久最合鉄工廠熔冶生熟鉄器之用以及玻璃料器工廠之用兼售烟煤塊末南山炉塊等燃料如蒙賜顧極表歡迎

寶通煤棧

本棧自運南北兩山最高塊末並備大小元煤一槩零整批發
開設北京東直門外迤北第二家
電話東局二一五零九号

興華煤業公司
北京宣外東城根廿九号
電話南局四百四十九号
崇文門外東月墻八号
電話分局一七九七号

本棧開設三十餘年經售井陘六河溝正豐開滦各礦烟煤山西大炭陽泉紅煤中英礦炉塊末煤白灰一槩零整批發

開源煤業公司
宣外西城根丙三一号
電話南局一五〇六号

經銷：井陘正豐六河溝陽泉有烟塊、原、末、等炭
運銷：高线周口店門頭溝無烟塊、原、末、元煤等炭
本公司為推廣銷售各煤減低定價凡机關學校病院家庭紡織精煉化學工業等燃料無不俱備

聚成公灰煤棧

經銷井陘六河溝正豐開滦各礦烟煤山西大炭白灰廉價批發
宣武門外西城根三十八号
電話南局三六一三

寶源煤棧

本棧銷售井陘六河溝正豐陽泉開滦各礦烟煤山西大炭中英炉塊末煤白灰零整批發
宣武門外西城根門牌46号
電話南局二一一七号

公義煤棧

經銷井陘六河溝正豐開滦陽泉各礦烟煤塊末一律價廉
和平門外西城根三十四号
電話南局二一七四八号

Kindly Mention The Yenching Annual 請聲明由燕京年刊介紹

敬祝

燕大同學進步

壽豐麵粉公司

Kindly Mention The Yenching Annual 請聲明由燕京年刊介紹

天津粘鑲木板公司

法租界五十三號路　電報掛號　一一三五

一一三五

電話三局　四一六〇

二五五四

北京分銷處　東城南小街甲一四九號

張垣分銷處　積成公司內寓

唐山代銷處　東茂棧內興記

厚和分銷處　積成公司內寓

天津河東辦事處　特二區致安里二十八號

精製各種粘板　適合建築工程　文南榆椵菲木　各樣尺碼俱全

質料堅實耐久　不怕日晒水浸　訂做出口箱料　零售木頭板邊

如承貴客惠顧　價格特別低廉　總分支店既多　購買極端方便

現在銷路極廣　訂貨幸勿遲延　工廠規模宏大　歡迎駕臨參觀

Kindly Mention The Yenching Annual　請聲明由燕京年刊介紹

校景

燕京大學

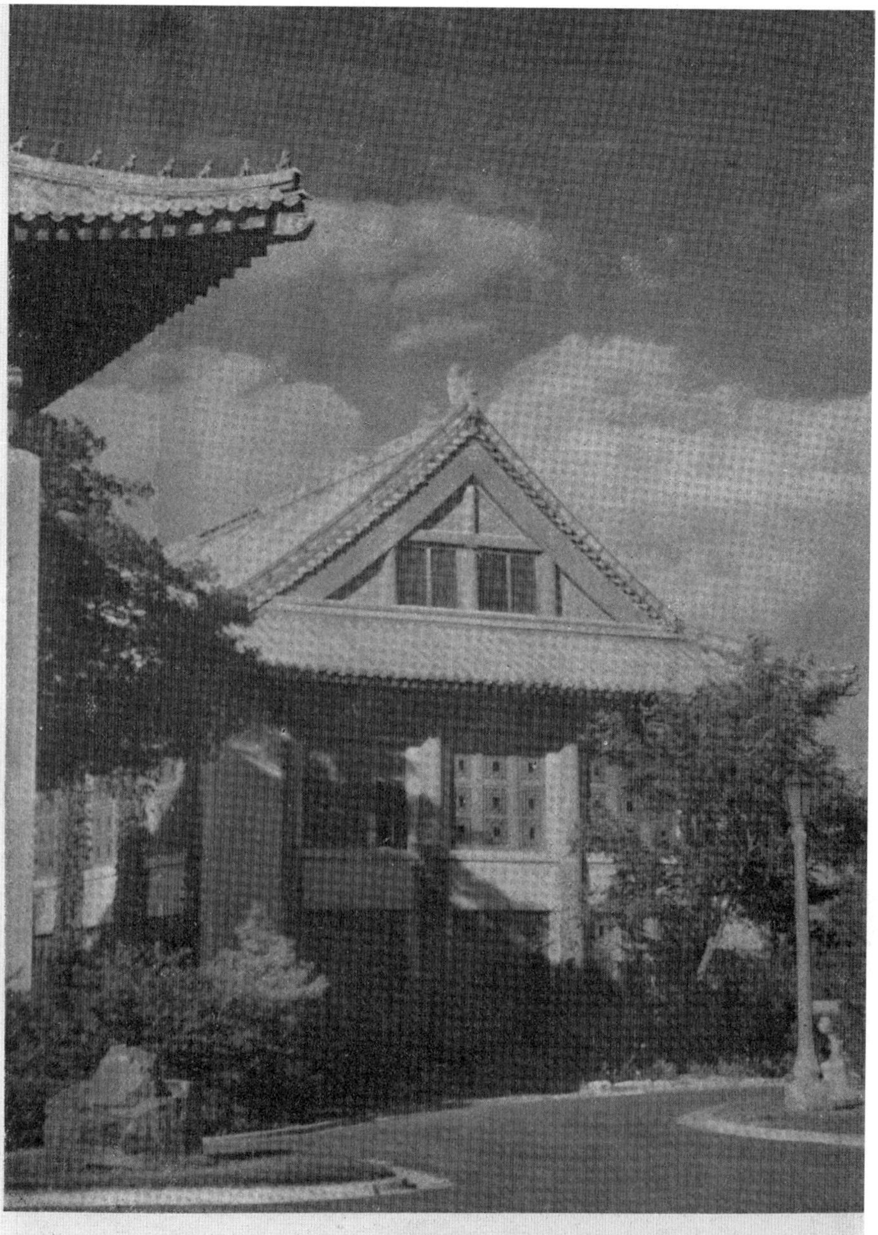

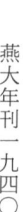

K.Y.
教職員

代理校長兼校務長
司徒雷登先生

Acting Chancellor and President
J. Leighton Stuart, D.D., Litt. D.

THE PRESIDENT'S MESSAGE

"*.........I hope that every one of our University students will develop a clear consciousness of the close relation between FREEDOM and TRUTH, between TRUTH and FREEDOM, and the passionate determination to dedicate your lives to the preservation of both........ The real traitors among young men and women are those who are thinking only of their own pleasure, ambition or success, and do not feel the challenge to the SERVICE of their country, to society and to mankind........*"

研究院院長
陸志韋先生

Dean of the Graduate Yuan
C. W. Luh, Ph. D.

宗教學院代理院長
李榮芳先生

Acting Dean of the School of Religion
J. F. Li, M.A., Th. D.

文學院院長
周學章先生

Dean of the College of Arts and Letters
Henry H. C. Chou, Ph. D.

理學院代理院長
胡經甫先生

Acting Dean of the College of Natural Sciences
Chenfu F. Wu, Ph. D.

法學院院長
陳其田先生

Dean of the College of Public Affairs
Gideon Ch'en, B.A.

女部主任
桑美德女士

Dean of the College for Women
Miss Margaret B. Speer, M.A.

代理教務主任
林嘉通先生

Acting Director of Studies
Lin Chia-t'ung, Ph. D., F.S.S.

總務主任
蔡一諤先生

Controller
Stephen I. O. Ts'ai, B.A.

校　　醫

李天爵先生

University Medical Officer
T. C. Li, M.D

圖書館主任

田洪都先生

Librarian
H. T. T'ien, B.A.

國文學系主任
郭紹虞先生

Chairman of the Department of Chinese
Kuo Shao - yü

歷史學系代理主任
齊思和先生

Acting Chairman of the Department of History
Ch'i Ssu - ho, Ph. D.

外國文學系主任
謝迪克先生

Chairman of the Department of Western Languages
H. E. Shadick, B.A.

心理學系主任
陸志韋先生

Chairman of the Department of Psychology
C. W. Luh, Ph. D.

哲學系主任
博晨光先生

Chairman of the Department of Philosophy
L. C. Porter, M.A., B.D., D.D., L.H.D.

教育學系主任
周學章先生

Chairman of the Department of Education
Henry H. C. Chou, Ph. D.

新聞學系主任
劉豁軒先生

Chairman of the Department of Journalism
Liu Hoh - hsuan, B.A.

體育學系男部主任
黃國安先生

Chairman of the Department of Physical Education for Men
K. A. Wee, Ph. D.

音樂學系主任
范天祥先生

Chairman of the Department of Music
Bliss Wiant, M.A.

化學系主任
竇維廉先生

Chairman of the Department of Chemistry
William H. Adolph, Ph. D.

體育學系女部主任
盧惠卿女士

Chairman of the Department of Physical
Education for Women
Miss Lu Hui-ch'ing, M.S.

生物學系主任
李汝祺先生

Chairman of the Department of Biology
J. C. Li, Ph. D.

物理學系主任
班威廉先生

Chairman of the Department of Physics
William Band, M. Sc.

家政學系主任
桂美德女士

Chairman of the Department of Home Economics
Miss Martha Kramer, Ph. D.

數學系主任
達偉德先生

Chairman of the Department of Mathematics
Walter W. Davis, M.S.

經濟學系主任
陳其田先生

Chairman of the Department of Economics
Gideon Ch'en, B.A.

政治學系主任
吳其玉先生

Chairman of the Department of Political Science
Wu Ch'i - yü, Ph. D.

社會學系主任
趙承信先生

Chairman of the Department of Sociology
and Social Work
Chao Ch'eng - hsin, Ph. D.

年刊顧問委員會
司徒雷登先生
吳雷川先生
高厚德先生
陸志韋先生
桑美德女士
李榮芳先生
周學章先生
陳其田先生
胡經甫先生
蔡一諤先生
博晨光先生
黃國安先生
田興智先生

K.Y.
畢業生

To The Class of 1940—in Parting

My thoughts turn back at this time to the four years during which most of you have been studying here and especially to the last three of these when I have tried to fill the combined offices of Chancellor and President. The reason for this gives the starting point for what I want you most to remember as you end your college studies. For this represents much more than an internal administrative issue of our own. It is due to the enviromcnt in which we have all been living for that period and is thus a part of the nation-wide struggle in which we are all so vitally concerned. For these have been three momentous years, perhaps more so than any others in the long history of your country, and will certainly determine the nature of its existence in the future. Students all over the country had for more than twenty years been increasingly conscious of the danger to national independence and had been preparing themselves and their fellow-countrymen for the crisis which they felt to be imminent. I shall never forget that the Student Movement and Yenching University (under this name) both came into existence in this city, and that I moved here to begin my connection with both, in the year 1919. There is no longer the need or the opportunity for stimulating this awakening national consciousness. Nor has there been any adequate outlet for expressing your patriotic devotion. But those of you who are now finishing — at least for the immediate future — your academic studies there is the challenging summons to put into effect your patriotic idealism and the Yenching spirit as applied to national service. Both in resistance to all that is harmful to the national welfare and in constructive internal reforms there has never been more urgent need of these with your training. Nor could there be any more noble endeavor than that which awaits you. The encouraging possibilities add to the zest of dedicating yourselves to these creative tasks. As to those of you who will continue your studies here or elsewhere the same holds true after further preparation.

My hope is that as you review your experience during this period, the contrast between life on the campus and away from it will help you to appreciate Freedom as would otherwise have been impossible, and that you will never cease to strive passionately for its preservation against every form of tyranny over human life, physical or spiritual, whether from forces without or within. Also that you will discover, what the greatest sages and spiritual leaders have always taught, that life's fulfilment consists not in the abundance of material possessions nor in any form of self-aggrandisement, but in the loving service of your fellow-men, especially those less privileged than yourselves. With this philosophy accepted and applied to the careers you are soon to enter, as we are trying to do here, the bond between each of you and your university will endure through all vicissitudes, however far away in space or long in years may be the separation. And for one last lingering personal word, think of me as eagerly interested in all that concerns the personal welfare of each one of you, sympathizing or rejoicing with you as there is occasion, always believing that you will realize your own best self.

J. Leighton Stuart

查良鈺
浙江海寧
家政學系
張繼毅
遼寧新民
數學系
張冠增
山東壽光
特別生物學系

張隆棟
湖北漢口
政治學系

張秉心
浙江海鹽
經濟學系

張淑貞
河北遷安
外國文學系

張琴雯
廣東南海
外國文學系
張蓀芬
江蘇泗陽
護預學系
趙葆洵
河北昌平
特別生物學系

趙寶礪
河北天津
化學系

陳京生
湖北黃陂
外國文學系

陳鶯霓
陝西安康
教育學系

陳封雄
江西修水
社會學系

陳鳳臯
河北交河
化學系

陳瀚芬
廣東中山
社會學系

陳 稻
福建閩侯
經濟學系

鄭家駒
廣東中山
經濟學系

程書儀
安徽合肥
外國文學系

蔣 勗 存

新疆昌吉

外國文學系

周 恩 慈

河北灤縣

社會學系

周 如 杞

廣東開平

化學系

周麗寶
江蘇寶山
護預學系

周良彥
福建閩侯
政治學系

周明鈞
安徽至德
新聞學系

周廷墉

廣東順德

社會學系

周同軾

福建長汀

特別生物學系

祝璲

河北大興

外國文學系

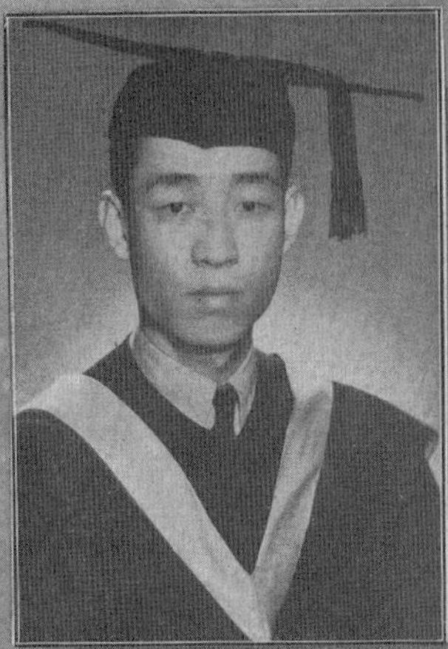

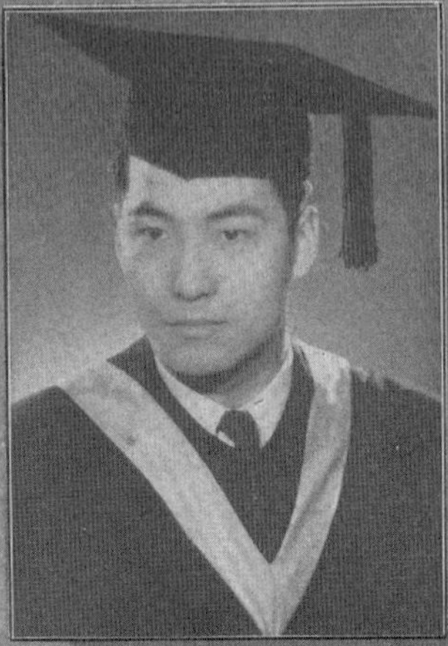

朱　元　義
河　北　天　津
經濟學系

屈　鴻　鈞
河　北　天　津
特別生物學系

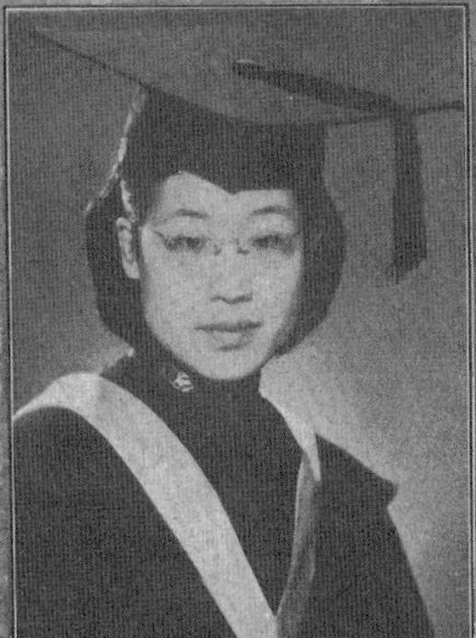

權　國　英
湖　北　武　昌
社會學系

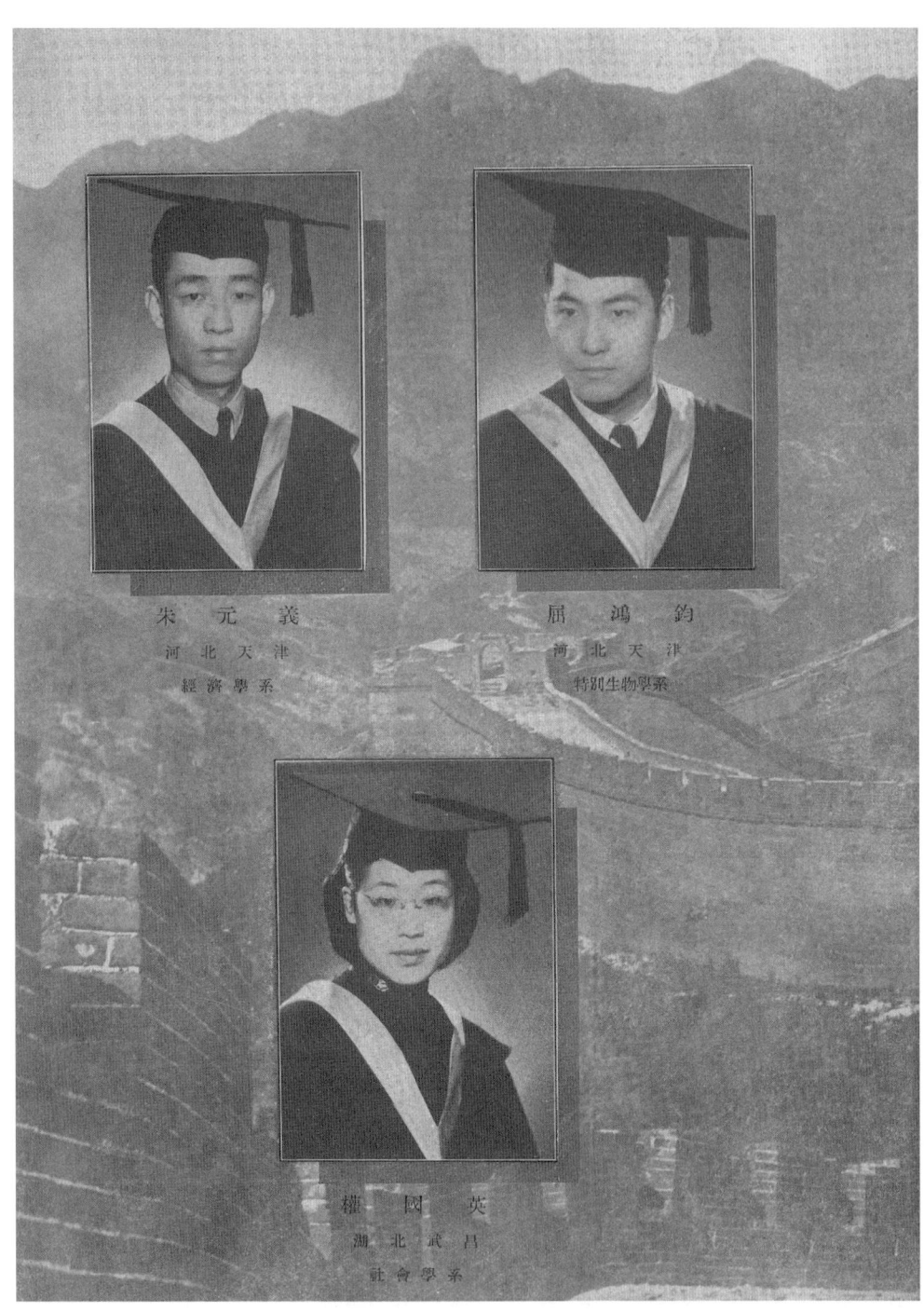

方淑昆
廣東惠陽
外國文學系
馮傳宣
廣東番禺
特別生物學系
宮志禮
遼寧撫順
經濟學系

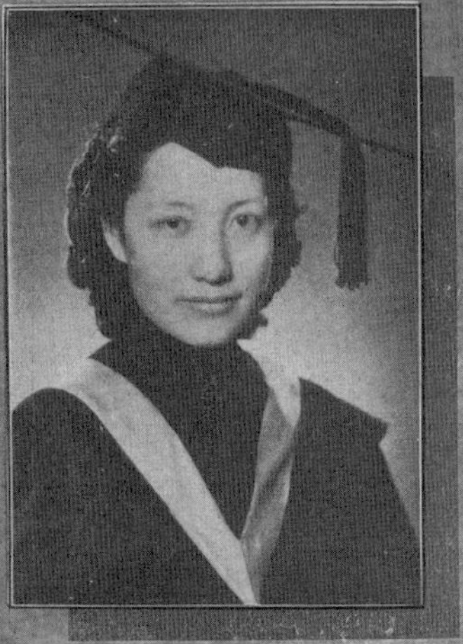

韓德常
河北天津
音樂學系

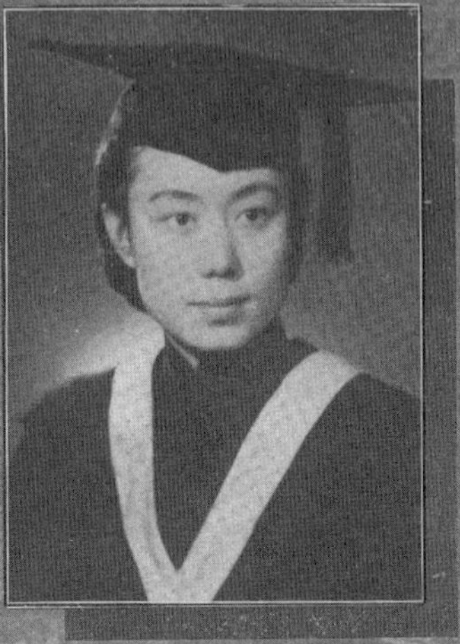

何美珙
河北密雲
教育學系

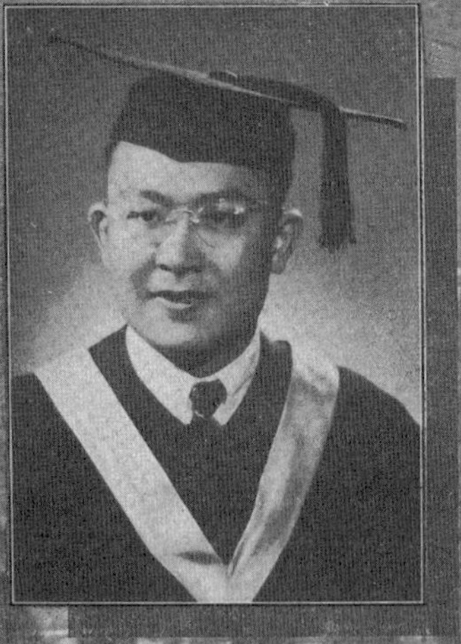

何友恂
浙江鄞縣
物理學系

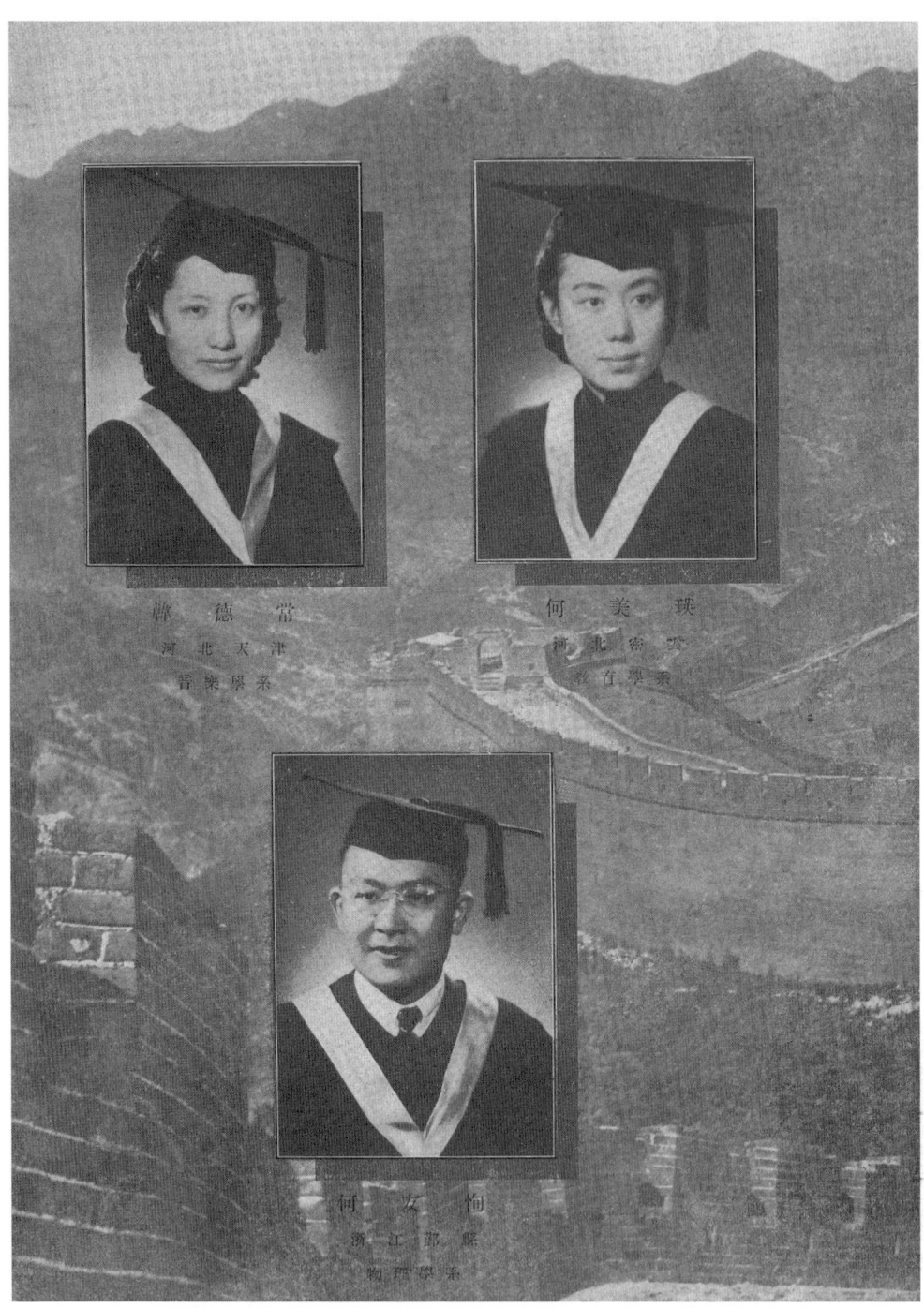

盧文蔭
河北北平
教育學系

謝振寰
遼寧柳河
物理學系

謝其捷
廣東台山
經濟學系

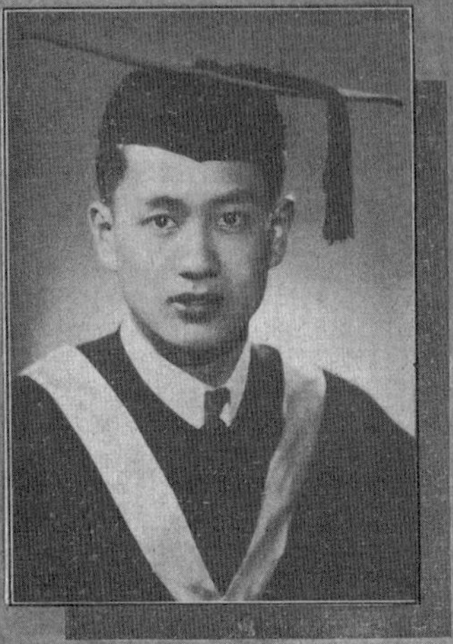

星北鐸

河北固安

特別生物學系

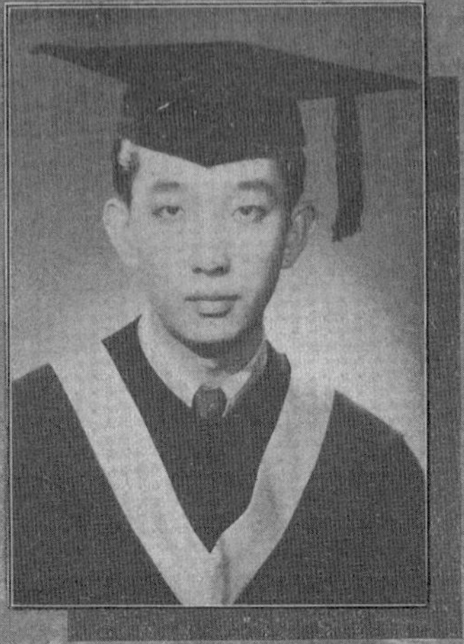

徐緒典

河北天津

歷史學系

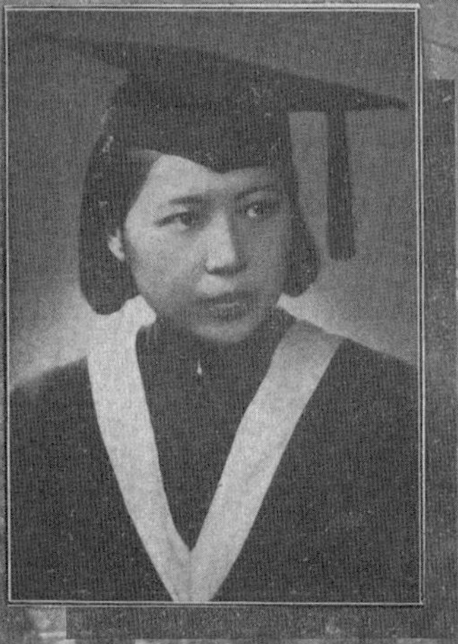

徐素貞

江西新淦

歷史學系

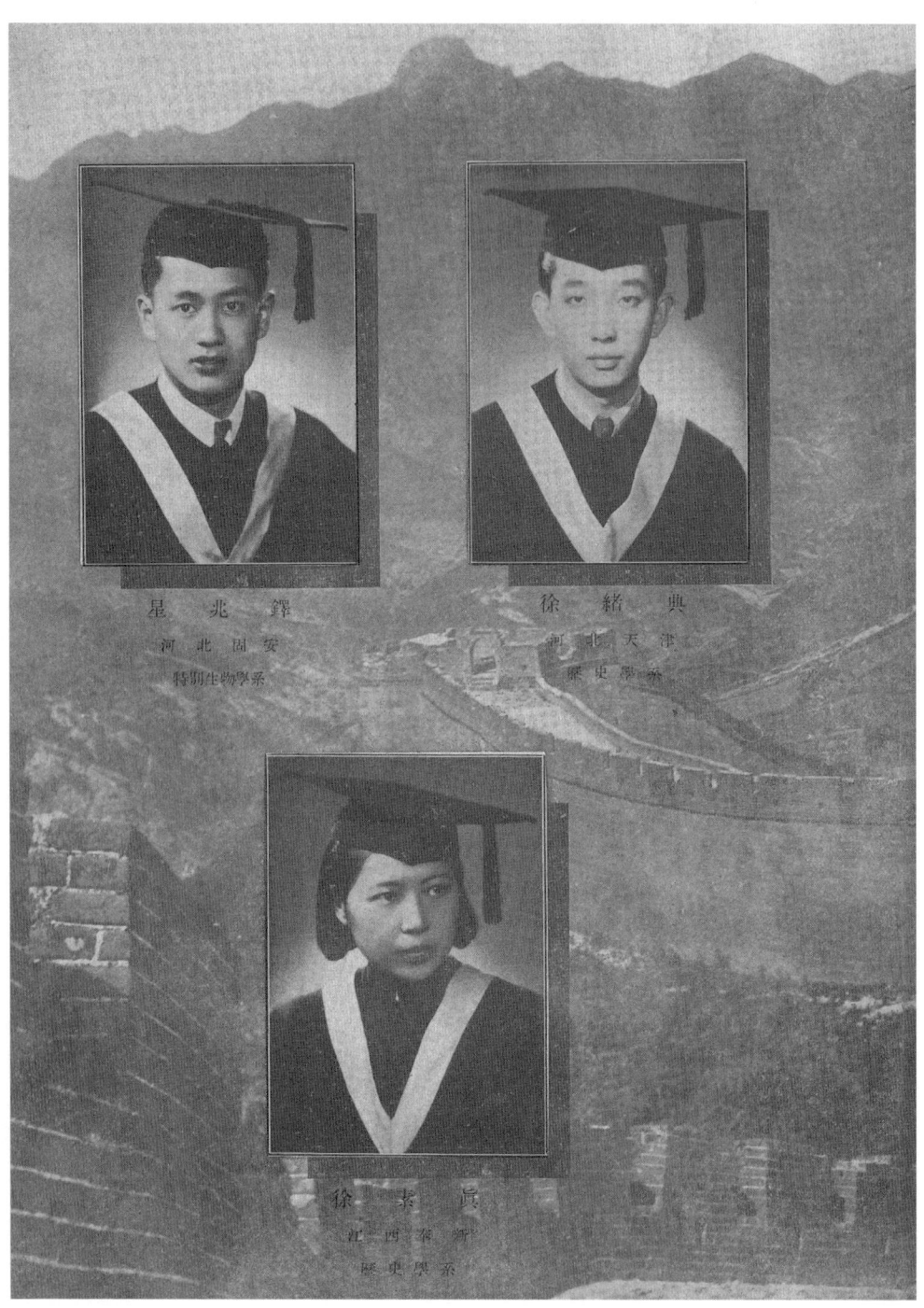

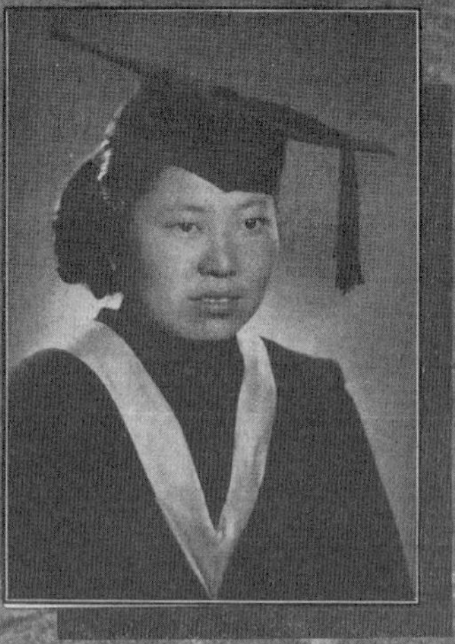

徐慈梅
山西五台
護預學系

胡濈
廣東順德
政治學系

胡光渤
雲南石屏
經濟學系

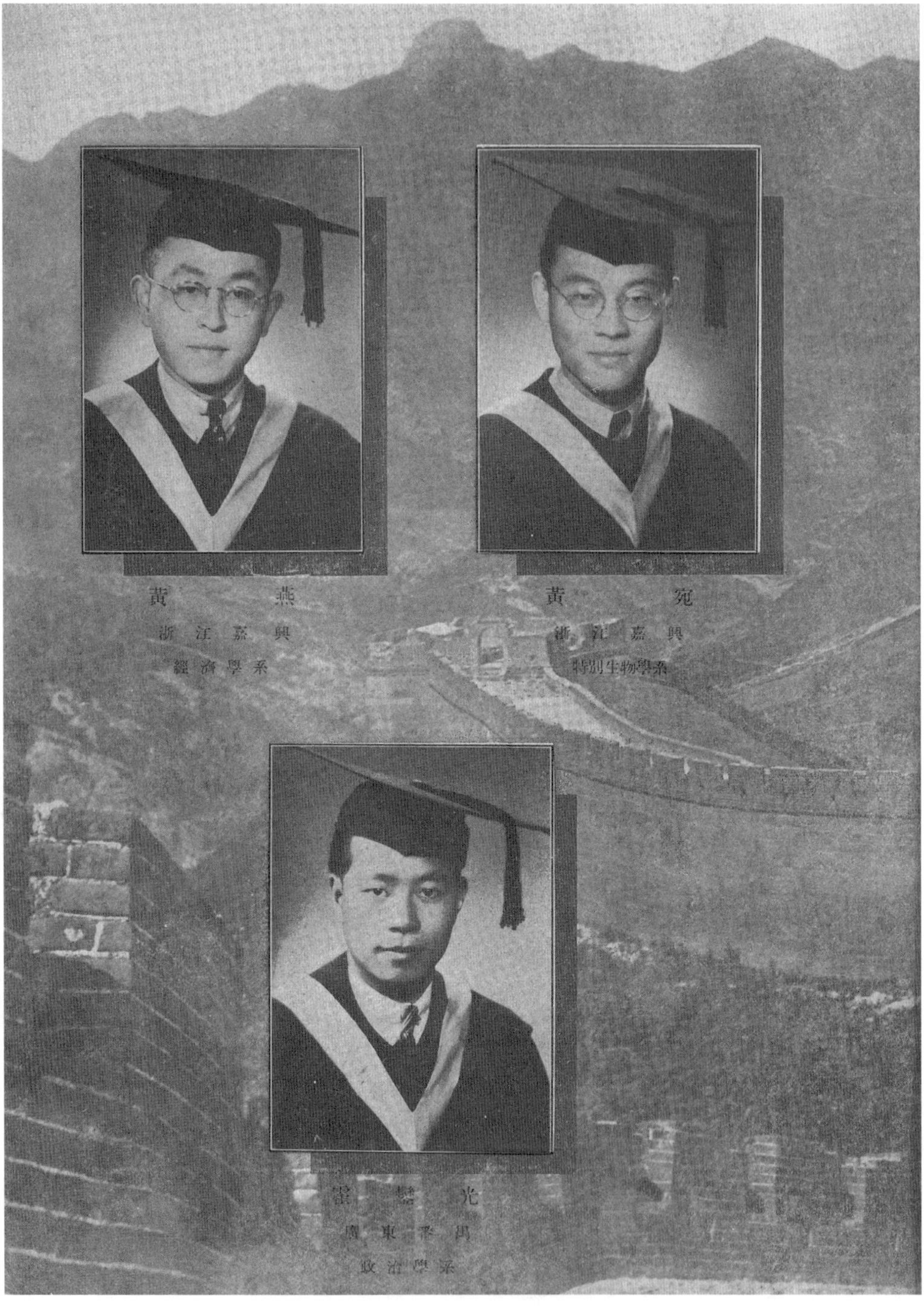
黃燕
浙江嘉興
經濟學系
黃宛
浙江嘉興
特別生物學系
雷[illegible]光
廣東番禺
政治學系

高紀常
廣東新會
經濟學系

關桂梧
廣西蒼梧
家政學系

關淑莊
河北北平
經濟學系

闕廸潛

遼寧遼陽

經濟學系

孔祥瑩

山東滕縣

經濟學系

雷海鵬

河北永清

特別生物學系

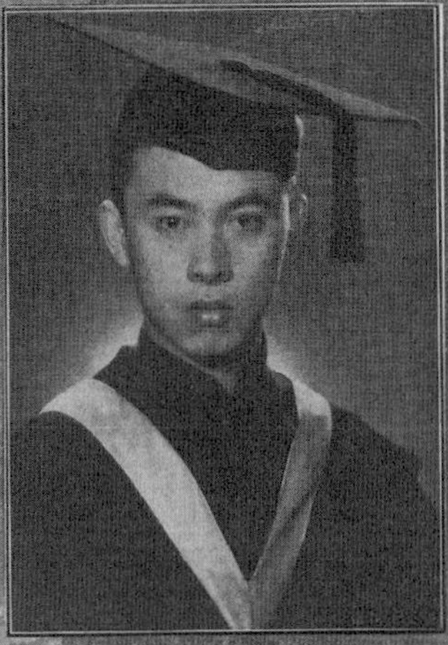

李之璞
河北安次
教育學系

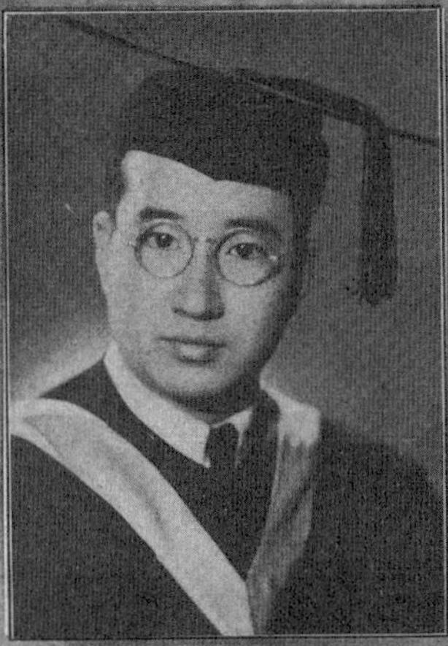

李竹年
河北天津
經濟學系

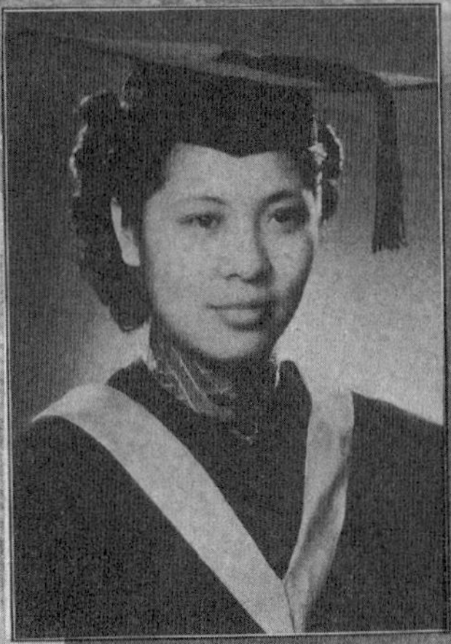

李漢彊
廣東台山
護預學系

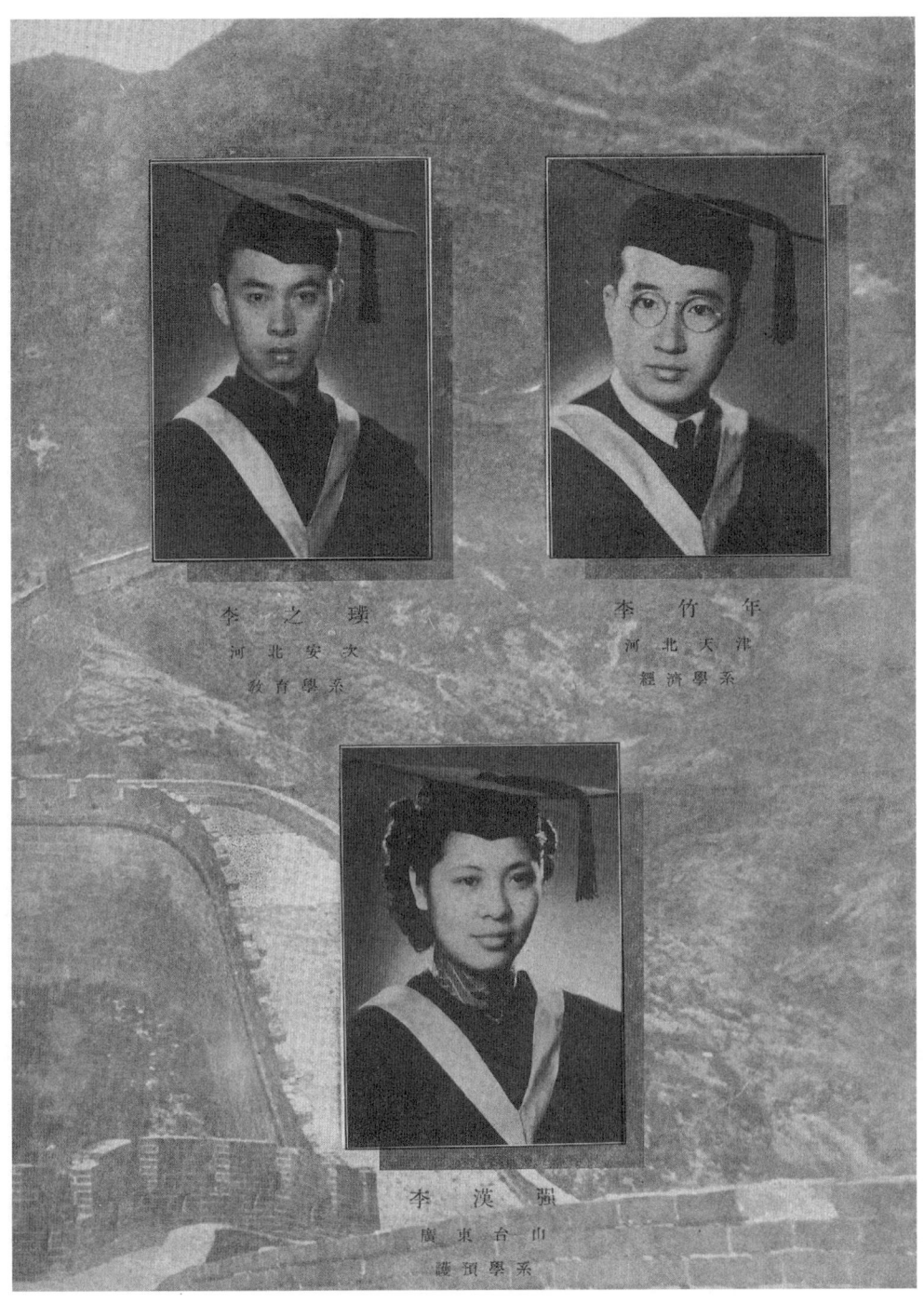

李錫智
河北深澤
新聞學系

李榮貞
河北順義
社會學系

李國賦
安徽合肥
經濟學系

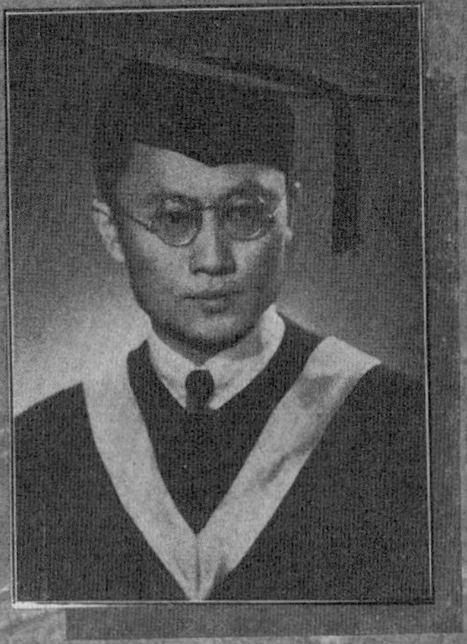

李　炳　泰

山東泰安

經濟學系

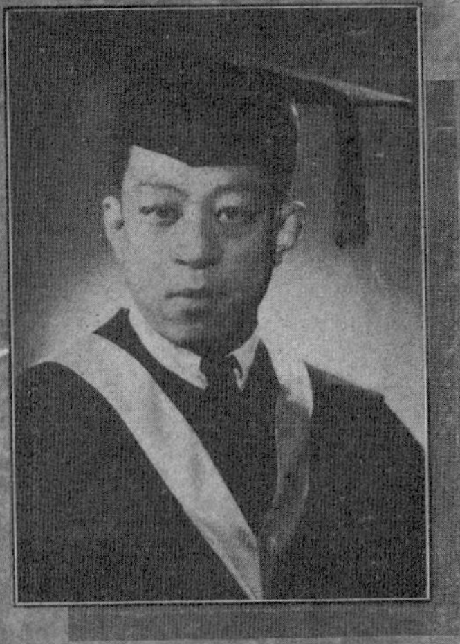

林　樹　嘉

山東掖縣

物理學系

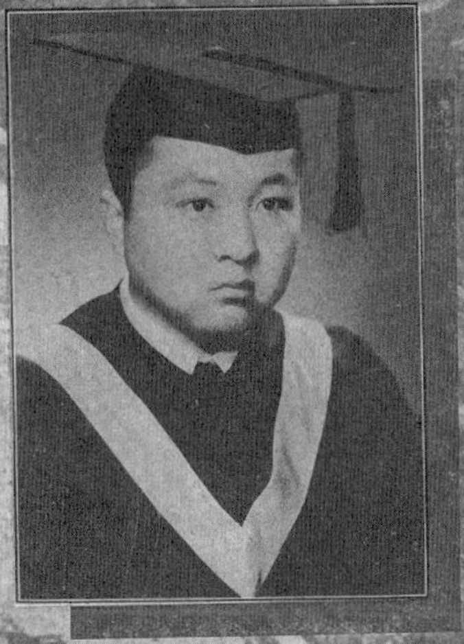

林　樹　惠

山東掖縣

歷史學系

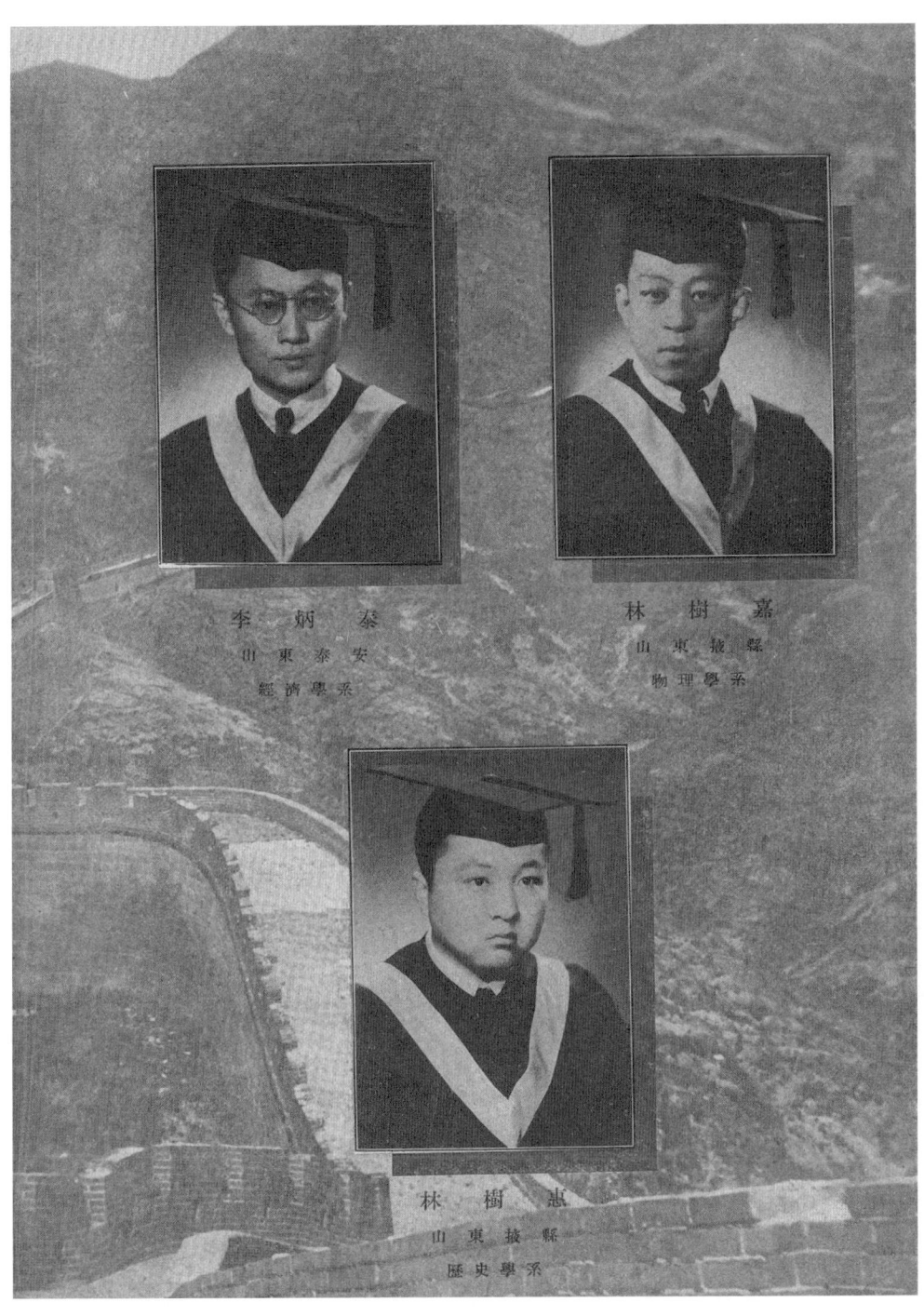

林玉瓊
廣東新會
教育學系
林蘊玉
福建閩侯
家政學系
林永俁
福建閩侯
政治學系

劉暢德

廣東台山

經濟學系

劉兆祥

河北臨山

政治學系

劉濬璪

河北天津

護預學系

劉慶衍

江蘇寶山

教育學系

劉克新

河北灤縣

社會學系

劉淑珍

山東掖縣

歷史學系

劉德馨
河北豐潤
經濟學系

劉永鑫
貴州清溪
經濟學系

羅顯都
遼寧開原
化學系

呂作荃

遼寧西豐

經濟學系

馬李娟

河北密雲

家政學系

周服南

山西寧武

物理學系

倪　竿　垻

安　徽　阜　陽

經濟學系

聶　國　屏

河　北　撫　寧

外國文學系

鮑　家　善

江　蘇　吳　縣

物理學系

沈兆麟
江蘇吳縣
社會學系

沈慶生
江蘇東海
經濟學系

沈詩萱
浙江杭縣
護預學系

沈瑩中
福建閩侯
經濟學系

石靖仁
河北灤縣
社會學系

孫咸方
安徽壽縣
社會學系

孫念敏
江蘇無錫
經濟學系

孫以芳
浙江嘉善
社會學系

宋學廣
河北豐潤
新聞學系

宋　尚　植

安徽懷寧

政治學系

蔡　景　軾

河北文安

政治學系

蔡　緻　芳

湖南益陽

經濟學系

曾恩波
廣東高明
新聞學系

崔約翰
河北天津
哲學系

董震芳
山東益都
家政學系

萬衛芳

江蘇江寧

家政學系

萬榮芳

江蘇江寧

教育學系

王成章

吉林扶餘

外國文學系

王傳秀

江蘇崑山

數學系

王勤望

浙江慈谿

經濟學系

王純厚

遼寧瀋陽

社會學系

王　覲　芬
浙江紹興
經濟學系
王　恭　斌
浙江奉化
化學系
王　美　瑛
河北宛平
護預學系

王世銓
安徽貴池
政治學系
王同風
山東臨淸
外國文學系
江西婺源
政治學系

魏洪賢
遼寧易縣
經濟學系

魏文遠
福建閩侯
外國文學系

魏乾伯
廣東台山
新聞學系

吳楚華
廣東台山
家政學系
楊士汶
河北寧河
化學系
楊英貞
河北通縣
體育學系

姚克蔭
安徽貴池
哲學系

楊允桐
安徽懷寧
經濟學系

姚念慶
湖北羅田
經濟學系

尹敬執
河北大興
化學系

岳昌烈
浙江嘉興
經濟學系

K.Y.
設備
概況

YENCHING UNIVERSITY AND HOW IT CAME TO BE

Howard S. Galt

The Campus and the Buildings

This Yenching Campus, a dual product of the arts of Nature and the arts of man, was occupied by the University in the summer of 1926. At that time the main outlines of the campus were where they are now, but several plots within the borders—islands of "extra-territoriality"—had to be purchased later. The southwest part of the campus, the oldest portion of which we have definite history, was originally a beautiful summer garden belonging to a Ming Dynasty scholar name Mi Wan Chung. The north part of the campus was, toward the close of the 18th century, developed as a summer garden by Ho Shen, a favorite minister of Emperor Ch'ien Lung. The lakes, hills, islands and rockeries, as well as the old pine and cedar trees, which adorn this part of the campus are doubtless a heritage from that early period.

The main part of the campus was purchased in the latter part of 1920. An engineer's survey was made and the University architect, Mr. Murphy, at once undertook the lay-out of the site and buildings. For the main group of academic buildings an east and west axis was laid down, the western end of which impinges on the highest pagoda in the Jade Fountain Park. For the buildings of the Women's College quadrangles a north and south axis, meeting the other axis at right angles at a point a hundred yards or so east of the present Bashford Administration building, was laid down. These two axes determined the location of most of the buildings. But parts of the campus, in keeping with their landscape gardening were treated less formally, and many buildings have been placed without relation to the axes.

The buildings, as all observers note at once, are Chinese in architecture—"one of the great architectures of the world", according to Mr. Murphy. But Chinese architectural features characterize the exteriors rather than the interiors, for the latter are arranged primarily with respect to academic and administrative requirements. The first buildings erected were Ninde and Sage Halls, their corner-stones bearing the date 1922. The latest important buildings to be erected were the two gymnasiums, completed in 1930. All buildings are of brick, stone or reinforced concrete, and almost entirely fire-proof.

When the members of the University occupied this campus in 1926 it seemed like a move into paradise—at least for the men students. The campus—or rather the collection of odd buildings—occupied by the "Men's College" at K'uei Chia Ch'ang, the temporary site in the city, was a dreary, dusty place. City scavengers, cooperating with the dust-storms of winter and the flood waters of summer, carried to that corner much of the filth of Peiping. Buildings were small, space was limited and equipment was meager, and during the eight years on that K'uei Chia Ch'ang site faculty and students looked with ardent hopes for the privileges the new site promised.

For the women students the change was not marked by such deep contrast, for the temporary city site of the Women's College near Teng Shih K'ou was much superior to the K'uei Chia Ch'ang site. There for a period of about ten years, in ample and picturesque buildings which earlier constituted the "fu" of a wealthy family, the Women's College had a steady and notable development both before and after 1920, the date when it became a part of the Universi'y.

Inquiry into the origins of Yenching carries the inquirer back into the period from 1902 until 1918. During those years, following the universal destruction of all Christian institutions in North China in the year 1900, the "Peking University", Methodist College for Men; the "North China Union College", the union college for men at Tungchou; and the "North China Union Women's College", the women's college in Peking; had rebuilt their buildings, raised their standards, increased their numbers, and thus laid strong foundations for the union University which was to be. In addition to these three colleges mention must be made of three theological schools, whose union into one really preceded the organization of Yenching, and this school was thus well prepared to become the School of Religion of Yenching University.

If the inquirer into Yenching's origins is still not satisfied he may seek out the sites and connections of schools which began in Peking as early as 1864. In that year a girl's school was started in the American Board Mission, which later became Bridgman Academy, and out of which the Women's College was evolved. In 1867 a small school for boys was established at Tungchou, and out of it evolved the college for men at Tungchou, and one of the theological schools. In 1870 the Methodist Mission in Peking established a boys' school out of which was evolved Peking University which, besides being a men's college, included another theological school.

Thus step by step, and stage by stage, five different schools were founded, developed and merged, and we have the Yenching University of today. If the founders and teachers and pupils of those early pioneer schools could live again and visit the Yenching campus today—the day these lines are written the campus is glorious in the spring beauty of flowering shrubs and trees—they would indeed think they had reached paradise—a paradise not too inferior perhaps to the one where we hope they are.

The Colleges, Departments and Curricula

The undergraduate courses in Yenching today are organized in three colleges and seventeen departments. But these stand at the end of a long series of academic changes. When Yenching was established in 1918, China's school system was not the present system. At that time above the middle school there were two years of "university preparatory" (Yü K'e) and four years of "university proper" (Pen

K'e). Yenching University (which at that time bore the name "Peking University") accordingly had a Yü K'e, and a Pen K'e, each with a dean in charge. At the outset there were but thirteen departments. During those early years "young men saw visions" and administrators "dreamed dreams", and by the time the University was transferred to the new site, in 1926, there were twenty-three departments. Several of these had been added as attempts at vocational education—only partially successful.

Before the new site was occupied the Chinese Government changed the school system (1922) and the Yü K'e (university preparatory) became obsolete. So in 1926 there was but one academic dean. However the Dean of the Women's College seemed to retain certain academic responsibilities for the women, but at this point coordination was soon effected. (A short-lived effort to establish a special Yü K'e was made, but met with strong opposition and was discontinued).

In 1930 the Ministry of Education in Nanking decreed that institutions of "university" status (ta hsueh) must have at least three colleges, in which their departments were to be grouped. This resulted in an academic reorganization at Yenching, for in 1929 Yenching had been registered and recognized by the Chinese Government. The resultant three colleges at Yenching were the College of Arts and Letters, the College of Natural Sciences, and the College of Social Sciences. The latter name, due to certain academic organizations at Princeton University in America, the alumni of which had assumed partial support of the College, was later changed to College of Public Affairs. Thus originated the three colleges as they are today.

During this period of reorganization, and subsequently, there were among the departments some eliminations and some combinations, resulting in the seventeen departments of today. These changes were due partly to regulations by the Ministry of Education in Nanking, and partly to the demands of economic retrenchment.

The curricula in Yenching have, from the outset included many elective courses. The proportion of electives to required courses constitutes a chronic problem of academic administration which keeps the faculty and student body both interested. "Freedom" is one of the big words in the University Motto, and usually the students have desired more freedom in course election. The faculty has usually been in sympathy with this principle, but at the same time has felt responsible for requiring enough breadth and integration of studies, along with specialization, to justify the granting to graduates of the bachelor's degree. During the years 1932-33 a "Committee on Academic Efficiency" made systematic study of department programs and curriculum problems. The report of that Committee, thoroughly discussed and partially revised by the Council, has formed the basis of curricular programs during these subsequent years. In the programs for the three colleges the studies of the freshmen year are nearly all prescribed. More freedom is granted in the sophomore year, and during the upper two years the departments are free to specify both required and elective elements in the students' program.

As mentioned above the School was, at the time of its entry as a part of Yenching, a union institution of three elements: one was the theological division of the former Peking University; the second was the North China Union Theological Seminary, in which three Christian missions had been united for nearly fifteen years; the third was a theological school of an English missionary society, formerly located at Tientsin. These three institutions, looking forward hopefully to the time when the union university would come into being, effected an earlier union (in 1915) and located near K'uei Chia Ch'ang where Yenching later began its work. It subsequently became a part of the University and has held its well-honored place for these twenty-two years. Although the student enrolment is small the faculty is maintained at full strength and includes scholars of exceptional ability and devotion.

Yenching's Foreign Institutional Relationships

The Harvard-Yenching Institute. *"Mr. Hall was interested in educational and philanthropic work in the Orient and the Near East, and he left a large part of his estate 'for the purpose of education in foreign lands, to wit China, or elsewhere in Continental Asia and Japan, Turkey, and the Balkan States in Europe'. The Trustees under this will. . . . for many years made contributions to numerous educational institutions, but, as the time approached when a final settlement of the estate must be made, they agreed that China offered the most promising field for the concentration of effort, and that a plan for cooperation between a group of institutions in China and an American University would provide the best means of carrying out Mr. Hall's wishes. Harvard University was chosen as the center in America at which the activities of the Institute would be carried on, and Yenching University of Peiping, China, was selected to act as the "liaison" university in the Orient."*

This paragraph, quoted from the Harvard Alumni Bulletin (Dec. 22,1933) reports the first steps leading to the organization of the Institute. Charles M. Hall, a graduate of Oberlin invented a process for the profitable manufacture of aluminum and thus amassed a considerable fortune. A board of trustees at Harvard administers that part of his estate which was allocated to the support of the Institute. The chief purpose is the promotion of oriental studies, especially those connected with China, at the two centers, Harvard and Yenching. Research work under the Institute was established at Yenching in 1928. The funds are used to support a number of professors in the departments of history, Chinese, and philosophy, to provide fellowships for a number of advanced students in these fields, and to promote research and publication in these and related fields. The annual budget also includes generous funds for the purchase of books dealing with relevant subjects, and Yenching owes to the Institute a heavy debt of gratitude for the consequent expansion of the University library.

At Harvard University the Institute is developing one of the most important centers for the study of Orientalia to be found in the West. There also an extensive library is being developed, for which the Yenching office of the Institute acts as purchasing agent.

The Princeton-Yenching Foundation. *The chief interest of the Princeton-Yenching Foundation is in the College of Public Affairs, which receives part of its support from the Foundation.*

The beginnings of this relationship took place nearly twenty years ago while the University was at K'uei Chia Ch'ang. For many years there had been a "Princeton-in-Peking" organization — chiefly of Princeton University Alumni — which supported the Young Men's Christian Association in Peking. After Yenching was organized there arose a movement to transfer the Princeton interest from the Y.M.C.A. to the University. This transfer was a gradual process. The social science departments were those which the Princeton alumni hoped to support and develop. Beginnings were made in those early years, and after the removal of the University to the new site the Princeton support grew stronger. An interchange of professors and students took place and in 1930 the organization at Princeton was expanded and the name Princeton-Yenching Foundation was adopted. The Foundation maintains an executive office in New York. It has a small endowment fund and the income from this, with contributions from Princeton Alumni, are remitted annually to Yenching for the support of the departments of Economics, Political Science and Sociology in the College.

Wellesley College. *Through the Yenching College for Women the University is connected with Wellesley College, which is also a college for women.*

In 1919, before the Women's College joined the University, there was organized in America a committee to promote interest in a group of colleges for women in the Orient. Through the activities of this committee a connection was established between Wellesley College and the College for Women in Peking. Many Wellesley College alumnae have at different times been on the faculty at Yenching, a number of Yenching women graduates have enjoyed special facilities for advanced study at Wellesley, and the Wellesley faculty and students contribute annually a sum of money for the support of the Yenching College for Women. Based on the relationship between the two institutions they are often called "Sister Colleges".

The University of Missouri School of Journalism. *Mr. Vernon Nash, one of the pioneers of the Department of Journalism was a graduate of the Missouri School and in 1927, through promotional activities by Mr. Nash in America, a link was forged which connected the Missouri institution with the department at Yenching. An exchange of professors and fellowship students took place and for a number of years there was a strong interest in Yenching at the University of Missouri. At a later period there were changes which somewhat impaired this interest. Dean Walter Williams of the School of Journalism at Missouri was elected president of the University, and died shortly after. Professor Martin who had been the exchange professor from Missouri to Yenching, was chosen dean of the School at Missouri and he has maintained a keen interest in the Department of Journalism, but apart from this the relationship between the two institutions is not as strong as formerly. It exists potentially however, and there is hope that when conditions are more settled the vital relationship can be restored.*

This historical sketch has selected a few of the major aspects of Yenching University life for record. Many other topics might be added, but several of these will doubtless be set forth in other sections of this Annual. For this reason, as well as for lack of space, the present sketch does not include them.

研究院概况

陸志韋

燕大研究院的組織可算是簡單之極了。既沒有獨立的預算，又不指定誰是研究教授，更加歷來辦事的人都不喜愛裝飾門面，不用說局外的人，就是校園之內，也很有人不明了研究院工作的範圍的。所謂燕京大學研究院概況也只是一個小小的本子。澈底的說，燕大的教授，凡是自己對於某問題具有深刻的研究興趣，覺得國家或是中國學術界有那研究的需要，本科畢業生之中發現有志同道合可以造就的人，他就有權利做研究院的一份子，只須本院執行委員會的通過。

由此看來，燕大研究院是建設在人的志趣上的，其次才能談到物質的設備。設備不外乎圖書和儀器。圖書的一方面，哈佛燕京學社所供給的利益眞是不少。燕大雖然缺少西文的書籍，但是在「國學」的方面，我們的研究資料可算够用了。理學院的儀器都是各位教授在千辛萬苦之中逐漸積聚的。其中有好些還是親手製造的。我們對於學生的選擇研究題目十分謹愼。凡是人才設備兩方面所不能容許的事情，決不隨便嘗試。已經嘗試了，也不讓他半途而廢。

就因爲這個理由，近幾年來研究生的數目反而比從前少了好些。有的學生我們根本就不讓他報名投考。民國二十二年度研究生曾經超過一百名的數目，以後限制就嚴了。那時候，修業期限是一年。一年之內，還得選修十八學分。留下來的時間才用來寫論文。民國二十三年夏季的畢業生的數目竟然達到三十二人。

按照現行的規則

一、入學試驗相當的嚴格，連自己的畢業生也不能免試入學。

二、修業年限至少二年。

三、第一年終了，非得通過基本考試，否則不能續學。

四、畢業的時候，除了論文考試，又得受一回學科考試。

研究生的特別權利就是不必選修學分，不必隨班聽講，除非和本科生共用選修學程，那必得遵守本科的規則。

自從民國二十四年改組以來，每年研究生的人數和領受學位人數載在下面：

	人數	學位
二十四年	87	32
二十五年	56	24
二十六年	48	13
二十七年	37	14
二十八年	37	13
二十九年	54	

往後幾年，學生的人數大致不會比現在增加得很多。可是只要有程度及格主意堅强的人，不怕不能在本院佔得一席。

研究院並且設立各種獎學金，使得大多數的學生不必再完全依靠家庭的供給。按照現今中國中等家庭的經濟狀況，學生在本科畢業之後，還要仰仗父兄的接濟，非但自己不願意，也許是不可能的。獎學金分爲下列的各種：

一、大學獎學金四名，每名每年四百元。

二、哈佛燕京學社(歷史學部，國文系，哲學系)獎學金八名至十名，每名每年五百元。

三、理科研究所獎學金若干名，每年每名四百五十元至六百元

四、理科研究所由中英庚欵董事會贈與研究助理學額四名，每名每年五百元。

五、農村建設獎學金(政治學部，教育學系，社會學系)若干名，每名每年三百元至五百元。

其他凡是要知道本院詳細情形的，請參看燕京大學研究院概況和本院入學簡章。

宗教學院概況

李榮芳

歷史 燕京大學宗教學院，是幾個學校合聚而成。公曆一八七五年，美以美會在北京設立小學與聖經學校，至公曆一八八五年，學校展至中學程度，稱懷理書院。又至公曆一八八八年，改爲大學，稱匯文書院。其中雖未正式設立神科，而有道學館，並重要之宗教學科。

又英國聖道堂於公曆一八七一年，在天津設立道學館。於公曆一九一二年，遷至北京與北京美以美會合辦聖經學校。第二年復合辦高級神學校，稱匯文大學神道科學科正班，或匯文大學神學館。

公曆一八七一年，公理會已決定在通州設立聖經學校，收小學畢業人才。至公曆一八八九年，小學進爲大學，稱潞河書院，聖經學校進爲道學館，收大學畢業人才。公曆一九〇五年，公理會與長老，倫敦兩會聯合在北京鼓樓西合辦神學，稱華北協和道學院，其中有高級班收大學畢業生，有初級班收程度略低人才。

公曆一九一五年秋，匯文大學神學館，與華北協和道學院聯合，稱匯文大學神科。公曆一九一九年，改稱燕京大學神科，一九二五年，改稱燕京大學宗教學院。

宗教學院先收大學畢業與大學第四年生，後取消大學四年生，只收大學畢業人才。

目的 本學院之目的，在養成有豐富宗教經驗，具歷史眼光，科學態度，熱心謀求中國教會發展，及中國社會進步之青年男女，爲中國基督教思想及生活，建樹穩固之基礎。

學系 本院共分五系。卽經典文學系，宗教史學系，宗教哲學系，宗教教育與宗教心理學系，教會與社團音樂學系。所授之科目，經典文學系有新舊約文學，新舊約歷史，新舊約訓詁，希臘文與希伯來文等類。宗教史學系有基督教通史，基督教義史，中華基督教史，中國宗教史等類。宗教哲學系有宗教哲學，基督教哲學，宗教倫理學，及基督教與社會問題等類。宗教教育與宗教心理學系有宗教教育原則，宗教教育教授法，宗教教育教材，與宗教教育心理學等類。教會與社團音樂學系，有音樂入門，教會音樂史，風琴或鋼琴習奏，聲音訓練，和諧學，聽覺訓練等類。

學生 本院有正科生，特別生與短期科生。

正科生須具大學卒業資格，三年期滿，考試合格，得領神學士之學位。

凡未在大學卒業而有同等學力者，得入院作特別生，不能得神學士學位，凡有同等學力而僅願專門研究一種題目者，亦爲特別生。

短期科生入學資格，學生須曾在教會內服務，有工作上的經驗。此外須有下列資格的一項：

（甲）能修燕京大學課程的程度。

（乙）曾有與中學畢業程度相等的教育或經驗。程度當否，由本短期科主任分別核定。

（丙）了解國語，中文通順，有能以中文發表思想的程度。

短期科爲便利不諳英文而程度合格的學生起見，一切功課，皆以中文教授。

短期科以一年爲限，成績及格，得領本短期科畢業證書。

景學會 本院有景學會，爲師生合作之學會，現有活動三種：一書報報告或講演，一交際，一靈修。在此可以彼此認識，可以交換知識，可以共同崇拜。

本院與燕京大學之關係 本院係燕京大學之一部分，有分享大學圖書館及試驗室之權利。在教學方面，可得大學各學院教授之合作。本院學生在普通或專門學科上若有缺欠，得在大學功課中選修，以資補足；在專門研究之問題上須要集思廣益之時，亦可於大學學程中選讀，以得助益。同時本院學生與大學之教授學生接觸既多，對於國內之重要思潮及問題，自可得到多見多聞之機會。大學時給本院各種知識上交際上之助益，俾得分享研究思想之自由，而本院對於大學，又正可以宗教生活上種種貢獻之。如此，在歷史眼光，批評態度，客觀研究之雰圍氣中，宗教遭遇諸般潮流，更可自發正覺，而建立正確深刻，崛然不動的根基。

文學院概況

周學章

文學院共有十學系，（一）國文學系，（二）外國文學系，（三）歷史學系，（四）哲學系，（五）心理學系，（六）教育學系，（七）音樂學系，（八）新聞學系，（九）男部體育學系，（十）女部體育學系。上述各系，除二體育學系外，均爲主修學系。本院本年共有教師七十七人（兼任在內），學生二百七十九人。各系均因同人之努力，近數年來，頗有長足之進步，茲將各系概況，分述於後：

國文學系

本系近年，各方面均較有進展。（一）由課程方面言之，（1）對全校國文之改進。此方面可注意者有四點：（Ⅰ）編訂教材，已成近代文編學文示例二種，近代文編爲模範文之選本，學文示例，爲作文法之舉例，均切實用，惟以學文示例一書篇幅較多，値茲紙張印刷高漲之際，未能付印。（Ⅱ）整理改卷，由本系助理將教員批改之課卷，分類整理，俾學生明瞭易犯之錯誤。此項結果將在第六期文學年報發表。（Ⅲ）增加習作課程，舊有而加習作者，如文選詩選詞選曲選諸課，新增者有應用文與翻譯練習二課。此二課極合一般需要，選課者甚爲踴躍。（Ⅳ）增加習作次數，大一大二國文之習作，各大學均間週一次，本系以特重練習，規定每週一次，餘應用文公牘文翻譯練習諸課亦如之。（2）對本系主修學科之改進，可述者有二事：（Ⅰ）文學組課程之改革（a）注重習作使對舊文藝有更深一步之了解；（b）注重讀專書，使學生有切實根基。（Ⅱ）語言文字組之籌備，本系近得哈佛燕京學社之輔助，允爲本系增聘語言文字之教授，俾來學年該組成立之後，較爲完善起見，關於此組之籌備進行，現有一委員會專司其事。（二）由設備方面言之，（1）爲圖書閱覽室之增設，（2）爲實驗室之籌備，關於語言聲韵之研究須有儀器設備，故來學年將增設實驗室。

至於本年實况，（一）本系師生之人數，計各年級男女同學共二十七人，研究院研究生七人，專任教授二，名譽教授一，副教授一，專任講師一，專任助教一，助理二，兼任講師九，書記三，其間負擔本系課程者七人。負擔大一大二國文，及編制統計等項工作者專任兼任及助理書記等計共十六人。（二）本系同學課外活動，計(1)學會：（Ⅰ）編輯文學年報，現已出至第六期，（Ⅱ）講演會兼聯歡會，每月一次，在教員住宅招待舉行。（Ⅲ）旅行及野餐，四月七日在香山寶藏寺舉行。（2）球隊，歷與心理醫預等系比賽，成績良佳。（3）其他不限本系同學之研究團體而與本系有關者，爲詞曲研究會新文藝座談會等。

歷史學系

本系人事方面以代理主任貝盧思女士休假回國，系務改由齊思和先生負責。鄧文如，洪煨蓮，王克私，李榮芳，張爾田，張星烺諸先生均照常在系任教。此外又聘蕭正誼先生擔任日本史，穆瑞先生擔任英國史。譚其驤先生以應浙江大學之聘，於本年下學期離校，所授功課遂暫停開課。教材方面，鄧文如先生中國通史講義之明淸史上部，業已出版，下部在編纂中。齊思和先生編著"Contemporary World History Lectures and Documents, 1919-1938"亦於去秋出版。本年本系主修生，本科三十二人，寒假畢業者二人，暑假畢業者六人；研究生六人，畢業者二人。外系同學之選修本系課程者，則較往年倍增，現代史一班竟達二百十二人，爲前此所未有，足徵近年同學對於歷史興趣之激進。本系師生於教讀之外，又有歷史學會之組織。在校會員八十餘人，每月召開演講會或論文報告會，分別在各教授住宅舉行。該會出版之史學年報，刊載師生研究之心得，於國內外學術界，素負盛譽，上學年發刊十週年紀念專號。至第十一期，亦將於本學期出版，內容刷新，益見精采。近者本系因成立已逾二十年，畢業生過百人，於國家社會，不無貢獻，因擬編纂本系一覽，用誌本系一切情形，及畢業系友近況，俾各地系友得明本系近況，而前後同學於學問事業，亦易資聯絡。現正從事調查編輯，不日即可出版云。

哲　學　系

年來本系主修學生人數約七人至十人，本年共八名，其中二名爲研究生，學生之程度甚佳，均在大學生平均程度之上，本系研究生每年領受哈佛燕京學社獎學金以研究中國哲學，本年本系領受此項獎金者共二名。

選習哲學概論（哲學1或2）之學生對於此課均感濃厚之興趣，本系希望藉此吸收多數優秀學生爲主修生，一九三八至一九三九年宗教學院趙紫宸院長爲本系教授此課，對於本系幫助甚大，來年仍望趙院長有所協助也。

一二年級學生選習思想方法一課者爲尤多，本系對於此課所用之材料尚欠滿意，現正從事準備擬編一課本使學生讀之皆能善用思考，以收實用之效果。

新任助教嚴群先生曾爲本系之研究生，任職後予各方面以新的興趣，本系得其助力不少，且做高深研究之學生，受其鼓勵閱讀原文書籍以研究西洋哲學。

本系各課三年中教授迭更，於教學方面不無相當影響，希望現有之教員多開課程，使主修學生有充分之研究機會。

心 理 學 系

本系前任主任陸志韋先生現除擔任普通心理，教育心理及實驗心理各課外，並作「語言與思想」之研究。劉廷芳教授仍在休假期間。夏雲先生於民國二十七年赴美留學，或將於今秋返校。夏仁德先生 (Dr. R. C. Sailer) 於民國二十六年休假返美，翌年囘校，繼續擔任心理衛生，社會心理及統計各課，並從事修改其舊著“Personality and Everyday Behavioi”一書。沈廼璋先生於民國二十七年自法歸國，來系擔任普通心理及實驗心理各課。吳天敏女士現正研究「如何教外國人華語」問題。赫實源先生於去歲畢業後，留系服務。

本系現有研究生三人，本科生六人。研究生之中男一女二，本科生之中則僅一女生。

本系有圖書室一，內藏中西書籍三千餘部，雜誌二十餘種，惜近三年來，增購新書頗少耳。

本系各種試驗儀器多係數年前所購置，約值華幣萬餘元。近年來金價驟漲，外貨奇昂，以是所需儀器，多由本系自製，非惟經濟便利，其出品在應用方面，甚或優於舶來品。

本系課程之中，以心理衛生一門遺人興趣最深。或謂肄業燕京，而未讀心理衛生，乃一憾事。又普通心理一課，年來讀者日增，幾佔全體學生三分之一。至於其他課程，如教育心理，社會心理等，亦莫不有此種趨勢。是或本校師生對心理學之認識，較為成熟故也。

教 育 學 系

本系自燕京成立卽已誕生。高厚德博士首任學系主任多年，繼之者周學章博士。或事奠基，或事光大，系務發展，一日千里，二十餘年來，益臻穩固。按本系畢業同學，先後約近二百，服務各地，甚受社會歡迎。良以大學目的，人材為重，人材又以實用為要；故本系向對中學師資之培養，幼稚人材之訓練，極為重視，而後者之課程又能自成系統，特稱幼稚師範班。至實習場所，則有附設之初中與小學，及幼稚園兩處。理論實際既能統一，專業精神遂可發揮。

近年來鑒於國內鄉建運動之重要，而進一步之實驗研究，又屬高等教育當然之使命。故本系前曾參加華北農村建設協進會，分任工作。事變後，同仁等雖寄身危境，猶思以學術立場，恢復舊業。相繼設立藍旗冉村兩處實驗區。前者現有完全小學四班，學生二百餘名；簡易師範一班，學生三十餘名。小學部之實驗，除注重勞作訓練，兼採「組織教育」之精神外，現正從事「以四年修業年限完成部定六年課程」之嘗試，第一學期已告結束，教法改良，頗堪樂觀。師範部之訓練，則以鄉建工作者之養成，為中心目標；更期以三年修畢四鄉簡課程。此外尚附設女子手工工廠二處，出品以挑花及花生醬為最著名。冉村實驗區現有初小兩班，學生七十餘名，至多數無暇來學之兒童，暫設「莊村活動」一項，表演學校教育，宣傳普通常識，惟成人亦多被吸引者，關於生計教育，則有豬種鷄種之改良試驗。此外更置醫藥室一間，工作尤形忙碌，既可倡導衛生習慣且易博得大衆歡心，有利全部工作之推進。近復適應地方需要，添設婦女夜校一班，創立區民信用合作社一處，益獲農民之同情。行見學校中心之鄉村建設，漸由理想而近乎事實矣。兩區工作人員，大都為本系畢業同學，且為加修鄉建課程者，率能認定目標，吃苦耐勞，以取得鄉人之信仰。本系特為大學二年級以上同學有志鄉教者，開設鄉教課程數種，並設獎學金若干名，選習同學年有增加。畢業後由校方介紹，深入農村實際工作者，頗不乏人，前途已云光明。

至本系之特種研究工作，以同學論，歷年考入之研究生，概屬大學畢業而有服務經驗者。或自動選題研究，或受獎金協助，專攻鄉教，屆時均有論文提出，成績斐然。以教授言，犖其犖犖大者，則有「中小學各科教育測驗之編造」；「中小學智力測驗之編造」；「中國教育史之分期整理與專題研究」（內容彙含思想及制度，將來以英文發表。）；「教學視導制度」；「師範課程問題」；「河北省教育經費問題」。以上各項研究，或已出版，或在進行中，成績頗稱顯著。

本系師生素重感情聯絡與共同探討，故有教育學會之組織，除平時之各項活動外，每年出版「教育學報」一册，藉以鼓勵研究，促進專門學術之發展。本系主修學生歷年增加，本季合研究生與本科生，共有七十餘人。頗極一時之盛。

音樂學系

在語言文字失敗了，或無能的時候，音樂就出來了——它的目的，是在表白不能表白的。在現在這樣的年頭兒，我們的心裏有好些東西是不能用語言說出來的。所以，音樂特別的有用。無論什麽樣的情緒，都可以在鋼琴上奏出來；或用歌聲使它昇華了。

本學年，音樂學系特別的忙，一則因爲我們短少了一位專任教員，（這個缺憾希望下學年能够補滿）；二則因爲本年的主修生，副修生，和特別生的數目較比已往任何一年要多，再加上有許多不是主修音樂的團體，要求我們幫忙和指導 ，眞叫我們忙得不亦樂乎。

自去年起始，本學系第一次准許學生以唱歌爲主修學科，實在說來，在已往幾年，我們太過於偏重鋼琴了，除鋼琴之外，幾乎就沒有別的，但鋼琴是純粹西洋的，不特所費不貲，而且也沒法隨身携帶；至於嗓子，每一個人只要他不是異乎尋常，都是有的。什麽時候要用，即刻就可以應用。這樣有訓練的獨唱家，與歌詠團的領袖，人才，是現在中國所急需的，而這個急需，已爲政府與社會機關所公認的了。

此外，本學系尙有一個新的動向，這個動向，就是要根據中國的調子，來創作樂譜。中國底音樂，如沒有相當多數的人來從這方面下工夫，作試驗，它的精神是要受西洋音樂的束縛不會自由的。而世界上凡是有生氣的民族，决不甘在不自由的情況之下，自安自足的。音樂乃是反映人民生活的一種藝術，如果這個民族是創造的，向前的，它的音樂必然的也必須這樣。當今的日子，正需要這樣一個自已表白。燕京應當來領導它前進。本系本年畢業的兩位學生，在這一方面已有貢獻，他們的畢業演奏裏，都有他們自已的所創作的樂譜。一個是根據工人的歌調寫下來的。前幾年本校大門內的兩根漢白玉的華表樹立之前曾有許多工人，唱着喊着，在打樁子，我們的學生，就把這般勞工們合力工作的調子，當場記下，來編成了歌曲。另一個創作，是依據中國有名的曲子，「陽關三疊」編成的，這樣的試驗，將來必能日見普遍，因爲這是反映一般人的渴望，希望將來中國的音樂是要本色的，而非純粹西洋化的。

去年聖誕節所舉行的彌賽亞聖曲合唱大會，除開支之外，差不多得到了一千元的收入。一部分已送交戰時孤兒院，帮助因爲戰爭而喪失父母的孤兒；一部分則撥交本校社區福利會，充作一位護士的薪金。因爲這位護士，是專爲本校鄰近的住民服役的，她的工作，正合乎彌賽亞的志趣，希望她的薪金，每年都能由歌詠團來供給。

本學系的宗旨，是在爲我們的社區，和我們畢業生所到的社區作有益的帮助。關於後者，卽本校以外的社區，我們現在已有一位畢業生在自由的中國，做着極好的工作，願他的同志們，能與日俱增！

新聞學系

本系現有敎職員五人。主任爲劉豁軒先生，敎授報紙編輯，報紙與時事，及社論等課；講師孫瑞芹先生敎授新聞採訪，報紙繙譯，英文新聞寫作與編輯等課；兼任講師饒引之羅文達二先生，分任報業管理及新聞學史；助理張景明先生管理圖書室，及作研究繙譯等工作。主修二三四年級學生數目，二十六年度爲十二人；二十七年度二十四人；本年二十九人，試讀生六人，附習生一人，一年級學生約十餘人。本系畢業生，迄今共有七十人。最近二年畢業者十一人。功課方面，重質不重量，理論與實習並重。燕京新聞卽爲本系學生實習之刊物，每週出版一次，每次十二版。最近因印刷困難，改爲六版，中文四版，英文兩版。內容屢有改進，近曾闢燕園之外一欄，現在每期增刊社論。三年以來，銷路由五百份增至七百五十份，開銷則由五百五十元增至二千六百元；賴報費及廣告費之收入，尙能自給自足。系中新闢圖書室，已於本年三月十五日開放，藏有報學書籍四百餘種，報章及新聞期刊二十餘種。研究工作，由本系師生共同進行。現已草就者，有劉豁軒及張景明二先生合作之「燕大之報學教育」。此外，本系更從事繙譯報學名著。現已譯成者有拉斯威爾之「世界大戰之宣傳技術」，及岳士特之「報學原理」二書。其他名著之編譯，在計劃中。

理　學　院

胡　經　甫

(一) 本院史略

民國七年，本校初創伊始，即設有數學，物理，化學，生物，家事，地理地質，農學，製革，各系。

十一年，本校初次授予理學士學位。

十四年，協和醫學院正式委託本校接收醫學預科課程，由羅氏基金社每年津貼經費二萬八千餘元。

十五年，首屆醫預學生領受本校理學士學位；是年秋，本校遷入西郊新舍，各學系始分別利用科學樓兩座。

十七年，製革系歸併於化學系。

十八年，本科改組爲三學院，本院始正式成立；公選胡經甫教授爲第一任院長，胡君旋因事辭職，乃公選韋爾巽教授爲繼任院長；農學系即於是年改隸於金陵大學，爲該校農學院之北平農事試驗場；醫預學科則改隸於生物學系。

十九年，韋院長休假返國，由博愛理教授代理院長職務；是年心理學系由文學院改隸本院。

二十年，首屆護預學生領受本校理學士學位。

二十一年，本校募得美金二十五萬元，由羅氏基金社資助同數巨款，本院始有獨立之基金。

二十三年，本院化學系添設陶瓷研究學科。

二十四年，本院裁去地理地質學系，並將心理學系仍改隸於文學院。

二十七年，本院添設工預學科。

二十八年，韋院長第二屆休假返國，由胡經甫教授代理院長職務；是年生物學系添設經濟昆蟲學課程；工預學科則改隸於化學系，並與上海聖約翰大學商定轉學辦法，凡修土木工程及建築工程者，得選修乙種工預課程，兩年期滿，成績及格者，得直接轉入聖約翰大學。

茲將本院歷年之統計，分別列表如下：

（一）本院每年度經費

	美金	國幣
十八年		七三四四〇元
十九年	五四六三元	八五七一八元
二十年	一二五二〇元	九七一七一元
廿一年	一五八七八元	七八四一九元
廿二年	一四八四〇元	七八七九九元
廿三年	一四七〇七元	六七四七九元
廿四年	七一三八元	九五六五八元
廿五年	八〇九八元	一一五〇一五元
廿六年	三四五八元	一三〇一八五元
廿七年	六二六九元	一二七〇八四元
廿八年	一一九七〇元	一七八一四四元

（二）本院每年度教職員人數

	數學	物理	化學	生物	家事	地質	心理	農學	總數
十八年	三	七	九	一〇	二	六		五	四二
十九年	四	七	一三	九	二	三	六	八	五一
二十年	四	八	一三	九	二	四	四		四四
廿一年	四	九	一五	一〇	三	四	四		四九
廿二年	三	一一	一六	九	三	一	三		四六
廿三年	四	九	一三	八	二	一	四		四一
廿四年	五	七	一二	九	三				三六
廿五年	四	六	一四	九	六				三九
廿六年	四	八	九	一〇	三				三四
廿七年	六	一一	一四	一一	五				四七
廿八年	四	一一	一九	一〇	四				四八

（三）本院每年度所授課程總數

	數學	物理	化學	生物	家事	地質	心理	總數
十八年	二五	二一	三六	二〇	一二	三六	二五	一七五
十九年	二七	二七	三七	一九	一五	三五	三四	一九四
二十年	二六	三一	三九	二一	一八	三七	二七	一九九
廿一年	二一	二六	三八	二〇	一八	三二	二六	一八一
廿二年	二一	二六	三九	二〇	一八	三一	二六	一八一
廿三年	二三	二四	二九	二〇	一七	三一	二五	一六九
廿四年	二七	二五	三五	二〇	二二			一二九
廿五年	三二	二八	三五	二一	二二			一三八
廿六年	三〇	二八	三〇	二〇	一九			一二七
廿七年	二九	二六	三一	二〇	一九			一二五
廿八年	三〇	二七	三三	二〇	一九			一二九

（四）本院每年度本科學生人數

	數學	物理	化學	生物	家事	地質	心理	大一年級	總數
十八年	六	九	三〇	三一	六	一		八〇	一六三
十九年	八	一二	二二	五〇	一一	五	六	九二	二〇六
二十年	一四	一三	二七	六四	一八	七	四	七八	二二五
廿一年	一二	一三	三六	六二	一一	二	五	九八	二三九
廿二年	一一	九	三八	七六	一	三		一二一	二五九
廿三年	九	一五	四三	九三	八	一		一〇一	二七〇
廿四年	一二	二七	四一	八五	一五			一二三	三〇三
廿五年	一〇	三二	三九	七二	二一			八五	二五九
廿六年	三	一六	二二	二五	五			一〇八	一七九
廿七年	七	二九	三九	五七	一四			一七一	三一七
廿八年	一三	三九	五七	六五	二〇			一二五	三一九

（五）本院每年度研究生人數

	物理學	化學	生物學	總數
十八年	三	一二	八	二三
十九年	四	一四	八	二六
二十年	七	九	一〇	二六
廿一年	一二	二〇	四	三六
廿二年	一一	一六	五	三二
廿三年	五	九	八	二二
廿四年	五	六	六	一七
廿五年	四	九	七	二〇
廿六年	五	六	一	一二
廿七年	七	六	二	一五
廿八年	一〇	一一	六	二七

（六）本院每年度畢業生人數

	數學	物理	化學	生物	家事	地質	心理	總數
十八年	三		六	二五	四	一		三九
十九年	三	二	一八	一六	二		二	四三
二十年	一	八	八	一七	三	一	二	四〇
廿一年	六	六	一〇	一七	三	二	二	四六
廿二年	一	二	一七	一五	一	二	一	三九
廿三年	五	四	九	二六	八		一	五三
廿四年	二		九	一三		一	二	二七
廿五年	二	六	一二	三一	四			五五
廿六年		九	一一	二二	八			五〇
廿七年		六	七	二二	三			三八
廿八年	一	五	五	一九	五			三五

（七）本院及各系歷年所出刊物

（甲）本院

Yenching Natural Science News (No. 1) 1933.

燕大理學院校友消息（已出兩期）

Science Notes (Nos. 1—14).

（乙）物理學系

Yenching Physics News (Nos. 1—6).

（丙）化學系

The Yenching Catalyst (Nos. 1—8).

Nutrition Notes (Nos. 1—10).

Ceramic Project, Annual Report (Nos. 1—5).

（丁）生物學系

Peking Natural History Bulletin (Vols. 1—14).

Yenching Biological News (Nos. 1—6).

Beta Beta Beta Biological Honorary Fraternity (Nos. 1—2).

（八）本院學生所組之各學會

本年度本院各主修科系學生所組織各學會之職員如下

學會	主席	書記
數學會	王志毅	李　歐
物理學會	黃　昆	李惟成
化學會	黃　鐘	黃　鐘(兼)
工預學會	朱良漪	趙文林
生物學會	潘承斌	陳培昌
醫護預學會	杜雲閣	劉　鈴
	李爽麟	袁愛悌
家事學會	廖能敏	查良錠

(二)設備概況

(甲)數學系

該系之重要設備大略如下

模型

線展曲面之鐵絲模型　簡單曲面交割之模型　二度曲面之紙疊模型

儀器

繪曲線器

(乙)物理學系

該系之重要設備大略如下

光學

三米光柵攝譜儀　石英攝譜儀　比長器　油擴散高眞空抽氣機

原子物理

高電壓X射線儀器　米爾X射線攝譜儀　電子繞折儀器　吳爾夫靜電計

電學

柏新電流計　K式電位計　標準射頻率發生器　陰極射線示波器　一百十伏特愛迪生蓄電池　五十安培低壓直流發電機　一百十伏特交流發電機

工廠

精細車床　精細洗床

(丙)化學系

該系之重要設備大略如下

理論化學

傳導器　恆溫器　光化學儀器

有機化學

氫化儀器　微量分析及燃燒分析儀器　微量天平

生物化學

葛氏測氮儀器　實驗室榨油機　堆肥實驗場

工業化學

製革實驗室　陶瓷研究室　高溫窰　偏極光顯微鏡

熱解儀器

（丁）生物學系

該系之重要設備如下

儀器

單管顯微鏡　雙管顯微鏡　幻燈　愛氏繪圖器

平推切片機　旋轉切片機　保溫器　微量注射器

標本，模型，掛圖

脊椎動物　無脊椎動物　昆蟲　動物胚胎　植物

遺傳學

純種菓蠅　瓢蟲

昆蟲學

害蟲防治實驗場　噴霧器

（戊）家事學系

該系之重要設備大略如下

營養實驗室

營養　烹飪　飲食學

服裝實驗室

衣服設計　米蘭氏紡績品標本

家庭陳設實驗室

家庭陳設

家事見習室

家事見習

托兒所

校內托兒所　成府村托兒所

(三) 最近進展

(甲)數學系

學生在該系指導下所作研究之範圍大略如下︰

分析

高等微積分　複變函數理論　正交多次式

幾何

純粹幾何　射影幾何　投影幾何

代數

近世代數　代數理論　矩陣論　抽象代數

算學

數論

(乙)物理學系

學生在該系指導下所作研究之範圍大略如下

吸收光譜光度學

光譜線變寬之理論　土產物之分析

原子物理

土產物之X射線分析　電子繞折對於土產物之分析

氣象物理學

太陽紫外可見及紅內射線之記錄　大氣，微塵，電量，溫度，壓力，濕度，及風之記錄

理論物理

統計力學，力凝結系之新理論

金屬之熱電現象

單晶體金屬線之製造　班納德氏熱電效應之研究

(丙)化學系

學生在該系指導下所作研究之範圍大略如下

陶瓷

粘土之熱分解　琺瑯之研究　粘土之鹽基交換與其多孔性之關係

生物化學

鈣素吸收之生理　素食代謝之均衡　植物蛋白質之研究

理論化學

吸附作用　蘿籐之光化作用　混和鹽溶液之傳導性

堆肥研究

有機物對於氫素散失之關係　肥料發酵時蛋白質之改變

有機化學

痲黃及其演化物　土產藥品之研究

（丁）生物學系

學生在該系指導下所作研究之範圍大略如下

無脊椎動物學

形態　發生

昆蟲學

形態　發生　分類　害蟲防治

脊椎動物學

形態　生理　發生　分類　分佈

遺傳學

特徵之遺傳

胚胎學

動物之胚胎發育

（戊）家事學系

學生在該系指導下所作研究之範圍大略如下

營養學

營養學　飲食學

服裝學

衣服設計　紡績品之研究

家事學

家庭陳設　家事見習　兒童撫養

法學院概況

陳其田

（甲）略史

一九一八年本校在北平盔甲廠臨時地址正式開辦的時候，就有社會科學的課程。英人戴樂仁先生講經濟；青年會幹事美人步濟時先生兼授社會學。一九二二年外交部參事歐陽心農先生擔任政治學的名譽講師。一九二三年徐淑希先生來校，始有政治學的專任教授。翌年郭雲觀先生兼任講師，添設法律功課。頭幾年經費缺乏，因陋就簡，教授少，學生少，功課少，圖書的設備也少。經過十年的慘淡經營和努力。到了一九二八年，才得着美國羅氏基金及燕普基金的資助，於是大加擴充；政治，經濟，和社會三系合組應用社會科學院。一九二九年因爲大學立案的關係，奉教育部令，改爲法學院。一九三七年又得着英庚款的幫助，添設導師制。後十年的經費雖然較前十年，稍爲充足，可是因爲沒有固定的基金，每年入款不能確定，從長計劃，既然無把握，臨時應付，困難殊多。本院二十餘年的歷史，就在這種不安定的景況中，掙扎渡過。好在教授和同學們，通力合作，教學相長，才有今日一點兒的成績，在社會上頗博好評，在學術上略有貢獻。

（乙）設備

法學院的設備有兩種；清河實驗區和圖書館。實驗區是爲同學田野工作，示範研究而設的，目的在乎訓練學生實地觀察，以補充書本的不足，可惜因爲時局的關係，一部分的房屋猶存，一切活動不得不暫時停頓。至於圖書的設備，這幾年來，却頗有進步。自從一九三四年取消學系圖書館，成立法學院圖書館以來，管理集中，借書比較方便。購買新書的經費，也逐漸加增，最近幾年，每年均有一千五百元美金的預算。現在藏書，除存在大學圖書館多量的書本和雜誌不計外，本院圖書館截至本年度止共有洋文書籍五千數百卷，中日文三千八百餘卷，雜誌一百多種。倘使此後預算不變動，希望再過幾年，圖書收藏，逐漸完備，足供研究深造之用。

(丙) 近 況

這三年來能够在華北維持一個大學，是一件很不容易的事；能够維持一個法學院，更不容易。對外的困難不必談，內部最大的問題，是教授少，學生多，工作異常緊張。南方的書報來不了，也是一種大缺憾。

近年來本院學生人數如下：

	全院	政治學系	經濟學系	社會學系	不分系及導師制
一九三六秋	二三四	五五	一〇一	七八	
一九三七秋	一四七	二三	九二	三二	
一九三八秋	三二二	四七	二〇二	六五	八
一九三九秋	三一四	四七	一七八	五八	三十一

從上面的數字看來，可知最近兩年法學院的學生總數比戰前超過八九十人，政治和社會兩系的學生人數，逐漸恢復舊觀，惟經濟學系主修生却比較以前增加不少，大有應接不暇之概。

學生人數增加如此，教授人數三年來無甚變化。除了吳文藻先生和李安宅先生於一九三八年夏天，聯袂南下之外，其餘均留校繼續工作，每系專任教授，不過三四人而已。茲將本年度法學院教職員姓氏及職務列后：

院長辦公室

陳其田(院長)

鄧霞麗女士(英文秘書)

鄭以松(書記)

薛澂淸(圖書館員)

政治學系

吳其玉(主任)—國際公法，中外關係。

顧敦鍒—中國政府，中國地方政府，社會科學概論。

胡鋶傑—行政法，民法概論，刑法概論，國際私法。

陳芳芝女士—政治學原理，社會科學概論。

張錫彤(兼任)—政治學原理，各國政府。

羅文達(兼任)—政黨與輿論。

吳達仁(研究助理)

趙明玉(秘書)

楊諷(研究書記)

經濟學系

陳其田(主任)

文國鼐女士—經濟思想史，國際貿易，社會科學概論。

袁問樸—經濟原理，價值分配論，社會科學概論。

胡繼瑗—經濟原理，經濟史，貨幣銀行。

鄭林莊—統計學，農村經濟，農村合作。

趙錫禹(兼任)—初級會計，高級會計，成本會計。

王光琦(兼任)—初級會計。

李德馨(助理)

楊任之(研究助理)

言穆淵(研究助理)

王昭斌（書記）

社會學系

趙承信（主任）一農村社區，實地研究。

楊堃一家族與社會，當代社會學學說，社會學及人類學研究。

黃迪一都市社區，實地研究，社會科學概論。

關瑞梧女士（兼任）一社會機關行政，個案工作，社會服務實習

林嘉通（兼任）一社會統計學。

徐祖甲（研究助理）

鍾秉璋（書記）

導師制社會科學研究科

陳其田一經濟史與經濟組織。

林邁可一經濟理論，科學方法。

王聿修一政治理論，西洋政治制度。

顧敦鍒一中國近代史，中國政治制度。

楊堃一社會制度。

工作方面，最惹人注意的，就是導師制的添設。仿照英國牛津大學現代講座的辦法，廢除學系界限，取消學分制度。授課不用「先生講學生聽」的方法，乃由導師指定範圍，介紹主要參考書，每星期作文一篇，學生四人爲一組，每週討論一次（兩小時），每人單獨見導師一次（一小時），提倡獨立研究，質疑問難，頗有書院的遺風。每年由第一年級生，考選八人，自第二年級起開始訓練，共有八門功課，分二年讀完，平常並不考試，二年後舉行基本學科試驗，由導師以外的專家題試，凡及格者，即可在第四年級，與導師商定專門研究的題目，以一年功夫，專心研討。一九三八年春季試辦半年，秋季正式開辦，這兩年來，雖因人事的遷移，書籍購買轉運的不便，專任導師的缺少，教學雙方沒有經驗，同學方面英文

閱讀能力稍差，略感困難，然而從大體看來，有關各方面，均感興趣。「各盡所能」的精神，已經充分表現，希望長此以往，能做到「各宏其用」，那就好了。

三年來還有一事，可以報告的，就是農村訓練工作。法學院注重農村問題，自戴樂仁教授始，已有二十多年的歷史。晚近因爲羅氏基金在華提倡此種工作，糾合三五團體，共同策劃進行，規模更加偉大。一九三七年的大變動，華北農村協進會南遷。本院祇能在可能範圍內，局部保存農訓工作。課程方面，由本院農訓委員會共同擬定施行，約分公共必修及專門研究兩部。實驗方面，因清河實驗區停辦，頭兩年只能盡量與當地社會團體，如華洋義賑會，協和醫院，社區服務團等接洽，給予同學實習的機會。去年社會學系在附近某村發展研究區，以便學生實地考驗，社會經濟兩系同學參加者八九人。又蒙羅氏基金資助，少數畢業生可以到南方實驗六個月。此時此地，農訓工作，能够如此進行，殊爲慶幸。

埋頭苦幹，不忘對外宣揚。爲這座昔日光榮的文化古城，多留一點兒殘光，本院同人於百忙中，抽出工夫，添辦刊物，*The Yenching Journal of Social Studies* 半年刊，一九三八年夏天創刊，現在已出四期，內容注重社會科學專題研究，除留校本院教授輪流撰稿外，在西北實地工作的戴樂仁和李安宅兩位先生，也時賜鴻文。文學院王克私，博晨光，齊思和，謝廸克，夏仁德諸教授，熱心援助。雖然出版祇有兩年，國內外學者及文化機關，定閱者頗多。各國著名雜誌，互相交換，尤爲踴躍。各大書舖贈送新書，以便介紹批評。本院深望這種半年刊，對於中外文化的溝通，有點兒貢獻。還有專送美國宣傳的 *News Bulletin* 這三年內共出八期，其中第四卷第二期因爲本院十週紀念共發一萬數千份，普遍宣揚本院工作。

事變以來，金融紊亂，百物飛騰，經濟學系有鑑於此，乃編製北平生活費外匯等指數月報，一面給研究社會經濟的人，一種可靠的資料，同時各機關及商舖解決實際問題，也可用作參考。一九三九年七月開始試編工作，一九四〇年一月第一期出版，以後按月一張，報告上月各種指數的變動。訂閱的人頗多。

這三年來各種師生學會，均照常進行。法學院全體教授月會，每年舉行十次。課程設備，研究工作，治學教課方法，國際關係，國內情形等均在討論之列。集思廣益，改進院務。學生方面，若農村問題研究會，國際問題研究會，經濟學會，社會學會等俱均活躍燕園，生氣勃勃，不讓當年。

三年艱苦光陰，有如逝水，所幸本院師生，對於內部極力團結，儘量維持，爲差强人意耳。

YENCHING COLLEGE FOR WOMEN

Margaret Bailey Speer

Collegiate journalism makes frequent use of the harsh little word "co-ed". If such a word means anything at all, it should refer to students in a coeducational institution, but curiously enough the word is never applied to men students but is reserved exclusively for women. If anyone with an ear for language objects to this usage, he will probably get from reporter or newspaper editor the reply that some shorter word than "woman student" is needed to fit into newspaper headlines, although it would appear to the layman that "girl" is short enough and that there is no more need for a special word for "woman student" than there is for one for "man student". Apparently the reason why "co-ed" is reserved for women only lies in the fact that the history of coeducation in the West was often a history of colleges for men whose doors were slowly and sometimes reluctantly opened to allow a few women to squeeze into a corner. Since in such colleges the word "student" had hitherto applied to men only, some new term was needed to designate the unwelcome newcomers. Although the first coeducational college in America was founded more than a hundred years ago, coeducation at the college level is still unfashionable in certain parts of the United States, and in one of the great English universities less than twenty years ago there were riots among the men students when it was suggested that degrees be granted to the women who were allowed to attend university lectures on suffrance. Even today at another English university although women are admitted to the same examinations as men, they may not receive the degrees or hold the honors to which their work entitles them.

Perhaps this seems an irrelevant introduction to a discussion of Yenching College for Women, but since there is no part of Yenching University labelled "College for Men", it is sometimes asked why one part of it should be labelled "College for Women", and we must go back not only to the beginnings of modern education in China but also to some of the problems inherent in coeducation if we want to know the answer.

Visitors to Yenching often ask when the university was founded, but the answer to that simple question is so complicated that few of us except Dr. Galt, Yenching's official historian, can remember the facts. Four different institutions, of which the earliest was Bridgman School for Girls, founded in 1864, went through a number of metamorphoses and combinations before they became a university, and though we can remember 1920 as the date on which the combined institutions officially took the present form, it is doubtful whether we can ever point out the precise moment at which Yenching University "began." It is interesting to note that the name "Yenching" was in accepted use by the College for Women before it was commonly applied to the university as a whole. But one of the most significant facts about the history of the institutions which merged to form Yenching is that the North China Union College for Women, as it was called when it was established in 1905, was the first college for women in all China. It was a pretty small college at first, with a faculty of only two teachers and three "assistant teachers", but it was built on sound foundations by its principal, Miss Luella Miner, a woman of indomitable courage, faith, vision, and energy. College students at Yenching today who accept without surprise the opportunities of education for women as something natural and to be taken for granted, would do well to stop in the corridor of Miner Hall before the large photograph of Miss Miner which hangs there and reflect that, though many men and women have helped to open the doors of educational institutions to Chinese women, no one person had a greater share in this enterprise than Miss Miner.

There were three girls in the first graduating class in 1909. The fees they paid were modest enough. The catalogue states, "The total charges for board and all other expenses shall not exceed six dollars local currency a month", and apparently some of the students were charged only a minimum fee of one dollar. The curriculum was modest too. The courses were divided into five departments: Mathematics; Science; Chinese Classics; History and Economics; Bible, Psychology, and Ethics. Students were required to take at least one course in each department and in addition had to take "Essays, Writing, Singing, Physical Drill, and Drawing throughout the Course." It is interesting to turn the pages of the catalogues for those early years and to watch the number of courses offered grow in less than a decade from twenty-six to eighty-nine, with the faculty growing to ten full-time members with an equal number of part-time instructors, and the enrollment increasing every year inspite of increasingly strict entrance requirements. Each succeeding catalogue shows that the growing numbers were matched by growth in equipment, plant, library, financial support, and academic standards.

In 1920 the College for Women ceased to be an independent women's college and became the College of Arts and Sciences of Peking University, henceforth to be known as Yenching. But this step of combining the two colleges for men and women was far from bringing about at once coeducation as we know it on the Yenching campus today. The campuses for men and for women were two miles apart in Peking; men and women students met together only in a few advanced classes; joint picnics and concerts were great events. Even when the move was made from the old city quarters to our present campus, it was impossible to foresee how quickly old traditions and old conventions would give way to new freedom and new ways. Plans were made in faculty meetings to allow men and women students to play tennis together from five to six o'clock in the afternoons, and it was thought that separate chemistry laboratories for men and for women would not be necessary since the men could use the laboratories on Mondays, Wednesdays, and Fridays, and the women on Tuesdays and Thursdays! There were separate libraries for men and women, a separate Registrar's Office, even a separate gate leading from the main road to the Women's College quadrangle.

It is easy for us to look back today and think that our predecessors must have been old fogeys not to have been quicker to foresee the inevitable changes coming in Chinese life. Such an attitude brands us, rather than them, as unimaginative and short-sighted. Yenching was from the beginning a pioneer. Changes in the whole structure of Chinese social life came with startling rapidity. It is to the credit of all men and women at Yenching during the first decade of its joint life that adjustments to these new tides were made with so little hesitation and so much courage and good sense. I wonder how many of the audience at the performance of "雷 雨" in Bashford Hall this spring knew or remembered that only a little more than ten years ago one of the most debated subjects at Yenching was "co-acting", as it was called, that is, the taking part of men and women students in the same dramatic performances. The feeling was so strong that the women students filled out questionnaires on the subject, and though many of them said they approved in principle of such dramatic performances, most of them said their parents would disapprove, and only one girl said she would be willing to act in a play with men students. But the very next autumn all excitement on the subject vanished and no one has since publicly questioned the propriety of men and women appearing on the stage together.

Coeducation in China has not been without its drawbacks and problems, but Chinese women students are fortunate indeed that the doors of educational institutions did not swing open to them so grudgingly as they did to the women of England and America, and did not shut in their faces as they have begun to do in some countries of Europe. Yenching was of course not the only institution in which Chinese men welcomed Chinese women to educational opportunities on an equal basis, but it is one of a very small group of institutions in the whole world where women are accepted with men on a basis of absolute and complete equality not only as students but on the faculty and in administrative positions. There is a spirit of mutual respect at Yenching that makes possible the fullest cöoperation with a minimum of friction and self-consciousness.

We come back then to our original question: What is Yenching College for Women and how does it function as a part of Yenching University? Is it completely independent as a financial unit, an administrative unit, or an academic unit? It is none of these things, although it has a small measure of financial separateness. It is simply a convenient administrative division so that the interests of the women students may not be swallowed up or overlooked in the larger and more complicated university administration. Two hundred and ninety-one women students registered at Yenching last September. This is a larger number than in any previous year and is nearly fifty per cent more than our four dormitories were expected to accommodate, but it is less than a third of the total university enrollment of nine hundred and eighty-two, and therefore the women are, as they have always been and probably always will be, a minority in the university. We have learned from recent world history what problems minorities can create for others and for them-

selves and how easily they can become battlegrounds. The purpose of having a separate administrative organization for the College for Women is to safeguard the interests of the minority and to prevent the development of any causes of battle!

We noticed earlier the reluctance of certain groups in the West to accept coeducation. In many cases this was not a reluctance to provide educational facilities for women, but a reluctance to have women educated in institutions which had been planned primarily for men. There was no objection to equality of opportunity but a strong feeling that true equality for both groups could be better achieved by planning for their separate needs and interests. The argument over the distinctive merits of coeducation and of separate colleges for men and for women is an argument to which the only answer is that there are advantages in each system. The aim of Yenching College for Women as a part of Yenching University is to provide all the advantages of coeducation — wide interests, broad outlook, normal social relations, stimulating contacts — while minimizing the disadvantages that occur when women form a minority whose interests may be occasionally inadvertently overlooked.

We would be poor successors to the little group who started the first college for women in China thirty-five years ago, if we were completely satisfied with our present university life. We need the same qualities of courage to experiment, readiness to shape new conditions to the fullest interests of both men and women, and determination to take a part in improving conditions around us, that they had. Perhaps again there is need for the pioneering spirit to show that while education for women should not be more limited than that for men, it should not be poured into the same mould, but should be free to move in its own directions. Fortunately there is no need to label Yenching women students as "co-eds", with all the curious implications of frivolity and separateness that that word carries with it. They are university students on the same basis as men, preparing for equal responsibilites of citizenship. That such a status can be taken for granted at Yenching now is due to the wise leadership of the past, to the generosity of those who opened new doors, and to the good sense of those who entered them.

教務處的組織及任務

林　嘉　通

本校教務處正式成立於民國二十年秋季。以前的註册部是教務處的前身。本校之有註册部始於民國十三年　洪煨蓮先生作教務長的時候　。在十三年以前，燕大的規模還小，學生也不多，關於教務上的事情，教務長一人處理是很有餘裕的。到民國十二年，學生漸多，教務上的事情也逐漸增加。那年，教務長達偉德先生就表示下年有添設一位註册員襄理一切的必要。同時代理校長高厚德博士也有同樣的提議。所以到民國十三年秋改選洪煨蓮先生爲教務長的時候，就同時選出教育學系的教授都學華先生爲註册主任。那時候註册主任不過是輔助教務長管理學生的成績和規定各項表格等類事情，還沒有獨立的組織。迨民國十五年學校從城內搬到西郊新校址後，學校規模較大，於是註册部的組織，才跟着實現出來，才正式的有了幾間房子，來作辦公的地方，除了主任之外，又有了助理，書記各一人。所管理的事務也逐漸加多。民國十六年都先生離校後，陳國梁先生繼任，在管理的事務上，略有些變更。因爲從前女部和宗教學院學生的記錄，是各設有註册員辦理的，到了這時候全校學生的記錄，都集中在一處，所以工作的範圍擴大。而且那年學校改教務長制爲教務委員會制，對於教務行政，差不多全由註册部負責執行。這也是和以前有些不同的地方。到民國十八年春季，學校又將教務組織，改用院長制。本科分作三個學院，教務長改稱院長。教務上因爲這樣的一分，註册部便成了一個獨立集中的機關。各學院的行政雖有不同，然而辦理各學院教務上的事情，註册部在工作上是統一的。這又是過程中的一個變化。民國二十年秋季三月間經大學總會議通過修改組織大綱，將註册部改爲教務處，並規定於教務處內分設各課辦理註册招生等事項，六月間，復經大學行政執行委員會議决，此項改組於本年七月一日起實行，並由校長選任梅貽寶先生爲主任，當擬具組織計劃，經大學總會議及大學行政執行委員會通過，遂於七月一日成立。玆將當時規定的教務處之組織及任務，說明如下，以資參考。

教務處設主任一人，執行一切校務會議，大學行政執行委員會，院長會議，所議决關於教務之事項，教務處內並分設註册，招生，校友三課，各課各設主任一人辦理下列事務。

（一）註册課：

編纂校曆，編定授課時間表及教室，辦理學生註册選課改課各項手續，登記並報告教員及學生請假，辦理季中及學期試驗，計算登記及保管學生成績，向各院長報告學生成績及升級留級，辦理學生畢業及修學憑証及函件，抄錄學生升學及轉學成績，辦理其他有關註册事項。

（二）招生課：

編印入學簡章及表格，參觀及調查各承認中學及其他中學狀況，接洽外埠代考機關，審核各類報告手續及文件，辦理入學試驗，調查及研究新生前校入學試驗及本校修業之成績，編印發行入學試驗題目，及辦理其他有關招生事項。

（三）校友課：

拜訪及聯絡各地友校，籌備校友返校日，介紹校友職業，編印校友名錄，及辦理其他有關校友事項。

此外教務處並設辦事員統計員各一人及助理書記若干人（見燕京大學校刊第四卷第一期）。

自從這次改組之後，直到現在，除辦事人員有所更動外，事工方面迄無甚大改變。

註　冊　課

本校學曆，一年分爲兩學期。每學期開學之始學生例須先到校註册，然後方得上課。這時候也就是註册課最繁忙的時候了。其實，這時的繁忙，不過是一時的，外表的，也是大家容易看得見的，但在未開始註册以前，早忙過一大批的準備工作，却是大家都不大注意的，不妨在下面簡略一叙：

（一）秋季開學準備：在秋季開學以前，須要準備的工作很多，約略言之，可以分爲十項。付印各項註册表格，預備舊生返校名單，在校學生編級，徵集及編印秋季課程，排定課室，付印學生須知，函各學系及與註册有關人員說明註册手續，刊布各項有關註册布告，編定註册地點，及新生編定學號。爲籌備上述每項的工作，都要費許多的時間和手續的。卽以編定學號一項來說，從前的辦法，是祇依註册先後，給予一個號碼，殊無多大意義，而且不便之處很多。現在所採用的學號編定法就很有些講究了，特簡單說明如下：

每一學號由五個數字組成，前二數字乃表示該生入學之年度，後三數字乃表示各該生之類別。如三九〇〇一至三九三九九，爲一九三九年入學之一年級生。（四〇一至四九九爲轉學生，五〇一至五九九爲研究生，六〇一至六九九爲附習生，七〇一至七九九爲宗教學院學生）。女生學號之編製法與男生相同，惟於數字之前，冠以W字樣，例如W三九四〇一，卽一九三九年轉學女生。

（二）秋季註册：準備的工作忙過之後，就要正式忙着註册了。這時忙着的是些甚麼呢？要而言之，不外以下的九宗事：發註册表格及成績簿，收各項註册表格，公佈各科課室，辦理改課事宜，編製註册人數統計，編印學生名錄，塡寫新生文件夾及總成績表，送各教員各科最後學生名單，催繳各生應辦未辦註册手續。關於本校註册手續一項，學生無不視爲畏途，特別是新生。其實，並沒有甚麼特殊困難，祇要按照公布的手續，逐步的作下去，就不至發生錯誤了。玆再將註册手續，順便在此一提：

（1）領取表格種類：(a) 註册表，(b) 成績簿，(c) 選課單，(d) 時間表二張（女生三張），(e) 履歷表，(f) 名錄表，(g) 學生須知。

（2）檢驗身體：男生在男生體育館，女生在女生體育館（由校醫處規定檢驗手續）。

（3）預選功課：秋季所設學科於註册前二日張貼穆樓及貝公樓，學生可預選擬讀學科。

（4）按照註册課規定之各年級註册時間表見系主任及院長：將預選擬讀學科及成績簿呈交系主任查閱，請爲登入註册表及成績簿內，並請系主任及院長在註册表及成績簿上簽字，然後按照所選功課，填寫選課單及時間表，學分，組別，旁聽等項，均須標明無訛。四年級生須注意各項畢業條件，如有缺欠，務須於本年內補妥。一年級生逕與班導師接洽選課，然後請院長簽字。一二三年級生須見體育系主任，商洽必修體育事項。

（5）交納學費：到貝公樓會計課交納各項費用。

（6）交回填妥表格：到貝公樓註册課交回下列表格：(a) 註册表，(b) 選課單，(c) 時間表一張（女生二張），(d) 履歷表，(e) 名錄表，(f) 保証書。

關於學生改課，亦有下列六項手續：（1）學生改課須持成績簿見系主任或班導師，申明理由，請其發給改課允許書。（2）持改課允許書見所加各課教員，徵求同意，並請其在改課允許書上簽字。（3）持改課允許書見院長請求允許簽字。（4）在改課收費期內改課者，須至會計課交納改課費，領取收據。增或減，每項須納費五角。（5）在改課期內每日上午九至十一時持改課允許書，成績簿，改課費收據，至註册課。該課主任卽將該生之一切表格照改，並發給遲上課單。（6）持遲上課單呈交各課教員。

（三）春季註册：春季註册與秋季大致相同，惟另作春季未註册學生及新註册學生名單。

（四）辦理考試：由註册課辦理的考試，主要的有兩種：季中考試和學期考試。季中考試僅限一年級生，手續比較簡單。除致函一年級各教員，說明季中考試事宜及送季中考試成績登錄表，彙抄一年級各生季中成績，及季中成績送導師轉各生閱看外，別無其他手續。至於學期考試，是關係全校學生的，手續較爲紛繁。第一件事，先得把考試時間表排定並公布之。接着就將學期成績報告表分送各教員備用。考試旣終，而催繳成績，又是註册課的事了。成績旣經陸續的送到，而又須抄入各生總成績表並核算積點，直到將成績簿，登錄季考成績完畢之後，這項工作才算告一段落。

（五）辦理休學退學及復學：這種工作的手續如下：（1）各生休學必經各該院長核准，女生由女部主任核准。（2）辦理離校手續。（3）復學生須按章依期函院長請求。（4）每學期完結後，將成績不及留校標準之學生，列表送交各院長着令退學。

（六）報部事項：除新生，返校舊生，轉院或轉系生及畢業生皆應報部外，每學年之成績亦須報部，並預備全校學生一覽表。

（七）辦理畢業事宜：主要之工作有下列十五條：（1）核算四年級生成績學分。（2）收發冬季畢業生有關文件。（3）冬季畢業生成績結束。（4）向各學系催索待位生名單。（5）公布本年度待位生名單。（6）寄發關於畢業論文格式規則。（7）預備榮譽學位成績。（8）佈告並通知畢業生應辦各種手續。（9）催交証書費及相片。（10）印畢業証書。（11）審核畢業論文格式。（12）印畢業生名單。（13）畢業成績報部。（14）中文証書送部驗印。（15）郵寄畢業証書。

（八）發轉學成績及証明書：應辦理者如下：（1）塡成績單請領書。（2）成績單祇寄交學校或機關。（3）重發成績單應繳費。（4）証明書及成績單應貼相片。（5）寄發轉學協和成績書。

（九）各生學年成績報告家長。

（十）編製各項統計表：計有下列之十三種：（1）各年級學生人數。（2）各學系主修人數。（3）學生籍貫。（4）學生年齡。（5）學生成績。（6）學生家長職業。(7)學生人數預測。(8)教員人數。（9）各學系所開課程。（10）學生請假。（11）教員請假。（12）原因。（13）離校學生人數及各年級學生成績。

（十一）編製引得收存文件：重要的有下列七種：（1）各班學生文件夾。（2）公事文件夾。（3）離校學生姓名引得。（4）國內外大學及中學郵址。（5）國內外大學中學一覽或概況。（6）本校歷屆畢業年刊。（7）各種會議記錄。

招　生　課

談到招生課的工作，顧名思義，自以招生爲其主要的任務，說來極其簡單，未當過這份差事的人，大概都是這樣想；但當過的，就覺得有些個千頭萬緒，不知從何說起。現在聊將幾項較重要的工作情形及其各種手續，寫在下面，用作關心此項工作者的參考。

一、答覆詢問　招生廣告在報紙上登出來以後，接着就有好些人寫信來詢問各種辦法和索取簡章。那類的信件，平均每天約有三十多封，自然有時好幾天一封沒有，可是也有時每天在七八十封以上。

二、郵寄簡章，報名書及其他表格　本校新生入學簡章共有五種：(一)本科簡章，(二)華僑入學簡章，(三)外國學生入學簡章，(四)研究院入學簡章，(五)宗教學院入學簡章。報名應用表格計有十五種：如本科及專修科入學報名書，研究院及轉學報名書，體格檢驗書，及獎學金請領書等。

三、辦理報名手續　報名分外部與內部兩層手續，外部手續就是對投考生應辦的手續，簡略的說不外下列數種：(一)須請領本校所備之「本科入學報名書」，按該書上之「報名須知」所列各項，詳細塡寫。玆擇要列左：甲・志願書，乙・履歷書，丙・介紹人，丁・投考院系，戊・選考科學（化學物理任擇其一），已・前校成績及說明，庚・在前校期間品行（須由前校校長證明），辛・每年列全班名次（須由前校校長證明），壬・報名書上像片應經前校校長或教務長簽名或蓋章，癸・「最近三個月內」詳細通信處。(二)須呈驗前校畢業證書，但本年畢業生，經本校或各地代考處負責人認爲理由充足時，得以畢業證明書代替，此項證件，如經發現係僞造，或頂替者，得立卽取消其與考權或入學資格；卽開學報到註册後，亦得隨時令其離校，所交學費，槪不退還。(三)除報名書上所貼應經前校校長或教務長簽名或蓋章之像片外，須再呈交同樣像片二張。(四)須繳納報名費三元。(五)呈交介紹書，如學力，品格，以及個人志趣等證明文件（此項證件，如不願交者聽便）。(六)凡擬請求獎學金者，除領本校所備之「獎金請領書」，逐項據實塡寫外，須親書個人家庭經濟詳情與報名書同時交到本校招生課。

內部手續如編號（卽按各生投考性質及先後，給予一報名號數），作准考證，編製引得卡片，考試座次表，各種分類統計表，及審核各生前校成績。

四、入學試驗　本校每年至少舉行五次入學試驗：(一)春季研究院入學試驗，(二)承認中學五月保存入學試驗，(三)外國學生入學試驗，(四)七月普通入學試驗，其中包含投考本科一年級生，轉學生，及投考研究院新生，(五)研究院第二次入學試驗。每次入學試驗，除答復函詢，印刷試題，接收報名書，預備考場，函請監考員，登錄及核算入學試驗成績，編製選擇應行錄取成績表，及執行獎學金口試與調查各該請領人之家庭實況外；所有錄取或未錄取各生，亦均分別專函通知。茲爲易於明瞭其中詳細辦事細則起見，特將錄取新生程序列左：(一)編擬試卷密號，(二)接收各科分數報告單及應注意事項，(三)登錄分數，(四)編製各科中數圖表，(五)編製計算各科差數圖表，(六)求各生各科差數及總差數，(七)編製成績等次表，(八)編製成績統計表，(九)選擇應行錄取新生，(十)翻譯已經錄取各生密號，(十一)編製發榜名單，(十二)編製所有錄取新生名簿，(十三)通知錄取各生入學手續，(十四)通知未錄取各生不及格科目，(十五)編製各科投考及錄取各生統計表。

五、清理工作　本課除例行工作外，尚有結束及清理工作，茲擇要列左：(一)清理及保存所有新生交來文件，(二)退還未錄取者之證件，(三)編製招生統計及報告書，(四)徵求改進招生辦法之意見，(五)檢存錄取新生試卷，(六)徵詢錄取新生未到校原因，(七)刊印已用試題。

六、研究工作及收集有關招生文字　本課利用公餘之暇，作研究工作。如：編印試題之改善，執行考試方法之改善，當年入學試驗成績與以往入學試驗成績之比較，男生與女生入學試驗成績之比較，入學試驗成績與入學後在校成績之比較。此外本課亦隨時收集及整理有關招生記錄，法令，各學校一覽及課程概要等。

七、本課負責人每於春秋兩季，利用公事房比較輕閒之際，出外參觀及調查中學。茲將其參觀及與各中學商談各點，擇要列左：(一)促進各中學對本校之正當了解，(二)會見畢業班教員及在各該校服務之本校畢業生，(三)研討去年各該校學生投考本校入學成績，(四)研討各該校歷年考入本校學生之在校成績，(五)研討學生在校言行之改善，(六)參觀各該校之圖實驗室臥室教員休息室飯廳等，(七)介紹本校辦學之目的，生活及入學應辦手續等，(八)會見投考生。

八、二十八年招生概況　一年級新生報名人數：五月特考一六五人，外國學生入學試驗七人，七月普通入學試驗一〇八七人，共計一二五九人。錄取學生，五月特考一〇五人，外國學生入學試驗四人，七月普通入學試驗一三一人，共計二四〇人，此外尚有備取生五九人。秋季註册人數：五月錄取者七四人，外國學生三人，七月錄取者九四人，備取生四四人。前年錄取去年入學者二九人，共計一年級新生二四四人，內男生一六三人，女生八一人。其中八二人入文學院，一〇七人入理學院，五五人入法學院。年歲最大者二六歲，最小者一六歲。河北省人共有一〇四人。

轉學生報名者共一五〇人，內男生一〇四人，女生四六人，錄取男生二人，備取生六人。秋季註册人數，計正取生二人，備取生二人，前年錄取去年入學者三人，共計七人。

研究院投考生計七月四一人，內男生三六人，女生五人，八月十七人，內男生一四人，女生三人，共五八人。錄取者，男二一人，女三人共計二四人。秋季註册者男二〇人，女三人，又男特別生二人，前年錄取去年入學者一人，共計二六人。

附習生報名者七人，錄取者四人，秋季註册者四人。

宗教學院報名者一二人，錄取與秋季註册者，均各爲一二人。

以上統計報名者共一四八六人，內男一〇五九人，女四二七人，正式錄取者二八二人，內男一八六人，女九六人。

秋季註册新生爲二九三人，內男一九八人，女九五人，共計二九三人，內備取轉學生四人，一年級新生四四人，又前年錄取去年入學研究生一人，轉學生一人，本一新生二九人。

一年級新生奬學金，去年（二十八年）投考生請求奬學金者男生一六〇，女生四一人，共計二〇一人，其中錄取者計男生六三人，女生一六人，共計七九人，准予奬學金者，計三百元者五人(男)，二百元者九人（男八女一），一百五十元者十二人（男十人女二人），一百一十元者十五人男（十三女二人）。

校友課

燕京大學成立校友課，始於民十八年春季，其使命乃在聯絡校友，使母校與校友間，及校友與校友間的聯繫，得以日益臻於密切。在國內各大學，設立此種聯絡校友機關的，尙不多見。校友課平日工作，有通訊，拜訪，職業介紹及出版刊物等等。先略述事變以前這幾種工作進行的概況。關於通訊：校友課往常不斷向各地校友寄發「近況自述」及「代述」通訊紙兩種，請校友按內列生活近況，趣聞及榮譽三款，自述或代述，寄還校友課，以便在校友刊物「友聲」上發表。至於校友課與校友往來囑托，問候，及探詢消息等性質之函件，每月亦不下數十封。關於拜訪：學校時常派人出遊各地，訪問校友，使校友與母校間聲息相通。每至一地，一方將母校近況，詳細報告該地校友，一方將該地校友近況詳細調查，作成簡單報告，在「友聲」上發表，使校友與校友間的消息，亦得藉此互爲傳播。如遇該地尙無校友會組織，卽協助該地校友成立分會。關於職業介紹：校友課每年介紹至各學校及其他機關工作的校友，不下數十人。凡欲介紹工作的，須先至校友課報名，校友課卽按需要之緩急，機會之類別，及報名之先後，斟酌情形，一一爲之介紹。關於出版刊物：燕大友聲社出版的友聲，爲一種定期刊物，專載各地校友分會或個人消息及母校新聞，每月出版一次，每次發出將近二千八百份。其他不定期刊物或臨時通訊，尙未計及。

事變以後，上述幾種工作，都受到很大影響。因各地校友遷動甚大，「近況自述」及「代述」的通訊辦法，已不適用，復因交通不便，訪問的工作，亦暫告停頓，僅賴少數教職員自外返校及假期中外出旅行，傳遞一些消息而已。關於職業介紹一項：事變後不但沒有鬆懈，而較之事變以前，尤爲努力爲校友謀求出路，無如像事變前那些正常的機會，却不多見，不免感到僧多粥少，無法分配。雖說有這種事實上的困難，但畢業生失業的，還是絕對的少數。「友聲」於事變後因校友消息來源斷絕，而大多數校友的住址，都已變遷，就是印了亦無法向外投遞，不得已暫告停刊。平日所得關於校友的一鱗半爪的消息，皆借本校新聞學系所出版的「燕京新聞」披露。每季由校友課訂閱數十份分寄各地分會負責人，藉此可使各地校友多少知道些母校近況；這也是一種聊勝於無的暫時辦法。以上幾種工作雖多在半停頓的狀態之下，然校友課內部的工作，反而在極積的從事整頓。刻正由校友與註册兩課合力之下，將校友歷年記錄，作一種有系統的分類的編製，以備來日之用。這項工作，業已着手數月，想在最近將來卽可完成。

一年一度的校友返校節，在燕大的日歷中，佔着很重要的一頁。這個重要的節期，多在每年四月底舉行。事變後乃改在五月底，時値初夏，日暖風和，百花怒放，離母校近的，則多聯袂而至，遠的則推派代表前來參加，由母校事前組織校友節委員會籌備一切。當日節目有各種展覽及表演，聚餐，運動會，各教職員住宅茶話會，各處晚宴及遊藝會等。事變後因交通阻塞，返校校友人數大減，而節目中遊藝一項，亦經删去，使返校節那天的空氣，更趨於嚴肅莊重。於是日，有數年或十數年未回母校的，有數年或十數年學友未見過面的，一旦團集之下，不免又是感慨，又是歡慰，其情緒之熱烈，不難想見。國內外各遠地分會，亦多於是日舉行聚會，以資紀念。

燕大現有校友二千八百人以上。這二千多將近三千的畢業生，散處全國及國外，從事各種職業或研究工作，無疑的其人數逐年在增加，他們的成績與優點，已逐漸得到社會人士的認識，因之他們在社會上的地位，亦較已前爲優越。各地校友的團結，大有蒸蒸日上之勢，事變前在國內外各地已經成立的分會，計有三十九處，全國校友總會亦於民二十五年夏在北平正式成立。

總務處概況

蔡一諤

總務處在組織方面共分四課，即會計，文書，庶務，技術四課是也。文書課專司校內文告及對外來往之函件。庶務課專司校內庶務及管理校役等事。此兩課之工作內容，類皆屑瑣繁雜，無足對外發表者。會計課綜縮全校經費之收支。技術課經理校內一切公用事業。此兩部之工作範圍較廣，在在與校內生活之各方面發生密切關係，其工作內容或爲關心本校者所樂聞，兹將該兩課之事務內容略述於下：

（甲）本校經常費用，在平時每年計國幣一百萬元左右，其中美國託事部來款佔百分之六十强，學生所繳各費佔百分之十二，各公會捐款佔百分之七，政府津貼及中英庚款委員會與羅氏基金社等各機關之補助費佔百分之十三，其他收入佔百分之七。兵興以還，美金叠漲，本校經費，既大部來自美國，似應綽有餘裕，乃以百物騰貴，費用激增，故收支相抵，所餘無幾，兹將一九三八至一九三九年度收支概况列下，以供參考。

（一）支出之部

1.大學行政費　通用幣　一二四，四六八・五〇元
（佔全數百分之一二・一）

2.建築及設備維持費　二二八，六五八・一八元
（佔全數百分之二二・三）

3.圖書館　六四，三一一・八三元
（佔全數百分之六・二）

4.研究院院長室辦公費　一，七五九・九九元
（佔全數百分之・二）

5.文學院　　一八九，七五九・五〇元
（佔全數百分之一八・六）
6.理學院　　一四七，〇二一・七九元
（佔全數百分之一四・三）
7.法學院　　九一，二四〇・三八元
（佔全數百分之九・〇）
8.宗教學院　　三四，四四二・〇三元
（佔全數百分之三・三）
9.哈佛燕京學社　　九〇，四六六・三三元
（佔全數百分之八・九）
10.其他　　五二，七五七・一一元
（佔全數百分之五・一）
全部支出總計通用幣　一，〇二四，八八五・六四元
（二）收入之部
1.託事部來欵　　通用幣　六七六，三三八・〇七元
（佔全數百分之六〇・五）
2.學生所繳費用　　一四〇，五五八・九一元
（佔全數百分之一二・三）
3.各公會捐款　　七九，〇五〇・〇〇元
（佔全數百分之七）
4.政府與各機關之補助費　一四三，〇三二・〇二元
（佔全數百分之一二・七）
5.基金利息　　一四，九六二・三一元
（佔全數百分之一・四）
6.其他收入　　六八，五六〇・三七元
（佔全數百分之六・一）

全部收入總計通用幣　一，一二二，五〇一·六八元

（乙）本校地處北平西郊，校舍未經建築以前，雖爲前代名園，然一切建築早經荒廢。自民國十年以來，本校從事經營，校舍次第落成，其他設備，亦漸臻完善，至現時校園已儼然一小都會矣。舉凡公共事業，如電燈，自來水，瓦斯廠；交通如郵政，電話，長途汽車；其他如牛乳廠，消費合作社，醫院，以及新聞紙；凡近代都會應有之事業，本校幾無不應有盡有。統計建築所費達國幣（一九三六年幣價）五百餘萬元。其中五分之一（卽一百萬元）爲購置發電機及裝設自來水管等所費，玆將較爲重要之設備及其工作概況略述如下：

（一）機器房　本校機器房爲供給全校電流，自來水，冬季焌汽，熱水，瓦斯，電話，及衞生設備之總機關，現有發電機四座，其中三座，爲柴油機，一座爲汽機，共計發電能力爲二百四十瓩。有鍋爐四座，每座馬力一百五十匹，此外有焌汽罐四座，熱水罐兩座，瓦斯罐一座，其他發動機多隻。每年計須用煤三千餘噸，柴油六十餘噸。

（二）自來水　本校自來水之來源爲機器房前之自流井。此井口徑大六英寸，深一百三十尺，每分鐘能出水二百五十加侖。足供全校及敎職員住宅之用。但水性頗硬，須經沉澱始宜應用，故有自來水沉澱池之設。水自井流出之後，摻以石灰，經一晝夜之沉澱，再行濾清，然後抽入水塔蓄水箱以供應用。此箱位置高於地面一百十餘尺，故本校自來水之壓力頗大也。

（三）衞生設備　本校各校舍在冬季需用之焌汽，全由機器房之中央焌汽系輸送，爲此設有焌汽罐四座，前已述及。至於衞生設備，本校現有排泄井三處，一處位於貝公樓東，一處位於女體育館南。校內一切汚水，匯積此二井後，再用電機排入位於校園西南角

之第三井，經過化學作用變爲淨水之後，卽行放入校外西面之小河中。

（四）長途汽車　本校來往城郊間之長途汽車，向係由商人承辦，至民國二十七年春，承辦商人因故停業，本校鑑於時局之情勢，深覺招商承辦殊多困難，乃自購長途汽車三輛，以圖於城郊間之交通有所補助，非欲自行解決此項交通問題也。兩年以來，因車輛過少，每屆週末，常感擁擠，幸賴全校師生予以合作，尙能順利進行，惟現時汽油及零件之價格，較前高出數倍，而車票又未便隨物價照增，以致收支不能平衡，卽以本年而論，除攤提金未能如數撥存外，所虧已達二千五百餘元之多矣。

以上各項事業之經常費用，在平時年約八萬餘元，但以目下物價爲標準則已超出數倍，且自事變以來，因種種關係，華北一帶日用要品之求與供，大多失其平衡，卽以燃料而論，市面常感缺乏，本校平時所慣用之煤，現時竟無從購得，故不得不改用他種，勉爲維持，奈此種煤炭之來源亦常發生窒碍，此又非常時期所產生之一問題，而爲本校在謀順利進行中需待解决者也。

圖書館概況

田洪都

本館在民國八年，與本校同時成立於北平東城之盔甲廠。最初藏書不及二百册，地址不過一間房。第二年遷入較大之室，第三年合併鄰屋二間，闢三院之空房，爲漢文藏書室，一切規模，較前稍備。民國十五年與學校同遷海甸新校址，館舍尚未落成，暫借女校適樓之一部，爲臨時辦公處，是年冬季，始遷入今日之館址，屈指至今已有二十二年之歷史。今將所有建築組織，經費，藏書，編目，閱覽及出版刊物，種種已往之事實及近三年進展之情況，分述其概略如下：

(一)館舍建築

本館位於男女兩校之中央，落成於民國十五年冬季。占地六千四百八十餘方尺，除門窗外，全係水泥鋼骨築成，連地窨及樓頂共有四層。(1)第一層爲第一閱覽室，北端爲保留研究處。(2)第二層爲第二閱覽室，北端爲雜誌閱覽處。兩閱覽室同時約可容四百人。(3)第三層爲書庫，共有兩層。(4)地窨一間，爲臨時儲藏雜件之用。

近年館舍中有所改建者(1)特別圖書室，拆除隔墻，添設玻璃書橱以藏西文善本。(2)二層樓東廊，滿裝書架，以貯西文雜誌。(3)書庫第二層之四週，添設報架。第一層書架之頂，加高一格。(4)二層樓西面及樓下北面，加設風窗。又樓梯二層東面，及二層樓之西面，加裝煖汽管。此外以閱覽室座位，晚間不敷分配，借穆樓一二六號，添設掛燈，作爲晚間臨時閱覽室。

(二) 職務組織

本館設圖書館主任一人，商同圖書館委員會，管理圖書館之行政，下分八組：（1）總務組（2）中文採訪組（3）日文採訪組(4)西文採訪組（5）中日文編目組（6）西文編目組（7）出納組（8）雜誌組

(三) 經費類別

本館經費計有五項 （1）普通經常費 （2）哈佛燕京學社圖書費 （3）普通圖書費 （4）法學院圖書費 （5）宗教學院圖書費

(四) 藏 書

(甲) 統 計

中日文圖書及雜誌總計二十八萬二千一百七十五册。西文圖書及雜誌總計五萬九千九百三十一册。其中由近三年所增加者，中日文書計一萬九千六百八十五册。西文圖書，計六千九百零三册。

(乙) 特藏書

特別圖書，分中日西文善本，及本校每屆畢業論文。中文善本，有宋版，元版，殿版，稿本，鈔本，批校本，悉在第三層特藏書庫。西日文善本，有藝術歷史等類精印及出版之最古者。每屆畢業論文，均爲正本，不予外借，與西文善本悉藏第二層特別圖書室。

(丙)捐贈交換書

近年承各方捐贈圖書，其大批有三：(1) 法國政府於民國二十七年十一月，捐贈書籍一百四十三種，二百三十一册，均爲新近刊

本，多有注釋索引，價值一萬法郎，本館編有法國政府贈燕京大學書籍目錄，約分六類：（一）爲法國文學原著類（二）爲法國文學史與文學批評類（三）爲語言學及語文學類（四）爲法文百科全書類（五）爲東方學類（六）爲雜著類。(2) 英國政府於民國二十八年，捐值一百英鎊之書籍，經本校選定英國名人之傳記，及英國歷史等書，現已運到一部分，俟到齊後即陳列展覽，編印目錄。(3) 國立中央研究院社會研究所，捐贈該所複本刊物，剪報，道光間各省糧價卡片，共計五十餘箱，現由法學院着手整理，將來卽存該院備用。

此外有寄存書籍，可以便本校師生之參攷者，計有四批。(1) 霜根老人四當齋藏書二萬餘卷，於民國二十六年十月分別贈與，或寄存。現於貝公樓闢一專室儲藏，並爲編印章氏四當齋藏書目。（2）蕭一山先生寄存史學書籍三箱，（3）孟天培君友人，寄存法文社會科學書籍十三箱，（4）李儼先生，寄存明清文集十餘箱。至於交換所得書籍，事變以來，國內文化機關刊物，幾乎完全停頓，較三年前所得者相差甚巨。但日本歐美方面，尙可繼續交換，特郵遞遲滯，且時有遺失之事，殊屬遺憾耳。

（丁）雜誌

雜誌入藏者種類頗多，然尙不足以饜讀者之願望，時時留心收集，其收集方法可分爲四：（一）向出版地或發行所，直接訂購，（二）由雜誌組人員隨時向平市書肆搜尋配補，（三）請各機關與個人及本校敎職員捐贈，（四）以館藏雜誌複本，及所出刊物交換。凡國內外所出雜誌，得及閱見者，無不盡力徵求，倘期卷有缺，亦必設法徵補，俾資前後銜接。

所有入藏雜誌，歷年以來未暇編目，乃於二十六年秋，開始整理，現已大致就緒，中文雜誌已編目者，計五千四百三十二種，一萬三千三百四十六合訂册。西文雜誌已編目者，計六百七十四種，六千零八十六合訂册。尙有分存各學系者，正着手編目。日文雜誌，現約計四百二十種，二千六百三十五合訂册，亦將開始編目。

（戊）圖書分類及編目

中日文書籍雜誌分類，用裘開明所編之哈佛大學漢和文庫書籍分類法。西文書籍雜誌分類，用杜威十進分類法。中日西文書籍雜誌編目，概用卡片制。中日文目錄片，用四角號碼法排列，西文目錄片，按字母先後排列。

中日文書籍編目者，計十六萬一千九百八十四册，西文書籍編目者計五萬二千五百三十五册。

各目錄片櫃計有下列數種：西文書籍目錄櫃在本館西門內北邊，中日文書籍著者及書名目錄櫃在西門內南邊，分類目錄櫃及中西文雜誌目錄櫃在東門內之北邊

（五）出版書籍

自民國二十年起開始編印書籍已出版者列表如下

書名	著者	出版年月	册數	價值
知非集	淸崔述著	民國二十年九月	一册	一元二角
中國地方志備徵目	朱士嘉著	民國二十年十月	一册	四角
燕京大學圖書館概況		民國二十二年八月	一册	非賣品
萬曆三大征考	明茅瑞徵著	民國二十三年四月	一册	一元
宋程純公明薛文淸公年譜	淸楊希敏編	民國二十三年四月	一册	一元
燕京大學圖書館目錄初稿	類書之部鄧嗣禹編	民國二十四年四月	一册	四元
紀錄彙編選刊		民國二十四年四月	一册	已絕版

江上雲林閣書目	清倪模輯	民國二十四年五月	一冊	二元五角
太平天國起義記	簡又文譯附韓山文英文原著	民國二十四年八月	一冊	一元五角
春覺齋論畫	林紓著	民國二十四年十二月	一冊	一元
不是集	淸浦起龍著	民國二十五年六月	一冊	二元二角
悔翁詩鈔	淸汪士鐸著	民國二十五年十二月	四冊	四元
悔翁詞鈔	淸汪士鐸著	民國二十五年十二月	二冊	二元
悔翁筆記	淸汪士鐸著	民國二十五年十二月	二冊	二元
鄉土志叢編　第一集		民國二十六年三月	十冊	六元
神廟留中奏疏彙要	明董其昌纂	民民二十七年一月	十四冊	十二元
佳夢軒叢著　十一種	淸奕賡著	民國二十七年六月	十冊	十二元
章氏四當齋藏書目	顧廷龍編	民國二十七年六月	五冊	十元
保甓齋文錄	趙坦著	民國二十八年二月	一冊	二元
藝風堂詩存附碧香詞	繆荃孫著	民國二十八年十二月	一冊	三元四角
夢陔堂文集	黃承吉著	民國二十八年八月	四冊	六元
許鄭學廬存稿	王紹蘭著	民國二十九年二月	五冊	十元
翁文恭公軍機處日記	翁同龢著	民國二十九年二月	三冊	七元
燕京大學圖報	一至一百三十四期	民國二十年一月十五日至二十八年八月一日		
燕京大學圖書館使用法		民國二十四五年八九月		非賣品
竹汀經史子答問分類輯	王伊同編	民國二十七年十一月	一冊	四角
法國政府贈燕京大學書籍目錄		民國二十七年十一月	一冊	非賣品

以上共二十七種，其中有十種爲近三年所出版，其尙在印刷裝訂中者有藝風藏書再續記，愚菴小集，蓬廬文鈔三種，尙在編纂中者，館藏期刊目錄，館藏西文東洋學書籍目錄，日本著者姓名羅馬拼音目錄三種，惟圖報於二十八年八月出至一三四期因故暫停刊行。

（六）圖書出納及閱覽人數之統計

（1）中日文書籍借出館外者每日約二百册（每函作一册計算）（2）西文書籍借出館外者每日約六十册（3）指定參攷書每日參閱約一千一百餘册（4）雜誌借出館外者每日約七十册。

本館僅占學校之一部分，且隨學校之行政建設爲轉移，似無足特別稱述者，惟以圖書供全校師生之參攷，而有造於高深學術，其事業則轉重而且大，用特就本館今昔之概況，約略陳述以供留心本館者之鑒閱。

資助委員會概况

馬文緯

本委員會成立於一九二六年，其工作共分獎學金，借款，自助三部。被資助之人選，以刻苦勤學，家境困難，品行端正，志願于課餘工作者爲標準。茲將上述三部狀况，簡述如下：

（一）**獎學金**：此種獎學金，乃專指本會所發給者而言，其他各學系之獎學金，不包含在內。受獎學金之資格，原定在本大學本科肄業一年以上與成績逾績點五・八者爲合格。自一九三七年起，請求獎學金者增多，其績點乃按每班之成績平均計算，以故較前稍有出入。自一九三五年起，凡新生入學試驗，其成績較優美者，始給予新生獎學金。研究生專修生附習生，除自助工作外不能享受資助之利益。茲將本年度之獎學金名稱開列如下：（1）公費獎學金（2）免費獎學金（3）司徒雷登獎學金（4）覺頓獎學金（5）梁士詒獎學金（6）克恩慈獎學金（7）周貽春獎學金（8）陳樹藩獎學金（9）穆克勃獎學金（10）教會獎學金（11）農村獎學金。爲使明瞭本會十年來獎學金狀况起見，特製一表如下：

年份	人數	種類	數目	備註
1930—31	28	3	$ 2780.00	
1931—32	101	6	6363.00	增大學獎金
1932—33	48	8	4982.00	增覺頓取消大學獎金
1933—34	47	7	5240.00	
1934—35	50	10	5765.00	
1935—36	81	9	8800.00	增新生獎金
1936—37	92	7	10205.00	
1937—38	99	9	14188.00	增公費免費
1938—39	214	11	36450.00	
1939—40	274	11	40750.00	

（二）**借款**：計分二種·（1）長期借款：借款人必須有保証人，於畢業六個月後，按月劃其薪金十分之一歸還，年息八厘，于畢業離校後卽起息。自一九二八年起至一九三九年底止，借款者已達二百六十三人，共計借出國幣三萬三千一百九十一元。已陸續歸還者，計有一萬六千一百七十九元。（2）短期借款；此種借款以三個月爲限，借款數目不得超過二十元。該項短款共有四種：（a）司徒太夫人紀念短欵（b）白其德紀念短款（c）吳雷川短款（d）鮑愛德紀念短款（專爲女生）每年輪流借以上短款者，亦不下五六十人。

（三）**自助**：每年報名自助工作者，計有八十人左右，平均每人年得四十元左右。自一九三九年起，因事變後學生家境益感困難，除得獎金外，尙欲請求自助工作略獲報酬，以維生活。學校當局有鑒於斯，特組織學生自助工作設計委員會，綜理其事，代爲學生介紹工作，略得報酬。計本學年中請求自助者共有一百七十餘人，約需款八千元云。至自助工作種類天然產生于學校市內，如教國語，數學，英語，音樂，抄寫，打字，辦公室服務，圖書館服務，園藝，嚮導，記錄，個人書記，改卷，伴兒童遊戲，進城購物，翻譯等。報名工作者甚夥，而工作機會太少。本會僅有視力所能及，從事介紹而已。

况

卿

育

作各方面來講，都有很顯著的進
僅有一人，當時因爲經濟拮据，對
，記得在盔甲廠時對於運動設備十分
滿碎石的運動場，一個建在大路上的籃
無屛擋的網球場，這三個球場都在宿舍與
狹小，運動起來，很不方便，因此打球時常
出入時，也有被打的危險，當時常年經費祇有
分，對於必修體育事簡直未曾想及，那時主事者
學生出來運動，可是學生的態度多半懼怕鼻部受傷
祇有少數對體育有興趣的學生出來代表學校，但因缺
是與他隊比賽，雖有僥倖得勝，可是次數很少，當時情
難，仍舊希望將來燕京體育能得到充分的發展。

日的燕京體育，在日常學生生活中佔了很重要的地位，現在
運動項目繁多，能使每一個學生根據個人需要與願望去參加各種
運動，所有同學必須修滿三年體育方準畢業，此外對於校內各項運
動競賽，人人都有參加機會，至於校隊的組織和訓練都有專人負責
管理。現在的體育設備，計有現代化的男女體育館各一，網球場二
十，並有槳球，沙包球，槌球，棉花球，籃球，排球，手球，馬蹄，
射箭，高爾夫槌球，足球，棒球，四百米田徑，及冬季溜冰場等，學校
當局爲了促進體育的進展聘有多數的體育教員，並增加充足經費。

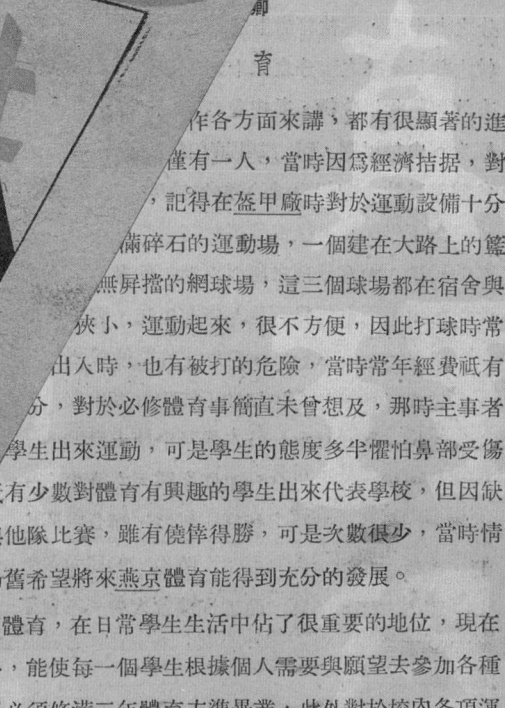

燕
1940

體育部概況

黃國安　盧惠卿

男生體育

燕京的體育歷史，由設備及工作各方面來講，都有很顯著的進步。創辦之初，負責男生體育者僅有一人，當時因爲經濟拮据，對於工作的進行，感覺十分困難，記得在盔甲廠時對於運動設備十分簡陋，祇有一個高低不平充滿碎石的運動場，一個建在大路上的籃球場，一對啞鈴，和三個無屏擋的網球場，這三個球場都在宿舍與辦公樓之間，地方十分狹小，運動起來，很不方便，因此打球時常將玻窗擊碎，卽學生出入時，也有被打的危險，當時常年經費祇有五百九十元八角九分，對於必修體育事簡直未曾想及，那時主事者雖然竭力想法使學生出來運動，可是學生的態度多半懼怕鼻部受傷而裹足不前，祇有少數對體育有興趣的學生出來代表學校，但因缺乏訓練，就是與他隊比賽，雖有僥倖得勝，可是次數很少，當時情形如此困難，仍舊希望將來燕京體育能得到充分的發展。

今日的燕京體育，在日常學生生活中佔了很重要的地位，現在的運動項目繁多，能使每一個學生根據個人需要與願望去參加各種運動，所有同學必須修滿三年體育方準畢業，此外對於校內各項運動競賽，人人都有參加機會，至於校隊的組織和訓練都有專人負責管理。現在的體育設備，計有現代化的男女體育館各一，網球場二十，並有槳球，沙包球，槌球，棉花球，籃球，排球，手球，馬蹄，射箭，高爾夫槌球，足球，棒球，四百米田徑，及冬季溜冰場等，學校當局爲了促進體育的進展聘有多數的體育教員，並增加充足經費。

由現在的體育發展中，我們所得到最滿意的結果，就是本校同學對於所提倡之運動，日益重視，近年來參與各種運動的學生爲數甚巨，根據去年體育部的調查，必修課與自動參加運動的人數爲百分之九十六，客秋自動參加各種競賽的男生爲百分之六十三點五，較之前年秋季之百分之三十九點五增加頗巨。再就參加各種競賽所有的學生加以分析，其中包括校內各種活動的領袖，和成績優秀的學生。由是以觀，體育課程的確有教育意義，且能供給學生去發展各個人及社會理想生活的機會。

由下年開始，體育學系卽行添設主修課程，此後希望另有一種新的發展。體育學系之所以要進行此種新工作的動機，是因爲我們深信能由奮鬥中爲我國造就最需要之體育人才。

女 生 體 育

我校洞鑒體育之重要，故於設備上極端注意。自一九二九年女部體育館落成後，戶外之網球，壘球，排球，足球，槳球，及田徑等場均先後妥爲設置，經營至今成績頗有可觀，各生對於體育已由認識而發生興趣矣。

本系工作可分爲二大部：(一)必修課目：一二三年級學生每年須各修二學分。(二)課外運動：其中包括各種比賽及其他各項之自由運動。

甲・必修課目：本部爲使每學員對於各種運動之認識及各種基本技能之平均發展起見，規定下列必修四種項目：(一)基本音律(如土風舞，蹺蹺舞，時代舞)。(二)器械操。(三)個人運動(如網球，毛球，槳球，及沙包球等)。(四)團體運動(如排球，籃球，壘球等)。此外又設有時代舞，國術，箭術，及各個人運動與團體運動等，以補前者之不足。

乙·課外運動：學生有各種體育組織，每種組織設組長一人主理其事。其活動對內則有學院，宿舍，公開，及混合各種比賽；對外則有各種校際友誼賽。自去年秋季至今春已舉行之比賽凡十四次，女生參加人數達全體三分之二以上。

本部盡力提倡一切男女混合活動，除已成立之混合土風舞會及已舉行之混合排球，壘球賽外，更有混合射箭等之舉行。此種混合組織，除由運動組長與本部聯合主理者外，更有學生組織之團契，半年以來頗爲活動。於此可見本校體育已趨於普遍化矣。

校醫處概況

李天爵

本校之設校醫處，其目的有二：一爲注重一般的公共衛生，一爲療治疾病；但前者較後者尤爲重要，蓋防患於未然，事半而功倍也。本校學生，於每年入學之前，均須經縝密之體格檢查，故關於各生之健康情形，校醫處均有詳細紀錄，何人宜休養，何人宜減輕課業，何人缺少運動，何人工作過分，何人需要滋補品（如魚肝油）等等，均經分別指示，在最近三年來，因病輟學者，每年不過二三人，較諸已往，減少百分之五十强。不特學生如此，凡本校教職員，暨其眷屬，及全校工友，每年亦均有一次之體格檢驗，故本校校區人士，除突如其來之流行病外，對於疾病，在可能範圍之內，必先有所防範。

但流行病亦未始不可預防，如白喉，如虎列拉，如天花等等，校醫處每年均及早施行注射，近數年來，本校對於一切飲食方面之衛生，特別注意，如水，牛奶，食堂之飯食，合作社所出售之冷食，均不時檢驗，而學生對於衛生常識亦多知留意，故往昔學生時代所最可怕之腸熱症，或腥紅熱症，似已絕跡。去年夏秋之間，校園內瘧疾猖獗，男生患者，有五十八人之多，而女生無一人患斯疾者，殊令人難解，本校除已於今春在校湖內蓄養魚類，除盡力消滅爲瘧疾作媒介之蚊蟲外，對於男女學生之生活習慣，亦正加以研究。

關於設備方面，去年冬季，本校療養院已裝置透視鏡一具，對於檢驗體格方面，便利實多，現時男生行人工氣胸者八人，女生只一人。

總之，燕京校園，清靜整潔，關於衛生之設備，自應力求其日臻完善。希望於時局平靖之日，本校再能得到X光機器一座，並能在校園附近覓得相當地點，設立一近代化肺癆病療養院，以應社區之需要。甚願燕京校友及在校同學，急起贊助，使此理想，早日實現，蒙其福者，豈僅燕園一隅哉！

近三年來的課外活動

田　興　智

三年以前我們曾用過一點工夫寫了一本小册子「燕京生活」。（是民國廿六年六月出版的，列爲本大學叢刊之一。）凡關本校學生的活動，無不包羅並列，詳細記述。如今又復重寫此題，儘管有新鮮材料可用，然內容不能不略加範圍，今次祇及學生校內生活，至於在校外被强徒打刼，大吃虧苦，或與無賴爭吵，被人掌頰而歸等事，都不在本文描寫之內。這是不得不事先聲明的。

近二三年來的學生團體生活，較以往確有一點顯著的不同。自從學生會不再繼續存在之後，同學們失掉了活動的中心，因之也很不容易看到學生團體整個意志的表現。但是青年的活力，和這裏多年的風氣，都不容許他們閒散着無所事事，於是小團體組織遂有駸駸日上之勢，今年註册的小組織將近六十，分析起來，仍以學會和校友會佔多數，但其他如國劇，新劇，英文劇，音樂，文藝，哲學，科學等等社團或討論會，依舊在這塊園地上蔓生滋長着，非常熱鬧，青年人的興致永遠是火熾的。

校內各種刊物在這二三年來也不多見，由前學生會出版委員會刊印的週刊，半月刊，月刊，及季刊等等，自是皮之不存，毛將焉附。可說年刊是碩果僅存的學生刊物了。另一種刊物「燕京新聞」是新聞學系的練習報紙，每星期出刊一次，別系學生，也可投稿。其中材料多屬報道性質，校中的及校外校友的新聞，都登載在那裏，分中英文兩部分。又有副刊，或屬文藝，或談社會問題。因紙價近日飛騰，副刊最近也取消了。至於「史學年報」，「文學年報」，「社會學報」，「教育學報」，「營養學試驗室報告」…………都是在學術界占有地位的刊物。

師生大會過去是每週舉行一次，由師生合組的師生大會委員會負責籌備。現在因鑒於向校外請人演講的不易，也改爲每月舉行一次了，這種集會可說是目前燕大全體師生唯一的見面機會，眞是少而爲貴，現在到會的人反倒較過去爲踴躍。在過去二三年中的大會，司徒校長講過幾次話，他是向以追求眞理，酷愛自由，熱心服務爲人生至高之使命。自然他的每次講話，很有吸引滿座的魔力。此外陸志韋前校長講過「燕大教育的性質」，張東蓀教授講過「合作的道德」，胡經甫院長講過「生物學與吾人日常生活之關係」，及高厚德教授講過「燕大校園史」，以上各位的講話，有言及校政的，則如家長之話家常，無話不說。有言關學術的，則本其畢生所學，諄諄誘導。有言出鼓勵的，則無不情詞懇摯，動人心弦。而學生方面也參加過幾次很有意義的活動，第一次是辯論會，辯論的題目是「大學考試制度應當廢除」，參加的男女學生共六人，正反各三人，都是由學生生活輔導委員會選聘的。第二次是「國會式辯論會」，辯論的題目是「大學應當縮短年限」，由全體女同學舉辦的，參加的也都是女同學，並請政治學系張錫彤先生指導，一切悉仿英國國會的儀式。第三次卽最近舉行的院際英語演說比賽，全校男女同學，均有參加的權利，各院先舉行預賽，選出正式代表二人，參加决賽。以上三次的學生活動，在大會中皆呈現着空前熱烈的情況，足徵此項課外活動，深能引起學生的普遍濃厚興趣，而且這種訓練，對於學生是有實益的，不僅僅是練習講講話，並且訓練他們運用思考。

燕大的校舍樓房，依舊堂皇華麗如昔，但過去所謂浮華奢侈的公子小姐們，都已不再是現在的燕大學生了。「樸實無華」是近三年來的燕大新校風，在師生大會中，坐着一排一排的穿着藍布大褂的學生，令人內心又是感觸，又是欣慰，是誰有這樣大的偉力，能創造出這樣的新風氣？

在這時代下還出生了一件產物，就是勞力服役的自助工作。在去多有十幾位男女同學都拿着鐮刀剪鏟，拔樹的拔樹，割草的割草，三三五五點綴在校園的草地上，很勤苦而有興致的工作着。在男女各食堂有學生侍役，忙着檢查衞生，端送饅首，稱量煤菜，淸理帳目等等事項。女生各院接電話的，自去年下年起，就不僅是學校僱用的聽差了，還有我們的女生。今春以來，因感於勞力工作一項，對於學生心身，兩有裨益，乃擴大範圍，不但鋤草拔樹，並且担土抬石，參加這項工作的，計有十餘人，都按着一定時間到達工作地點，由體育學系派人指導，按照一定計劃，做着有系統的工作。本來目下作自助工作的學生，不下百餘人，都分散在各學系，各辦公室，圖書館等處。因爲性質比較通常，故未一一特別提出。學校爲舉辦此項工作，年費幾近萬元，目的爲期學生明瞭以自力獲得代價，是何等光榮。養成吃苦耐勞的習慣，是何等重要。但是使他們從工作中得到快樂，並領會到甚麼是新中國教育的眞諦，是尤爲緊要。

說到燕大的學生宗教生活，近年來有一種新進步。就是小團契的組織非常發達，每團不過由十幾位同學所組成，由其中一人爲領袖，並聘請教職員一人爲顧問，因爲團體較小，彼此接觸和認識的機會就多了，從這種結合中，互相坦白無私的交換人生的信仰與經驗，當然容易得到眞正的友誼和了解，這樣得到的朋友，是永遠不會丟失的。

本校體育方面，仍踏襲着旣往方針，努力邁進，學術兩科兼籌並顧。目的在發展個人健康，促進社會合作，培植競爭道德。近年因環境關係，學生不易時常跳出校園以外，於是校內的運動空氣，較以前尤爲普及。體育學系爲適應此種需要，想出了許多新花樣，甚麼槳球，雞毛球之類，皆應運而生，總之，要巧，要好，還要便宜，才能合乎學生的心理與要求。學生自動組織的體育團體也很多，但規模最大的要算自行車會，雖不若往日可以長途遠征，而於週末之暇，成群結隊，在近郊兜兜大圈子，也很有益。

音樂的空氣，在燕大依舊異常濃厚，每年將近聖誕節時在校園及城中各演唱彌賽亞大曲一次，在校內演奏，因司空「聽」慣，反不爲奇，而在城內演奏，罔不載譽而歸的。鎮魂曲在燕大的初次演唱，是前年的事，去年校友節時也曾重演一次，其詞調極其沈著莊嚴，今年又在演習創造大曲了，不久就要演唱，在華北可說也是初次的嘗試。近來學生所愛好的樂曲，多趨向於興奮激昂或莊嚴肅穆的情調，過去歡樂輕鬆一類的調子，很不易聽得到的。音樂象徵着時代，的確不錯。

K.Y.
團體

研究院

景學會

國文學會

外國文學會

歷史學會

哲學會

心理學會

教育學會

新聞學會

音樂學會

化學會

生物學會

物理學會

數學學會

家政學會

政治學會

經濟學會

社會學會

醫護預學會

工預學會

鳴謝

本刊承蒙

怡怡堂　　捐助二百元正

袁義同先生　　捐助二十元正

袁稼禎女士　　紀念捐款　一百元正

謹此鳴謝

蒙

燕京劇團
燕大國劇社

為本刊籌款公演特此敬謝

蒙

燕京劇團
燕大國劇社

爲本刊籌欵公演特此敬謝

K.Y.
生 活

THE CAMPUS  WE ARE LIVING IN !

THERE IS NO PLACE LIKE
"YENCHING"!

我們的司徒先生
公餘騎策
燕京繫於此老
喜歡吃中國菜
坐如鐘
亞洲事

高厚德博士在華服務四十年紀念
吳雷川先生七旬榮慶
年高德厚!!!
福如東海
加松之茂
晚節彌貞的吳老先生!!!
三多九如
壽比南山
吳先生比崔先生還有精神!
老當益壯
是論網球規則嗎?
好學不倦

燕園中四個活潑的小天使！
兩人玩，兩人看。
牛津風味
莊嚴!!!
穆肅!!!
"雖然趕不上加拿大那五個孿生女孩，可是也有他2/5了"
道先生得意的說。
留神!!!別掉下山去！
THE FAMILY OF Dr. Wee.
這是幹嗎
打的不好
沒關係

一日生活
準是趕論文
燈未亮便洗臉
不可一日無報
男生屋子
也這樣整齊?!
老孫預備破八碗
上課
傷別離
不害羞打"Honey-Moon bridge"
閒談
睡覺
"路遠"登的不會假

繡閣
香閨
女生體育表演的組字操
小姐親自下廚房
這不是比在"教室"更舒嗎?
這是種花?還是偷瓜?
樸質、整潔、
站崗?
嘿!搖了鈴!還不快走!

衣食住行
EXCLUDE THE BRITISH
排英
西直門
沿途流覽風景
我們的驢！
病驢
趙記洗衣
物價高漲
買燒餅
也要
躊躇?!!
有食料
方
有力量
工友頭兒
皮鞋提緊擦!!!
一個臭皮匠!!

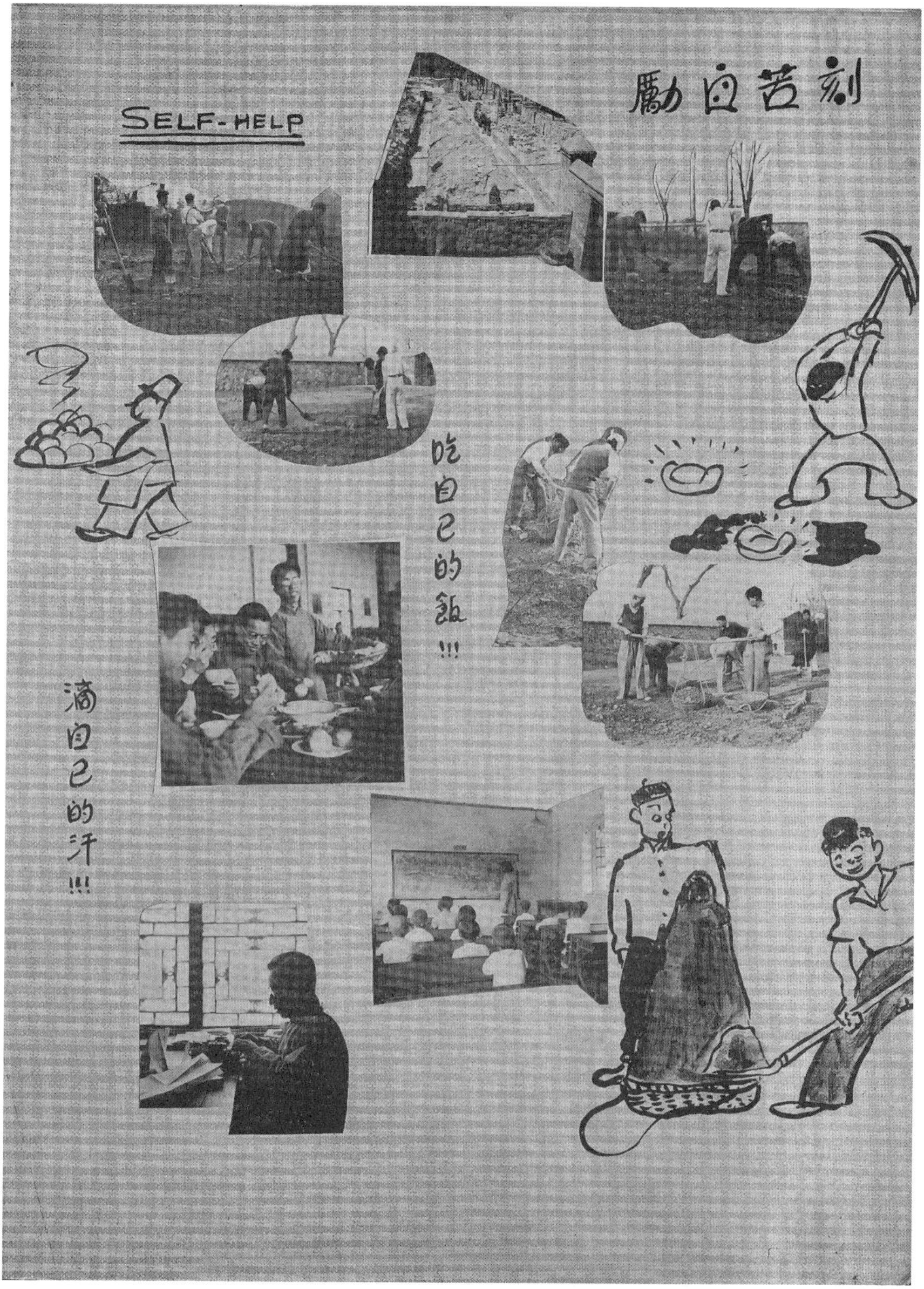
SELF-HELP
刻苦自勵
吃自己的飯!!!
滴自己的汗!!!

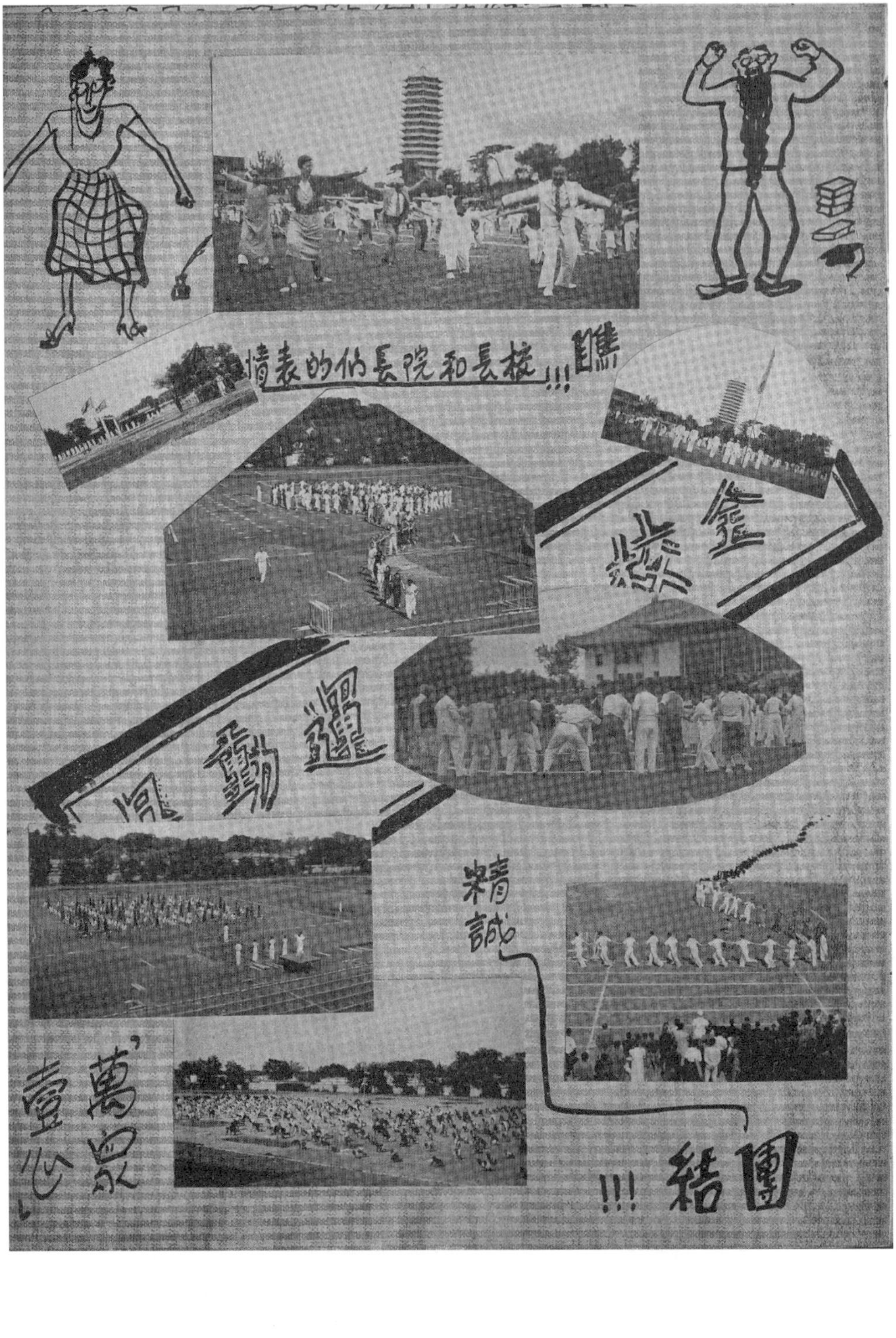

校長和院長們的表情!!!
精誠
團結!!!
萬衆壹心

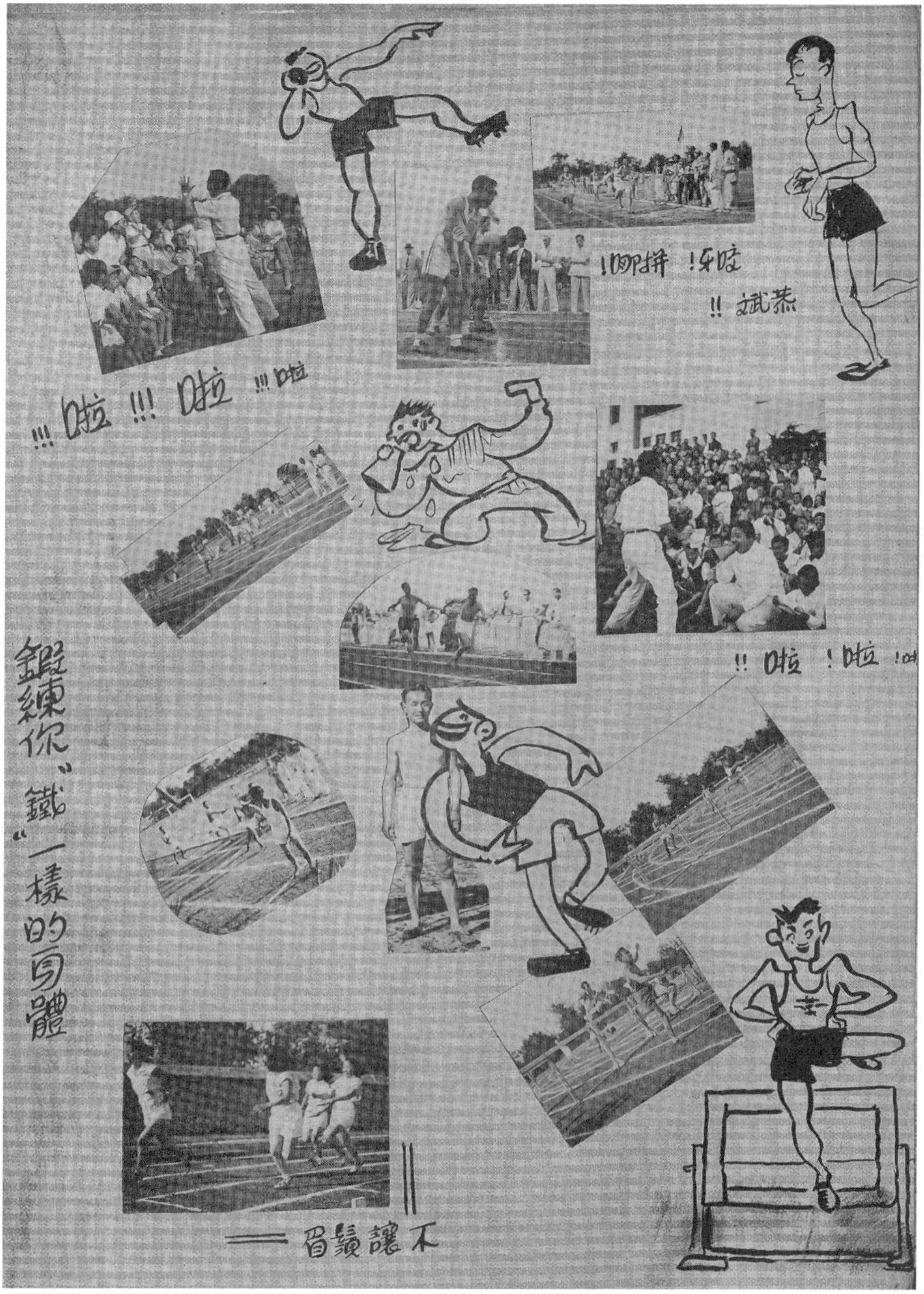
啦!!!啦!!!啦!!!
咬牙!拼啊!
燕斌!!
啦!啦!!
鍛練你"鐵"一樣的身體
不讓鬚眉——

"FIGHT TO THE BITTER END" Said Dr. Stuart.
箭無虛發
攻無不克
燕輔美式足球賽
4:0

燕大精神
人上人
你們看見過這樣的羅漢嗎？
10,000 LBS.
新人造火車!!
愛玩這個
她們不願意"疊羅漢"

游泳
不知鹿死誰手
加油!! 加油!!
別笑!! 誰才學不是這樣!
WATERMEN
大隊人馬在頤和園
自動下湖

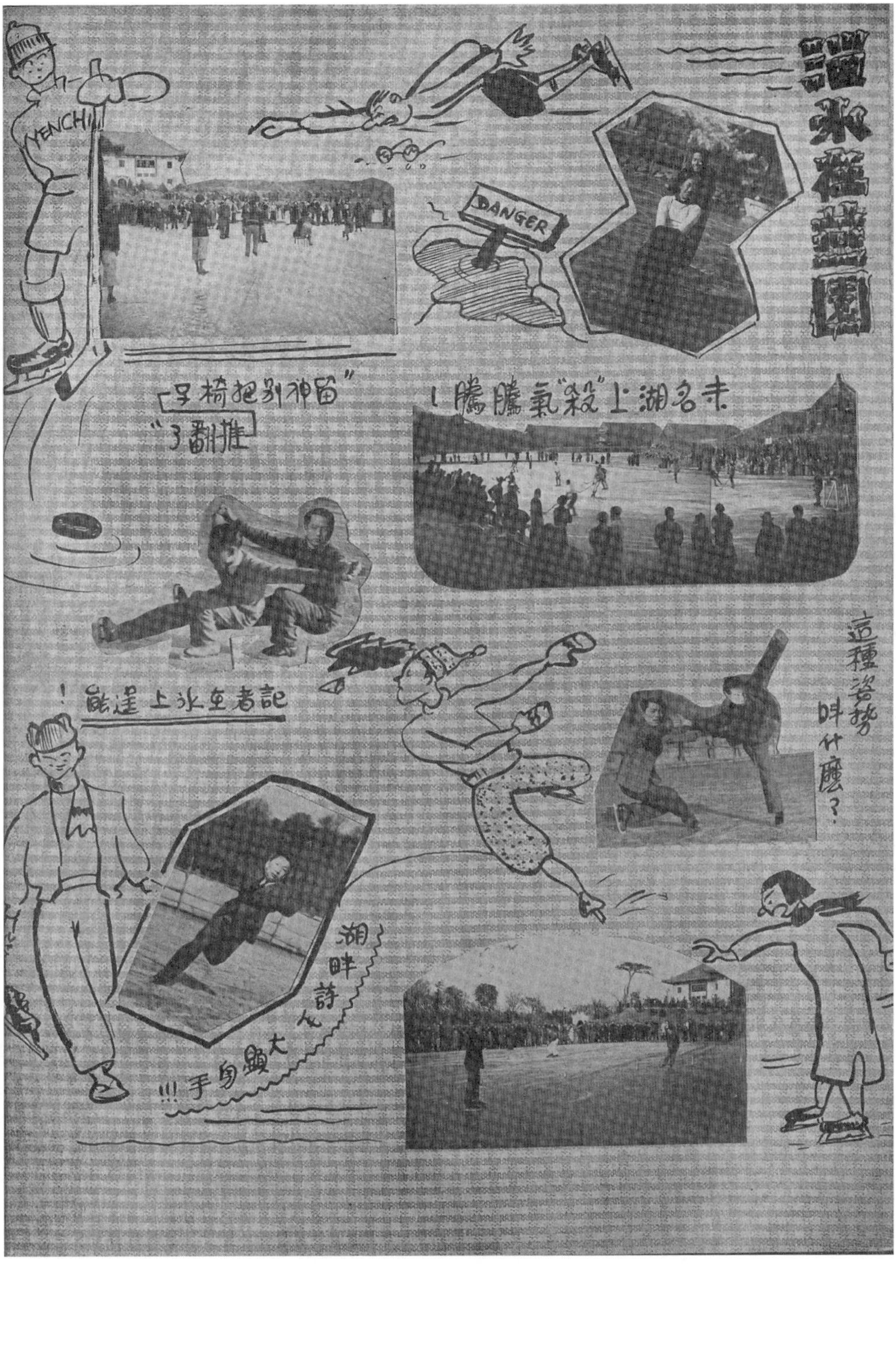
溜冰樂園
YENCHING
DANGER
留神別把椅子推翻了
未名湖上"殺"氣騰騰!
記者在冰上逢熊!
這種姿勢叫什麼?
湖畔詩人大顯身手!!!

復活節在燕園
論道
小堂表演
耶蘇說「虛心者有福」
「該撒之錢應歸該撒……」
"天國近矣"
"For Now is Christ risen from the DEATH."

新舊言歡
燕大一家
"不遠千里而來"
"有行囊嗎 放在這兒丟不了!
"入伍兵報到"
舊生"兔"之雄姿

"小心鼻子破"
"先遊行,後入湖"
湖水共面孔一色!!!
魚蛙与新生齊飛!!!

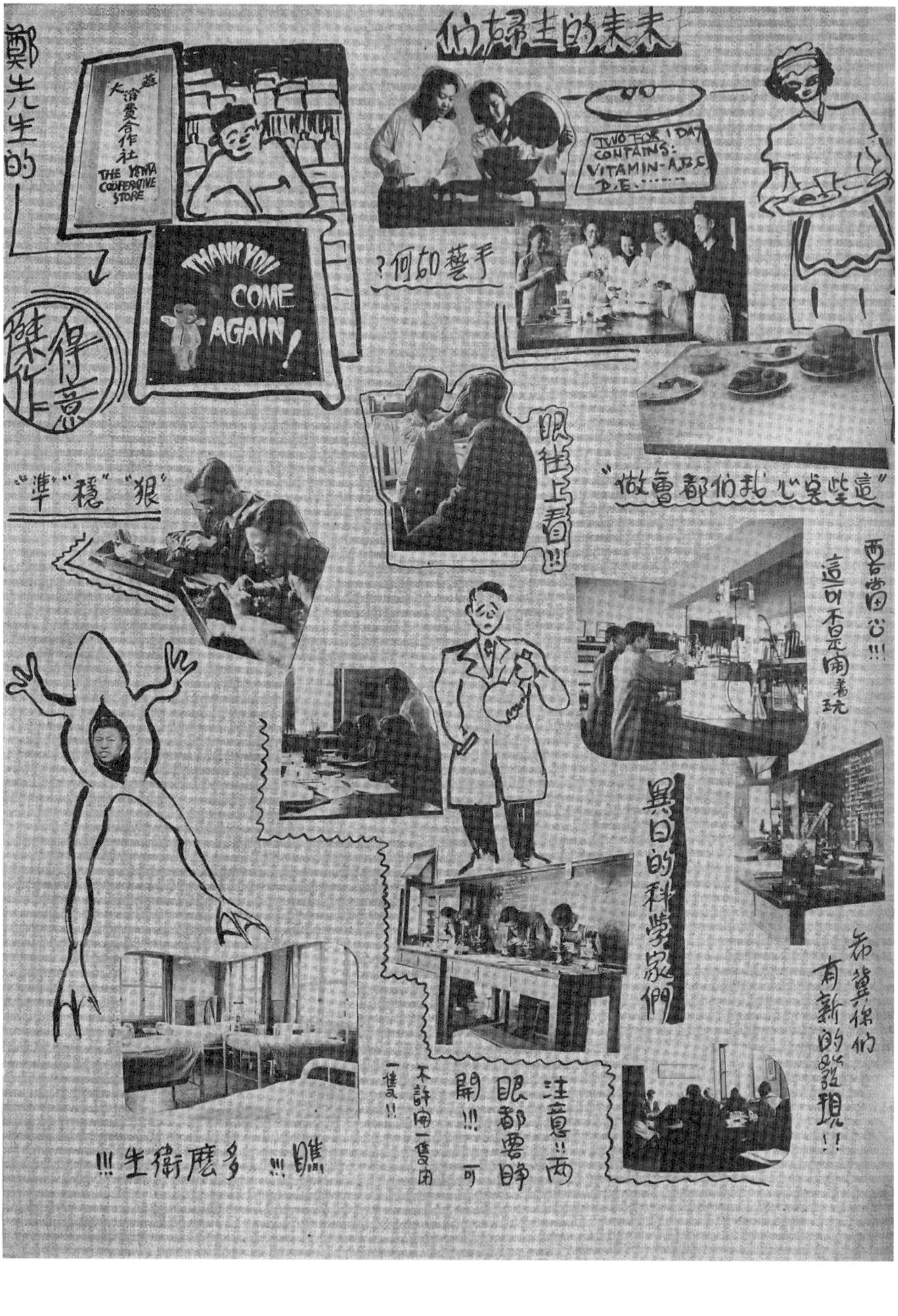
鄭先生的得意傑作
燕大消費合作社
THE YENTA COOPERATIVE STORE
THANK YOU COME AGAIN!
未來的主婦們
TWO FOR 1 DAY
CONTAINS:
VITAMIN-A,B,C,
D,E.......
手藝如何?
眼往上看!!
這些點心她們都會做
"準""穩""狠"
要當心!!!
這可不是鬧著玩
異日的科學家們
希望你們有新的發現!!
注意!!兩眼都要睜開!!!可不許用一隻閉一隻!!
瞧!!! 多麼衛生!!!

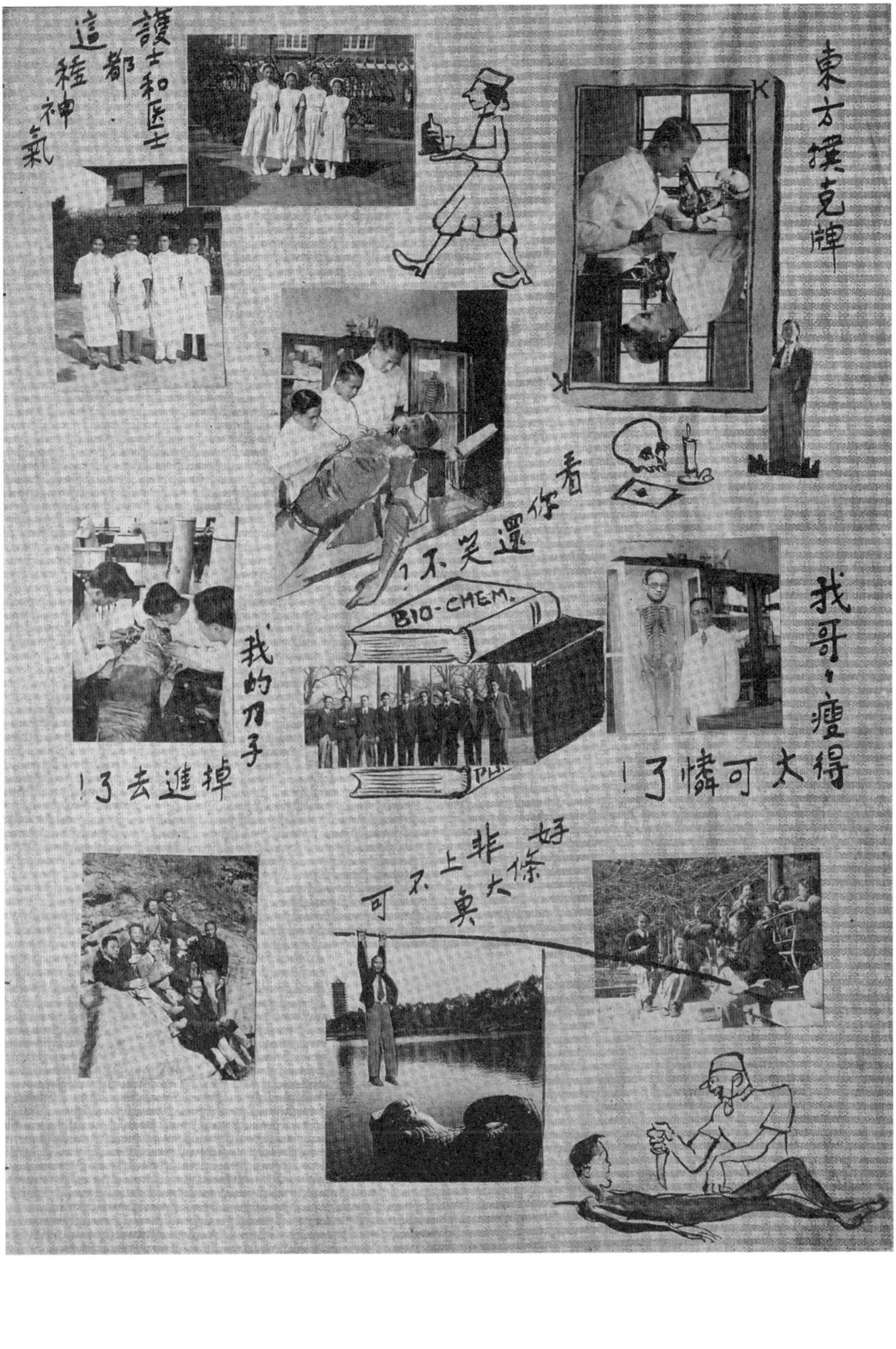
護士和醫士都這種神氣
東方撲克牌
看你還笑不？
BIO-CHEM.
我的刀子掉進去了！
我哥哥瘦得太可憐了！
好條大魚非上不可

雕欄玉砌應猶在
伏白象
跨駝
TO THE WALL
我們是在長城邊的人
一九四〇年一人遊大同
他也許去CIRCUS混過
老李要使壞！
跳房子!!

大夫護士長征團
"爭先復爭先
爭上山之巔"
清華园?
踏上征途!
踏破賀蘭山闕
不怕別人饞嗎?

MUSIC LIFE in YENCHING
EVERY WEDNESDAY NIGHT
"VERY GOOD INDEED!"
CHOPIN
MOZART
BACH
DEBUSSY
MESSIAH and THE WIANTS
BLOW- BLOW- BLOW-

現代化的傀儡戲
"雷雨"之後
"日出"了
募捐
賑災
慈善

籃球隊雄姿
老牌燕人
穿棉鞋，打網球
「誰見過？
不是檸檬水!!
乃是香片茶!!!
何事動干戈？
SWIMMING X

勤樸的
老大姐們
ABC
這群是詩人
泰戈爾的崇拜者
最新式的"古典舞"
這群假冒為善的花和尚!

一九〇四
教職員

一九一一
教職員

一九二八
教職員

一九一○燕大（前協和）全體運動員

民國元年之本校學生（通州協和）

本校第一居畢業生

校友返校節

報到

簽名

合影

聚餐

各地校友

上海

昆明

美國

燕园生活補遺
複雜的一頓早餐
在圖書館
Deans Conference

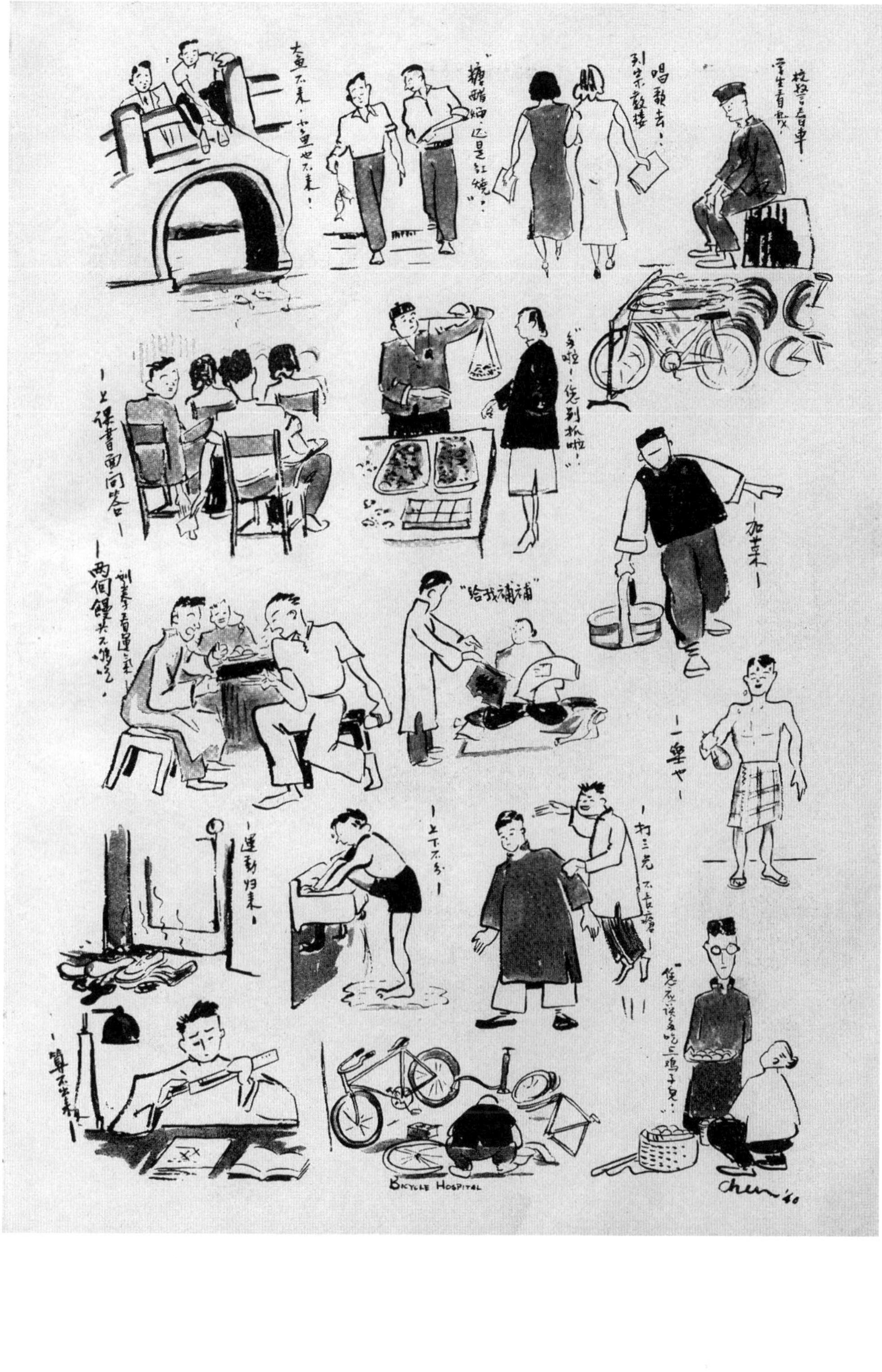
大鱼不来，小鱼也不来！
唱歌去，到宗教楼
—上课书面问答—
"给我补补"
加菜—
—运动归来—
BICYCLE HOSPITAL
Chen '40

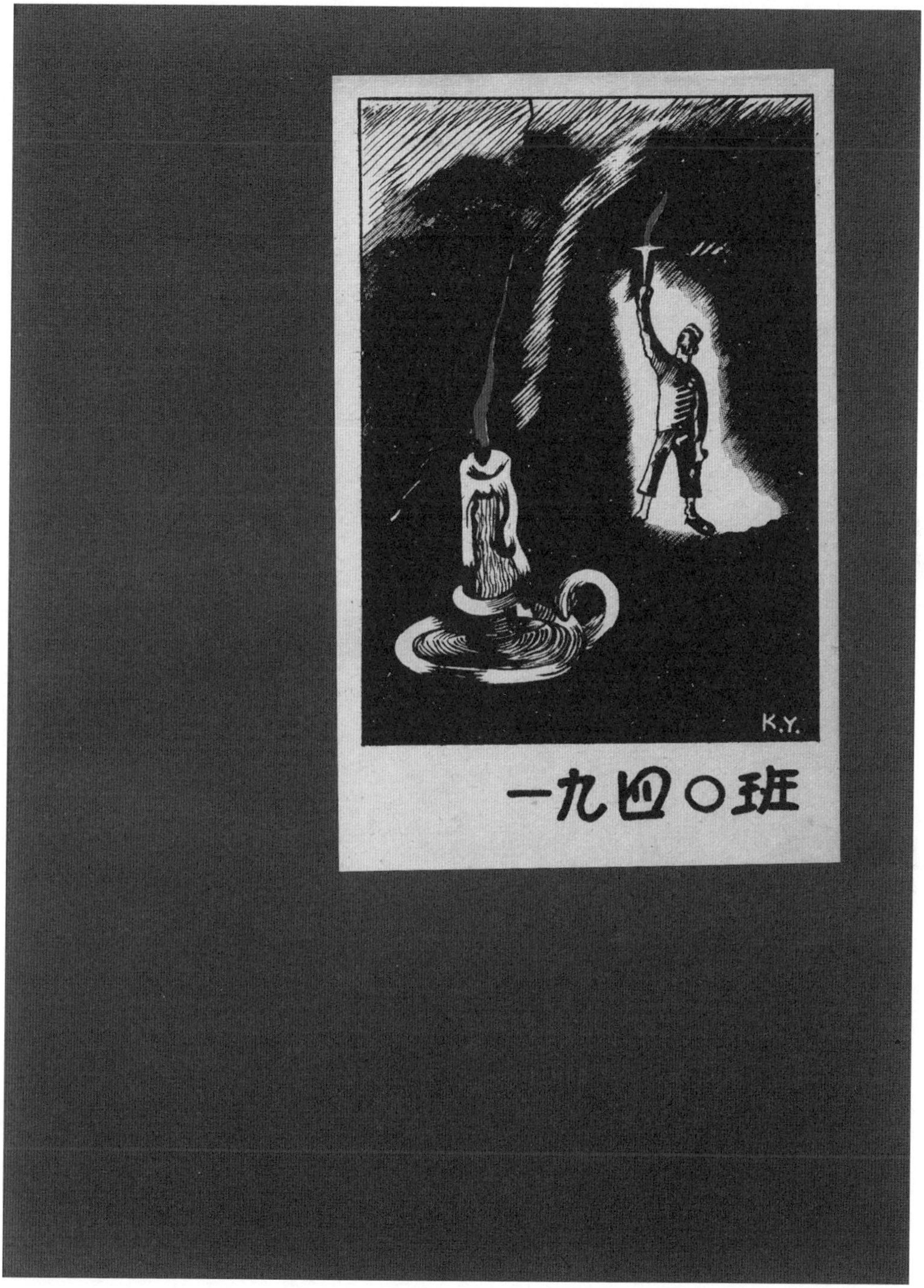
K.Y.
一九四〇班

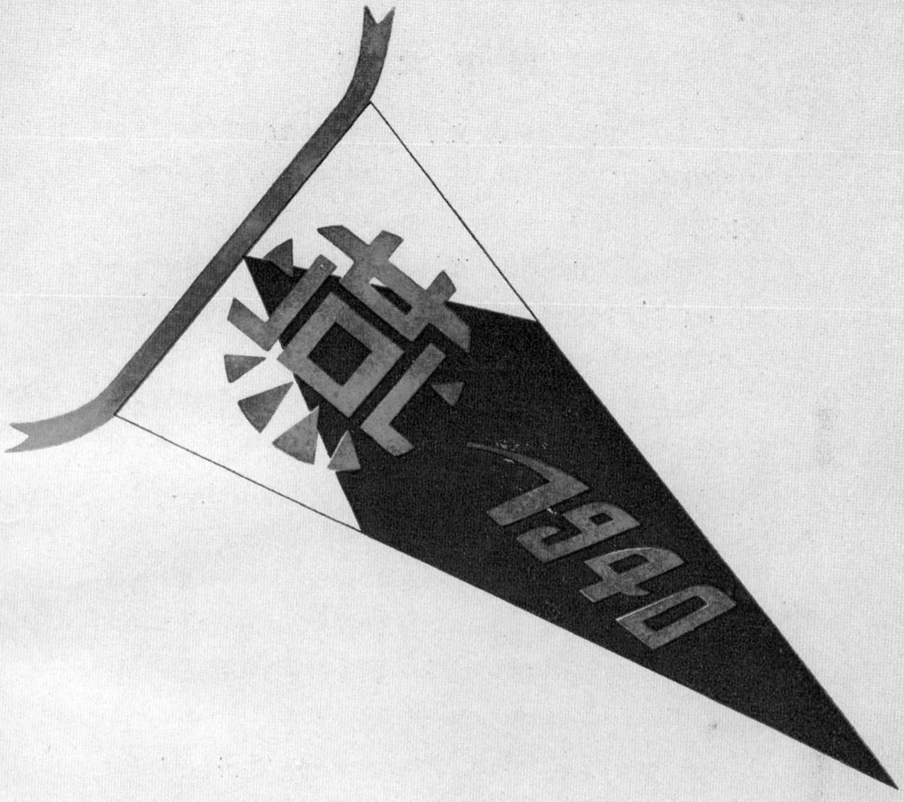

班旗

關於本班

「一九三六」曾是多麼駭人聽聞的一年啊！預言家看它是：「山雨欲來風滿樓」一般的前奏曲 。說不定絃歌未了 ，便會風雲變色呢！「三六班」就降生在這緊張，動蕩，不平凡的年代。

我們踏進這自由的田園，第一映入眼簾的是：「歡迎燕園生力軍」，「新同學帶來新希望」的標語。對這新環境，滿懷著興奮，歡躍，驚奇的熱烈希望，追求我們的新理想。

燕園雖然不熟習，各各面孔也生疏，可是我們並不因此而怠惰。班會很快的在九月十一日，便正式成立了。這一群陌生人不久就變成了老朋友。為了聯絡我們的友情，表現我們的新精神，一九四〇班刊便出現在這學術味的田野裏。

慢慢的我們領會到這新環境的偉大，堅潔的銀壁，血樣紅的柱子，青雲直上的華表，自由蕩漾的湖光，濃綠，柳浪，在在都給我們以有力的刺激。在燕園生活史上，這是我們最光彩最快樂的一個階段。我們得到新的意識，活生生的力量。

「秋季見！」這是大考完後，在校友橋握別時的贈語。不想這贈語成了歷史上的聲音。不久便蘆溝變起，鋒火連綿了。我們只有在回憶裏，發掘過去的生活。這磨滅不了的印象，維繫著異域而相同的心。我們倒不是留連，是忘不了！

秋季開學後便是二年級了。我們同秋野的枝頭一樣可憐。禿禿的樹梢，掛著疏疏的幾片黃葉，搖搖欲墜的姿態，使人心裏湧起一個漩渦。一百八十幾位的老班友，現在只有六十四位了。這群熟識的朋友，見面後握握手，臉孔上泛起不自然的笑顏。那歡騰活躍，都要化成蒸汽的心，現在都要結冰了呢！隨後便含了沉重與辛酸，跑到圖書館，實驗室，去同書本儀器拚命。

三年級的生活，也還沒有改變，只是課外活動，有了起色。下面是司徒校長與陸院長的演講辭。可以說明這二年燕京的特殊精神：

燕京不僅是一個大學。蓋廣義之大學教育，乃在實驗室，圖書館以外之共同生活。於不知不覺中彼此互相感化，以造成燕京特有之精神。吾人能完成此種民主集團之精神，始克有爲中國公民之資格。

希望大家預備爲將來中國散有用的人。換句話說就是：不把這求學的機會，空空放過去。我們不但不應當悲觀，更應當努力奮鬥。假使更黑暗，便要更努力。

一九四〇是我們最後的一年。一九四〇雖然與一九三六有顯然的不同。但是擺在眼前的，又是一個新環境，這一點是相同的。我們要有初來時同樣熱烈，興奮，歡躍，驚奇的希望。沉著樂觀的跳進這新環境。用我們的精力，澆灌我們理想的花，結成現實的果！

一九四〇年五月九日　青申

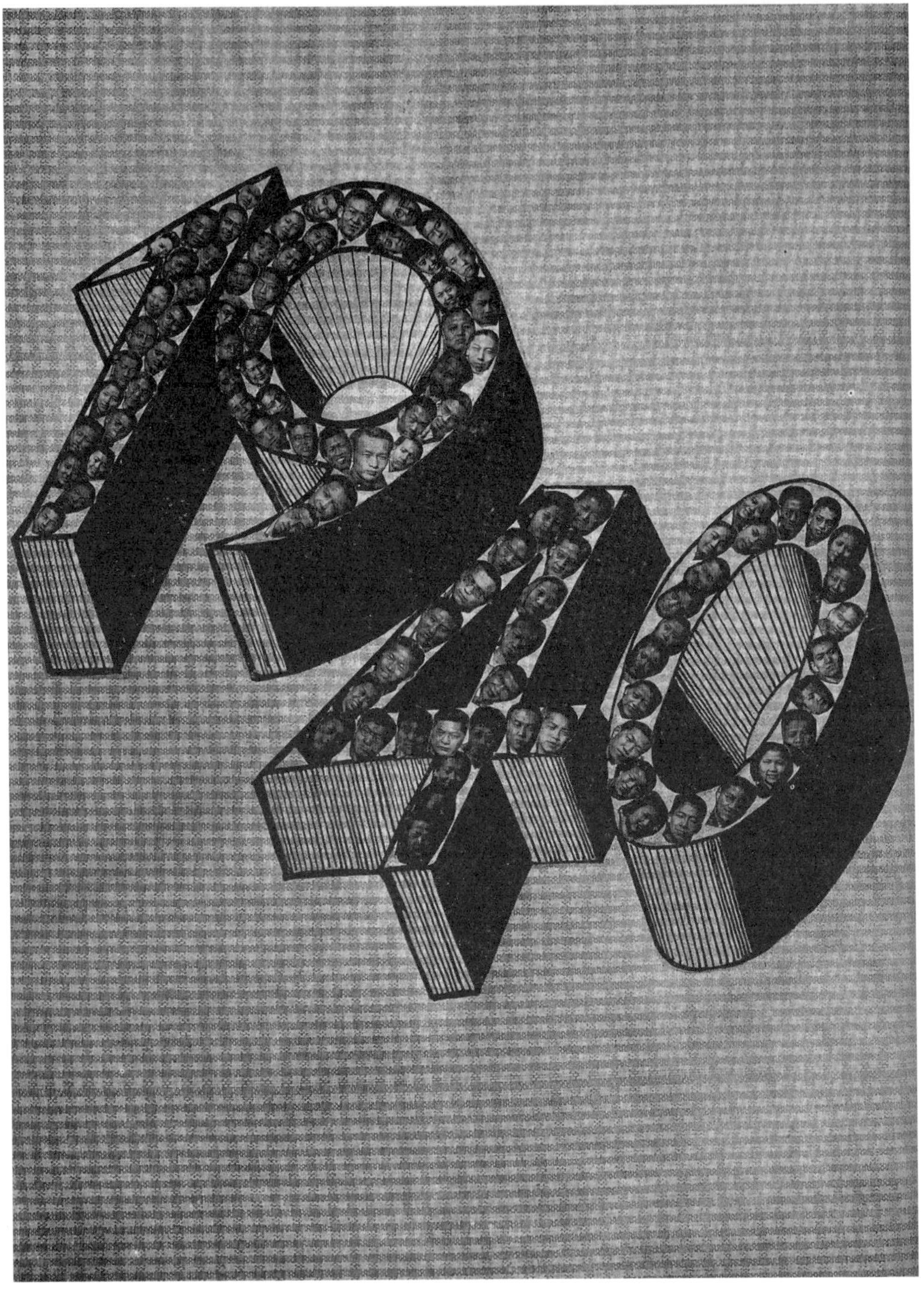

一九四〇班全體

文學院

理學院

法學院

醫學院（協和）

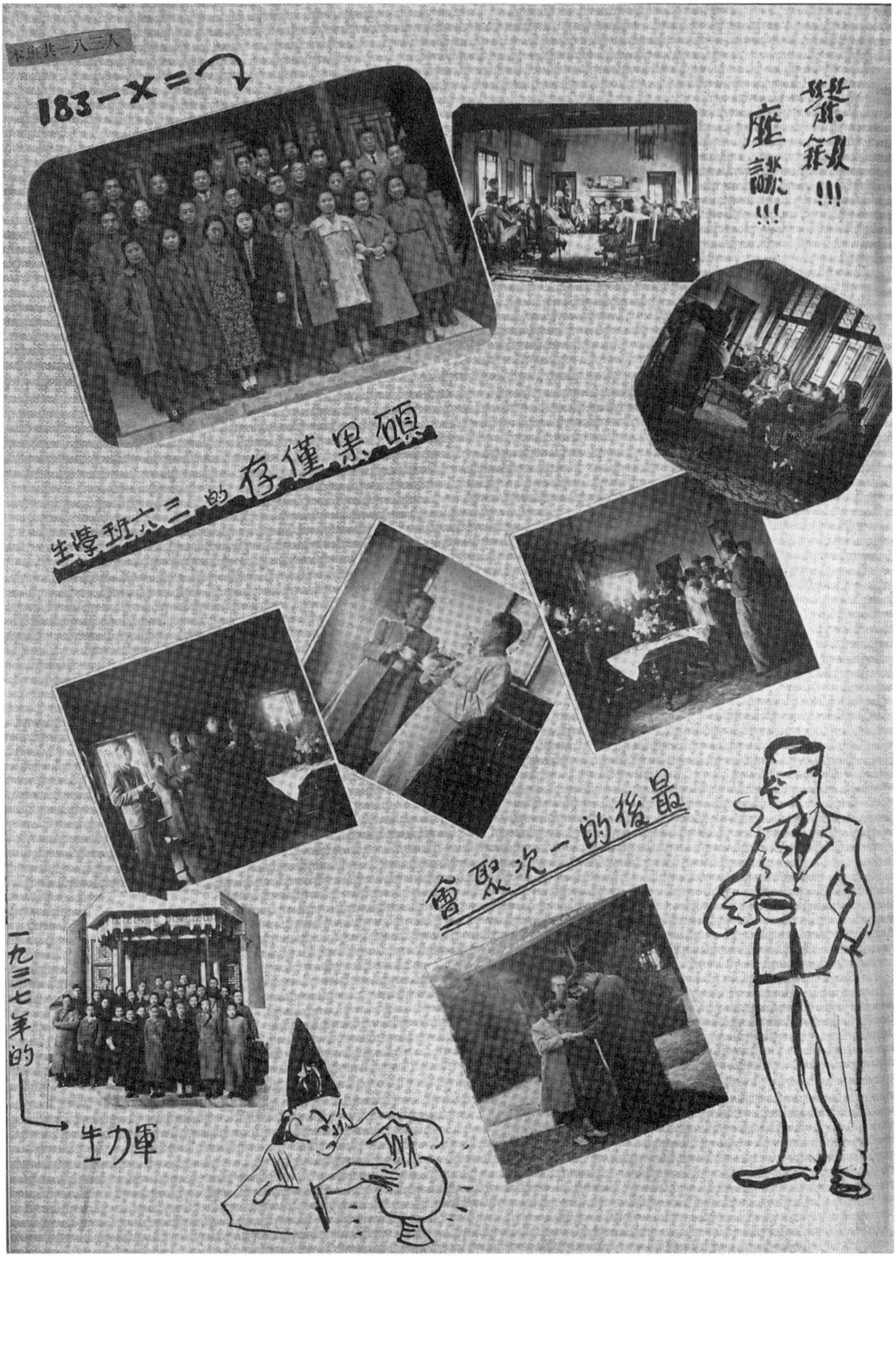
本班共一八三人
183－X＝
碩果僅存的三六班學生
最後的一次聚會
一九三七年的
生力軍

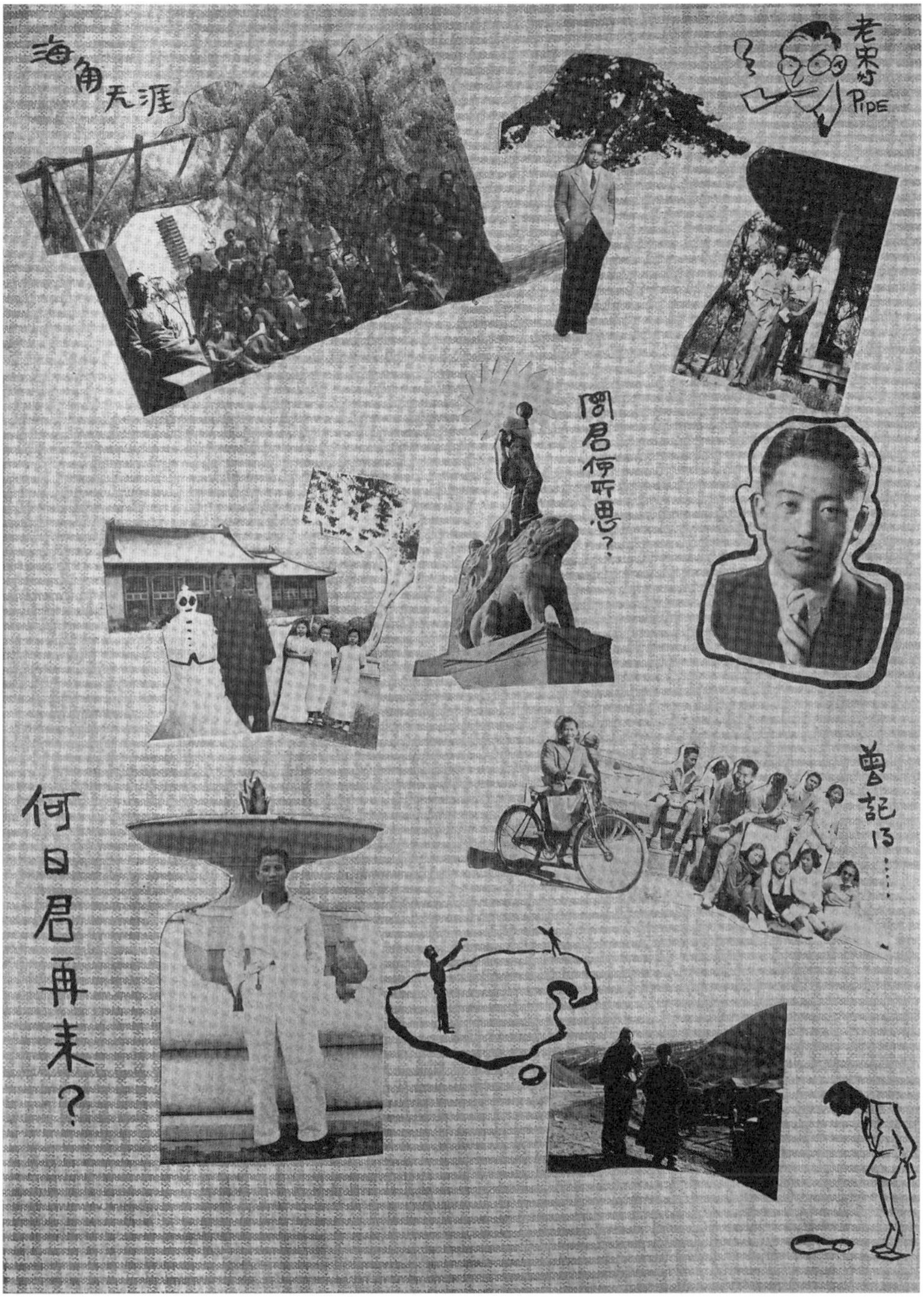
海角天涯
老宋的
PIPE
問君何所思？
曾記否……
何日君再来？

四年回憶錄
一九三六秋——一九三八春
YENCHING
JULY 7, 1937

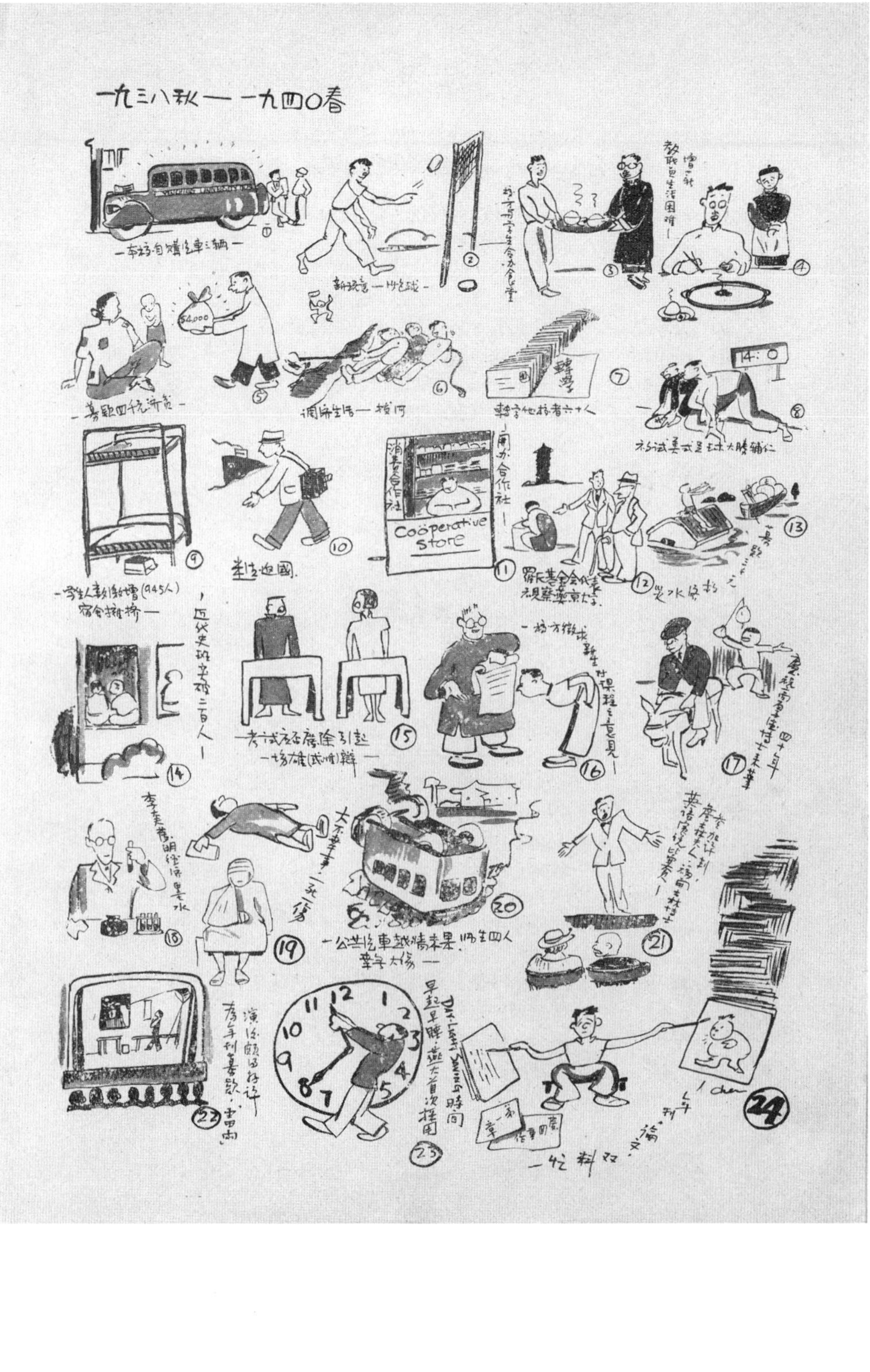
一九三八秋——一九四〇春
$4000
14:0
Cooperative Store
DAY-LIGHT SAVING

1. 我們覺得 Freshman 時候的燕京與現在有什麼不同嗎？

張蓀芬	四年前燕京是活的，我常說他像春天裏初化凍的湖水，給風吹得起着微波，看上去那麼舒服說不出的痛快，現在這水上也許是大風後，或是那裏流來一曲髒水，總讓人心中起一種不快之感。
周恩慈	燕京仍舊，但學生風味大有進步。
周良彥	「眞理」與「自由」都變味了。
周同軾	在 Freshman 時我覺得 Seniors 全是比我們不知大多少歲的人物，現在我成爲 Seniors 而覺得 Freshman 全是小孩子。
陳京生	從前活潑點，現在沉悶點。
陳封雄	從前在食堂吃飯吃得飽。
陳鳳臯	好像近來考入本校的同學比從前棒了些，並且非常K書。
鄭家駒	穿大褂的同學更多。
馮傳宜	現在很少聽見學生演講。
星兆鏗	人全換啦！
高紀常	前時見到的大都是老兄姊現在遇到的差不多盡是小弟妹。
雷海鵬	Freshman 時候的燕京比現在活潑，現在的學生比 Freshman 時的學生用功並且樸素。
李漢强	校園的路增加改善，學生的裝飾樸素，同學的年齡好像比前小。
李錫智	Palace → Vatican
李炳泰	有很大的不同，大的無從說起！
劉兆祥	不知道。
劉暢德	風雪依然。
南服周	由生疏而變成熟習。
聶國屏	比現在浮華，女生可入男宿舍，無消費合作社，車多而往返易，圖書館人少而書易借。
孫以芳	從前：朝氣，時裝，洋文與方言；現在：沉默，藍衫，國語。

宋學廣	依然如故。
蔡景軾	現在洋化程度比較好些。
曾恩波	現在同學多刻苦。
楊士汶	那時候的燕京，沒有三九學號的學生。
王勤望	大有不同：(1)藍布大褂加多(2)宿舍增加(3)宗教空氣濃厚。
王成章	我覺得現在的燕京比以前更加可愛因爲將要離開了。
王恭斌	從前燕京比較活潑，比較有意思，可是太洋化，現在呢，念書的人固然多了，但是因爲時局的關係，我們已經不能隨便發表意見！
王同風	那時的燕京比較現在似乎有生氣
魏洪賢	滿口英文的人少了，穿藍布大褂的人多了！
吳楚華	記不起。

2. 燕京特點是什麼？

張蓀芬	自由，活潑。
周恩慈	團契精神。
周良彥	自由。
周同軾	洋味兒中帶中國味兒
陳京生	纖巧，秀媚。
陳封雄	Paper 多，論文忙。
陳鳳臯	有女同車。
祝璲	師生的聯絡。
馮傳宜	不走極端，有商量。
何友恂	教授大多數是印象派。
星兆鐸	工友好。
謝振寰	It's because the important persons, you and I, had been here.
關迪濟	禮貌，和氣，不馬虎。
高紀常	幽美。

孔祥瑩	1.外國人穿中國衣服，中國人說外國話。 2.男男女女，一塊玩耍。
雷海鵬	自由活潑的空氣，振作的精神，豐富的生活。教員與學生之間沒有隔膜。
李漢强	常開會，常旅行。
李錫智	說中國話的外國人同說外國話的中國人一樣的是寶貝。
劉兆祥	自由，服務。
劉暢德	體育館西北角小橋上的大石頭（壽命只有一天）
劉德馨	西洋氣味仍足。
南服周	有自備汽車。
聶國屏	中國式的美，及生活的自由； personal contact characterizes.
鮑家善	歐美化，重女輕男。
石堉壬	男生住樓，女生住院。
孫以芳	聯歡；校園給與的活潑精神。
宋學廣	塔。
宋尚桓	師生間與同學間的深摯友誼。
蔡景軾	洋化教育。
曾恩波	二十年來立場不變。
楊士汶	樓角兒太多。
王勤望	眞理，自由，服務。
王成章	考試多。
王傳秀	書念的澈底，玩玩的澈底。
王純厚	學生好玩。
王恭斌	燕京能幫忙我們知道團體生活的重要！
王同風	師生一體。
魏洪賢	民主化。
魏文遠	團體生活好，放假少。
吳楚華	燕京學生好爬山。

3. 燕京四年來最值得紀念的是什麼？

張　蓀　芬	檀柘之遊，卡洛之遊。
周　良　彥	懂得人情世故了
周　同　軾	一九三五年秋我與幾位同學當 Ballaveen Night 大鬧全校，嚇得女校直害怕，男校直駡。
陳　京　生	絃歌不輟。
陳　鳳　皐	拂面的垂楊。
鄭　家　駒	四年來燕京那一點不是最值得紀念的？
馮　傳　宜	聖誕節和復活節總是熱鬧的。
何　友　恂	我能夠大學畢業了。
星　兆　鐸	新陳代謝之「齋務股」。
關　迪　潛	全校運動會的奪旗！
高　紀　常	聽彈琴。
雷　海　鵬	一九三七年春假去房山旅行露營。
李　漢　强	司徒校長辦事的精神。
李　錫　智	校園不改舊家風。
劉　兆　祥	有一批被迫轉學的客學生 (Guest students)
劉　暢　德	夏天晚上，在石船上賞月。
聶　國　屏	舒適的生活；教人走遍三學院，轉四學系。
石　堉　壬	每半點敲一次催命鐘。
孫　以　芳	屹然獨立。
蔡　景　軾	漸漸的非洋化了。
曾　恩　波	住過三間宿舍的一〇二號屋。
楊　士　汶	一九三八的十一月十八日把臂骨弄折了。
姚　克　蔭	我在這裏念了三年書，消磨了一千零八十一天的生命。
王　勤　堂	眞摯的友誼與活動的經驗。
王　成　章	一九三七年仍能繼續開課。
王　傳　秀	我爲什麼來燕京。
王　恭　斌	最值得紀念的事就是我們學校在這種時局之下，能開學上課。
王　同　風	初春某日黃昏亭下，與故知暢叙別來積懷。
魏　洪　賢	數年前一群燕京人在城裏被警察拳打脚踢。

	4. 你的怪脾氣	嗜好
張蕖芬	黑夜裡到 Devil Road散步，一個人	集相片
周恩慈	自己不曉得	睡覺
周良彥	不喜歡理自己喜歡的人	滑冰
周同軾	不喜歡說話	看電影，看小說，打球
陳京生	不合時宜	智慧，正直，美
陳封雄	不喜歡讀書	隨便看看隨便畫畫
陳鳳皋	閒蹓，悶坐	旅行
馮傳宜	不大理人	愛喫雞蛋
何友恂	沒有	吃水菓
星兆鐸	脾裡並無氣	「演電影」
謝振寰	To fortify myself against my invulnerable points by……	As you like.
闞迪濬	獨語	散步，象棋，看畫報，讀雜誌
高紀常	愛人	賞花
孔祥瑩	有點絕（？）	網球
李漢强	不愛上別人屋子去	看小說，詩…文學
李錫智	愁來獨坐望星辰	與友人書
劉兆祥	喜歡認眞，不懂得騙人	看報
劉德馨	不好活動	舊劇
南服周	飯後飲開水一杯	撲克，蒁捲
聶國屏	軟的欺侮硬的怕。見女子臉紅脖子綠。瞧不起洋式的人們	猜拳，談天，吃零食，打麻將
石堉壬	我的怪脾氣是「沒脾氣」	愛聽白玉霜喜彩蓮等坤角的磞磞
孫以芳	爭辯	趣意的美
宋學廣	待考	吃蜜柑
宋尚桓	我還沒有發現	猜拳行令，遊山逛水，好聽音樂喜歡我未來的太太，愛吃豆腐
蔡景軾	討厭「洋化」	吸烟
曾恩波	星期五晚上永遠不念書	喜歡聽Unfinished Symphony
楊士攸	貪吃貪睡貪玩好說好笑好管閒事	糟塌膠片
姚克蔭	喜大笑，大哭，大打，大擂，大叫，大跳，大……	「午睡之樂，倍于黃昏！」
王勤堃	怕孤獨，喜熱鬧	集照像
王成章	沒有吧！	沒有
王傳秀	還沒有研究出來	打球，聊天…………等
王純厚	自己不曉得	國劇
王恭斌	性情太直	體育電影

王同風	怕與生人交談	旅行看舊劇
魏洪賢	和阿Q一樣	晝寢
吳楚華	沒有	電影

5. 燕京那一點兒使你最留戀？ 燕京那一點兒使你最討厭？

	燕京那一點兒使你最留戀？	燕京那一點兒使你最討厭？
張蘩芬	自由	搶校車
周恩慈	校園的美麗	沒有
周良彥	自由	柴油車的氣味
周同軾	網球場	早上打八點上課的鐘
陳京生	修整的美景	發了酵的洋味
陳封雄	徐家花園	自以爲了不起的人太多
陳鳳皋	那一大堆 Journal of Industrial and Engineering Chemistry	合作運動不能應用於考試
鄭家駒	臨湖軒	酸溜溜的和自作聰明的人太多
祝璿	燕園	考試
馮傳宜	貝公樓大禮堂	沒有游泳池
何友恂	星期六夜晚校園內的散步	某博士
星兆鐸	六樓的齋夫	春天花太多
謝振寰	My thesis.	I know not at all.
闞迪潛	月夜石舫聽蟬鳴	園中情侶闊論，宿舍裏便浴合一
高紀常	湖畔垂柳與湖中塔影	是上課與下課的搖鈴聲
孔祥瑩	燕京的景緻最使我留戀	有些人硬學洋人最使我討厭
雷海鵬	豐富活潑的團體生活美麗的校景	學校把分數和考試看得太嚴重致學生不爲興趣和知識念書只爲考試而念書
李漢强	長順和	走黑路，吃無糖的窩頭，坐車進城
李錫智	小孩般的火力	未明湖中的水草
李炳泰	我家門口外的土山，山上的石條桌，和兩棵柏樹，仰臥石上觀天，側臥石上觀西山日落	
劉兆祥	自由與眞理	洋化過份的地方和有些自以爲了不得的人
劉暢德	西校門石橋——看金魚	
劉德馨	位居郊外	學校行政上近於重視階層，責任常彼此推卸
南服周	四樓 212 號	肯活動的就吃的開
聶國屏	一群泡將及齋夫	美國式，基督教的假冒爲善
鮑家善	處處都使我留戀處處都使我討厭	入學時手續複雜

石堉壬	圖書館指定參考書處的大櫃臺	每早七點半擾人清夢的汽笛聲
孫以芳	明朗，坦白	浮誇
宋學廣	春天的燕園	星期日晚起沒有熱水洗臉
宋尙桓	坐在思義島的東南角一塊石頭上欣賞湖光塔影	那般自命風流士的假名
蔡景軾	尙有點非洋化的情形	洋化
曾恩波	良好風氣	講面子
楊士汶	養病院的飯菜，和二十八號房	不可一日無錢
姚克蔭	都使我留戀：也都不	胖子太多
王勤望	燕京的一切	不活動的人
王成章	Fellowship, Friendship	Quizzes, Tests, Examinations.
王傳秀	晨曦的湖畔	神氣的面孔
王純厚	校園	沒有
王恭斌	燕京的校園，燕京的精神，和在燕京所交的好朋友！	燕京某部份教職員，和燕京對於分數的看法
王同風	美麗的校園	麻煩的註冊手續
魏洪賢	當然是湖光塔影嘍！	洗盥室和厠所相連，清晨洗臉時聞臭味兒！
魏文遠	旅行	第一堂課
吳楚華	校景	說人家的壞話

6.	你四年來最得意的是什麼？	你四年來最傷心的是什麼？
張蓀芬	玩得痛快	燕京人風度改變了
周恩慈	有好朋友	沒有
周良彥	學會唱「甘露寺」及「空城計」	住了半年協和
周同軾	沒有被學校開除	離了燕京美滿的網球場到了協和這裡的破網球場。
陳京生	與人無爭	人與我爭
陳封雄	沒買過照像機而玩過 Centax 與 Leica	沒得過獎學金
陳鳳阜	湊合着畢業	有一位女同學未能認識她
鄭家駒	尙無	無尙
馮傳宜	學會不少運動的項目	得了一次黑熱病
何友恂	她	？
星兆鐸	四樓前拾得大洋伍分	沒得第一名
謝振寰	If there is any.......	If no one knows
關迪濬	生活有紀律，向不開夜車	沒有愛人
高紀常	看「拖屍」	到清華去看賽球
孔祥瑩	思想上有進步	書沒有念好
雷海鵬	能得到許多朋友	現在必須離開燕京

李漢强	學游泳	失掉慈母
李錫智	能混完四年	應該解決的事沒有解決
劉兆祥	在此時此地尙能念書	就是人人都感覺得到的一樣事我也不用說，咱們心照不宣吧
劉暢德	論文尙無頭緒，導師，題目全沒有，畢業相片已滿處送人	白費四年光陰，一無所成
南服周	?	長了四歲
聶國屏	不曾與任何教員有較親切的往來，體重增了十七磅半	花了四千左右塊錢，得了些半中半洋的破學識：Americanized a bit
鮑家善	和幾位朋友欣賞西郊的風景	
石堉壬	體育及格，但本季成績尙難預測	差一學分體育不能畢業
孫以芳	新經驗	說不上
宋學廣	一年級時候自己住一屋	晚畢業半年
宋尙桓	當四年光棍兒	一向樂觀總不知「傷心」是何事
蔡景軾	未染上洋化	天天受洋化教育
曾恩波	還是不說好	停學一年
楊士汶	轉學之順利	「順利」而轉學
姚克蔭	論文通過	論文太糟
王勤堂	各方友誼的增進認識了什麼是「生活」	死了叔祖父，又死了祖父，晚畢業半年
王傳秀	是我最得意的事	學生時代要過去了
王純厚	有好朋友	沒有
王恭斌	燕京所能給我的，我都得着了一不論是體育，讀書，演講，和交朋友	前幾年腦筋不清楚
王同風	認識了幾個好的朋友	學業一無所成
魏洪賢	作了「爸爸」	一年級時共吃共玩的五個同伴先後被 drop 了四個，使我孤寂
魏文遠	畢業	畢業
吳楚華	有好朋友	沒有
7.	**你最喜歡那門功課？**	**你最討厭那門功課？**
張蓁芬	胡博士的無脊椎動物學，生物 51 Invertebrate	想不起來
周恩慈	Mental Hygiene	沒有
周良彥	國際公法	地質學 Geology 1.
周同軾	較比喜歡的是化學	社會學一
陳京生	陶潛	衞生學
陳封雄	還沒有發現	不好意思說，免傷感情

陳 鳳 舉	上班能睡覺的功課	冬天早晨八時的課和夏季下午一時的功課
鄭 家 駒	教員將要說的話講完馬上就下堂的功課	幾句話就能說完，教員却用一個星期的工夫來講的功課
馮 傳 宜	心理衞生	訓詁學
何 友 恂	物理一〇八	費力不討好的功課
星 兆 鐸	嬰兒訓練學	體育
謝 振 寰	The courses that I have taken	Those I have not taken
闞 迪 潛	沒有念過的「現代外交」	貨幣學 (Money & Banking)
高 紀 常	幾何	地理
雷 海 鵬	心理學	物理
李 漢 强	Biochemisty	教育
李 錫 智	Hist. 107-108 Psychology 142	Geology 1—2
李 炳 泰	Mental Hygiene	想不起來
劉 兆 祥	歷史	科學
劉 暢 德	實在找不出來	教員堂堂點完名，拿着筆記讀一堂，必至打鈴十分後才下課（爲避免得罪起見，功課名稱恕不公布）
劉 德 馨	比較政府	無有
南 服 周	得分最高的那門功課	不願意聽的功課
聶 國 屏	Practical teaching	Literature courses
鮑 家 善	達教授的算學	二年必修的英文
石 堉 壬	女生體育和家政系課程，但是不能選	男生體育
孫 以 芳	談自己心得的	課本都講不通的
宋 學 廣	1938—1939年的政治原理	"Rocks" ——唯一的地質學
宋 尙 桓	有關地方政府的功課	那般自詡爲學者所授的功課
蔡 景 軾	非洋化的功課	洋化的功課
曾 恩 波	Mental Hygiene	想不起來
楊 士 汶	本行的功課	非本行的功課
姚 克 蔭	社會心理學	「言人之不善，當如後患何」
王 勤 堂	公司財政，合作，及農村教育	二年級體育的爬繩及跳欄
王 成 章	History 108	早晨七點上 Physical Education
王 傳 秀	沒有絕對的	有相對的
王 純 厚	History	沒有
王 恭 斌	一切將來我能用的上的工課一歷史，心理，教育，和經濟，和我本行理學院的工課	整天作試驗的工課
王 同 風	陶希聖先生講授的中國古代社會史	我對中國音韻學感覺有些難解與乾燥
魏 洪 賢	算是經濟原理和會計學吧！	太多；篇幅小，寫不下
吳 楚 華	Mental Hygiene	Education

8. 論文題目

周恩慈	北平婚姻禮俗
周良彥	Non-Recognition Doctrine in International law
周同軾	Anaphylatic Influence of Plasma Proteins, especially Globulins.
陳京生	The Evolution of the Pastoral Literature
陳封雄	一個農村之死亡禮俗
陳鳳阜	Dielechic Constant, Dipole Moment, and Paiticle Size of Rosin in Benzen Solution
權國英	北平年節風俗
鄭家駒	A Study of Nassan Senior
祝　璲	A Critical Study of the Grammar Content of a few English Text Books used in Chinese Junior Middle Schools.
何友恂	Measurements of Intensity of X-Rays Produced by a Gas X-Ray Tube at Different Pressure.
星兆鐸	現代並立交感神經系之解剖與內分泌腺對人體發展之關係
謝振寰	Continuous Record of Atmospheric Ionic Content.
徐緒典	乾隆禁書之研究
關迪濬	公債整理之理論
高紀常	中國戰時金融問題之檢討
孔祥瑩	某村大農與小農農業經營之比較
李錫智	社論的研究
李炳泰	The Bank for International Settlements
林樹嘉	Measurements of the Line Contours and Shifts of Rubidium Resonance Lines Perturbed by the Rare Gases.
林樹惠	明之北邊備禦
林永俁	中國禁煙新政的檢討
劉兆祥	行政督察專員制度
劉德馨	單一稅論

劉 永 鑫	中國物價指數
南 服 周	Measurements of Solar Radiation by Means of "Solarimeter."
聶 國 屏	English Word-Count
鮑 家 善	A Study of the Pressure Effects of Hydrogen and Nitrogen Gases on the Second Doublet of Dubidium Princepal Series.
石 堉 壬	一個農村的性生活
孫 以 芳	中國社會學的發展
宋 學 廣	報紙文字之研究
宋 尙 桓	北平市地方自治之研究
蔡 景 軾	縮小省區問題
蔡 緅 芳	美國聯邦存欵保欵制
曾 恩 波	German and British Propaganda in the Present World War.
楊 士 汶	銅器琺瑯
姚 克 蔭	宋明諸大儒談知識問題
王 勤 望	天津猪鬃出口
王 成 章	A Study of Horace Walpole
王 傳 秀	Geodesic Properties
王 純 厚	北平兒童生活禮俗
王 恭 斌	中國藍磚之製造及化學變化
王 同 風	A Comparative Study of British and Chinese Ballads.
魏 洪 賢	一九三一年後之中國貨幣
魏 文 遠	Survey of Literany Periodicals
吳 楚 華	The Conflicts Between Preschool Children
徐 素 貞	淸德宗傳初稿

一九四〇班同學通訊處

吳楚華	The Pore Tong Dispensary 828. Sampeng Street Bangkok Thailand (Siam)
陳涵芬	香港九龍城西貢道 90 號 3 樓
何美瑛	北平匯文中學
李漢强	滬開納路 189 弄 42 號
孫咸方	天津英界 33 號路 230 號
張蓀芬	北平後門外磚廠 23 號
周恩慈	昌黎南施各莊美以美會
周麗賓	天津英界44號路 110B
徐素眞	江西奉新縣北門玉壺春轉徐宅
徐慈梅	北平燈市口 62 號
李榮貞	海甸氷窖胡同 10 號
林玉瓊	上海北四川路仁智里 200 號
劉濬璪	天津法界 55 號路慶元里 10 號
馬奉娟	北平後門裏東板橋酒醋局 8 號
沈詩萱	上海福煦路西摩路口慈惠南里 15 號
萬衞芳	天津義界東馬路 41 號
王純厚	北平東四演樂胡同 4 號
王美瑛	北平東城南小街竹桿巷 34 號附 1 號
張繼毅	北平西半壁街 58 號朱宅轉
陳京生	北平西草廠 24 號
陳稻	燕東園
程書儀	北平北池子妞妞房 12 號
權國英	北平西單報子街 35 號
方淑昆	北平東四報房胡同興隆大院 6 號
林蘊玉	北平舊簾子胡同 50 號
劉慶衍	天津義界五馬路 33 號
劉淑珍	北平東珠市口 87 號
孫以芳	北平西城惜薪司 18 號
萬榮芳	天津義界東馬路 41 號

蔣　勗　存	北平西城舊刑部街41號
關　桂　梧	北平東城什錦花園6號
陳　奮　翼	天津英界6號路144號
劉　克　新	唐山橋屯禮前街5號
査　良　鋌	天津北門內恒德里
張　淑　貞	北平東城本司胡同27號
張　琴　雯	北平東城馬大人胡同26號
祝　　　璲	北平板井胡同11號
韓　德　常	北平宣外南柳巷25號
關　淑　莊	北平西板橋大街房錢庫甲1號
廖　能　敏	北平西城豊盛胡同7號
沈　瑩　申	北平東城演樂胡同58號
董　震　芳	天津義界3馬路47號
王　傳　秀	北平西單北口袋胡同10號
王　觀　芬	天津法界6號路北海診療所
魏　文　遠	北平宣外校場二條3號
周　廷　壎	廣州西關寶源北街8號
高　紀　常	香港干諾道中136號四樓
聶　國　屛	天津義租界大馬路19號
沈　兆　麟	蘇州北莊基
王　同　風	山東臨淄第四區王家橋百祥堂
周　如　杞	廣東開平蜆崗圩仁愛藥房
朱　元　義	天津法租界天增里32號
謝　其　捷	香港深水埗白楊街26號
胡　　　瀸	天津英租界17號路56號
倪　晉　塡	北平絨線胡同東栓馬樁8號
沈　慶　生	北平東城西堂子胡同12號
孫　念　敏	北平內務部街33號
蔡　景　軾	天津英租界41號路20號
曾　恩　波	香港電車路彼得琴行
崔　約　翰	天津英界馬場道緯夫路4號
魏　洪　賢	北平東城黃城根28號
伍　乾　滋	北平東城燈市口37號費景雲轉

張秉心	上海北京路672號
陳封雄	北平西四姚家胡同3號
陳鳳皐	天津河北北開祥聚公
周良彥	北平霞公府西口29號
周明鈞	天津英界11號路258號
何友恂	天津英界大沽路260號
星兆鐸	河北固安縣呂家營34號
徐緒典	北平廠橋西黄城根67號
胡光渤	天津英界47號路求志里31號
黃　燕	北平西單新華銀行黃太太轉
霍鑾光	昆明郵政總局業務處
李之璞	海甸蘇公家廟4號
李錫智	河北深澤南張莊
李炳泰	燕大天和廠4號
林樹嘉	天津英界35號路36號
林樹惠	天津英界35號路36號
林永俁	上海霞飛路霞飛廠16號陳寓轉
劉暢德	天津英界克森士道43號
鮑家善	北平東單二條25號
宋學廣	天津義租界二馬路42號
蔡緻芳	湖南益陽十二里
王勤望	天津法界30號路57號
汪玉岑	上海天津路長鑫里新昶號
宋尙桓	北平宣外大街55號
姚克蔭	北平西直門北溝沿東觀音寺32號
鄭家駒	廣東中山平嵐北堡
周同軾	燕京大學
席文蔭	北平崇實中學
謝振寰	北平和內新平路16號
關迪潛	北平景山西房錢庫甲1號
孔祥瑩	北平後門外趙府街44號
李竹年	天津特二區平安街槐蔭里
李國軾	北平八面槽甘雨胡同24號

劉　兆　祥	北平東四十條13號
劉　德　馨	河北東豐台鎮
劉　永　鑫	北平西城石老娘胡同12號
羅　顯　都	天津郵政管理局
呂　作　荃	奉天西豐縣城內長樂園轉
南　服　周	山西太原袁家巷34號　北平後門後大翔鳳胡同20號
石　堉　壬	河北灤縣西關匯文學校
王　成　章	吉林扶餘縣恆昌泰轉
王　恭　斌	北平大佛寺東街3號
王　世　銓	燕東園42號
楊　士　汶	唐山明德里22號
楊　允　桐	北平西四錦什坊街孟端胡同23號
姚　念　慶	天津英界54號路義慶里60號
尹　敬　執	北平交道口土兒胡同62號
岳　昌　烈	天津英界33號路永和里12號
趙　賓　礽	天津東門內大費家胡同香店西14號
黃　　　宛	北平西單新華銀行黃太太轉

年刊委員會

主席 張隆棟
中文文書 劉兆祥
英文文書 李炳泰
會計 孫念敏
經理 王勤望
事務 姚克蔭
印刷 宋學廣
總編輯 曾恩欽
中文編輯 李錫曾
英文編輯 伍乾薇
設計 陳封雄
攝影 瞿鑒光
[illegible] 王恭斌
廣告 鄭家駒
募捐 林承俁

編輯委員會

曾恩波	李錫智	伍乾滋	劉兆祥
李炳泰	宋學廣	霍鑾光	李　歐
姚克蔭	張國權	姚克安	蔡雲程
王繼樸	秦佩珩	董繼瑚	

廣告委員會

宋顯勇	沈慶生	胡　濈	周明鈞
伍恩亞	梁季同	龔理華	龔理荃
孫以芳	池元元	吳佩琪	黃　哲
崔月梅	章亞睿	全賡華	杜文芳
酈瑞芳	萬衞芳	張翠雯	方　絪
唐文順	賀元慈	王端駿	魏文齡
魏文遠	包競學	吳宗澄	何友恂
鮑家善	王大業	朱良漪	全陸琪
方淑崑	梁孝寬	姚念慶	陳亨利
富志禮	朱元義	黃宗江	劉暢德
馮傳鄂	朱憲武	劉熾亮	倪晉塤
宋獻彝	何廷華	韓德常	孫咸芳
程書儀	黃　燕	劉忠昌	劉慶珩
王勤望	伍乾滋	張福騈	梁貴恒
卓富來	張興鉑	張寶珊	張志剛

編　後

年刊到底和諸位見面了，我們不敢說有什麼成就，不過一群熱心的級友，在論文和功課的重擔下，負起年刊的工作，這並不是想像那麼容易。請不要誤會我們是在訴苦，我們明白在這樣多痛苦面前，呻吟是可恥的；那裏還有更重更苦的任務等着我們，也許這一群羽毛未豐的青年，將來不見得增加了母校的校譽，可是我們相信也不會使燕京蒙上了羞辱。「眞理，自由，服務」是我們的指南針，只要等待出發的日期，波濤雖然洶湧那能阻止我們的前進！

今年的年刊，並不只代表一九四〇班，在這年刊裏，我們要表現目前整個燕大的精神，因此增加了設備與概況，各學系團體和各同學的生活照片，本班只佔年刊的一小部份。希望下年的年刊能變成校刊，不只是畢業班的私有物。

容希白先生，代我們題封面。徐世襄先生替我們寫題簽，我們在這謹表感謝之意。此外還有很多同學的幫忙，和友聯印字館在各方面予我們便利，順便在這裏道謝。

編者

每本定價國幣拾元

SALE
K.Y.
廣告

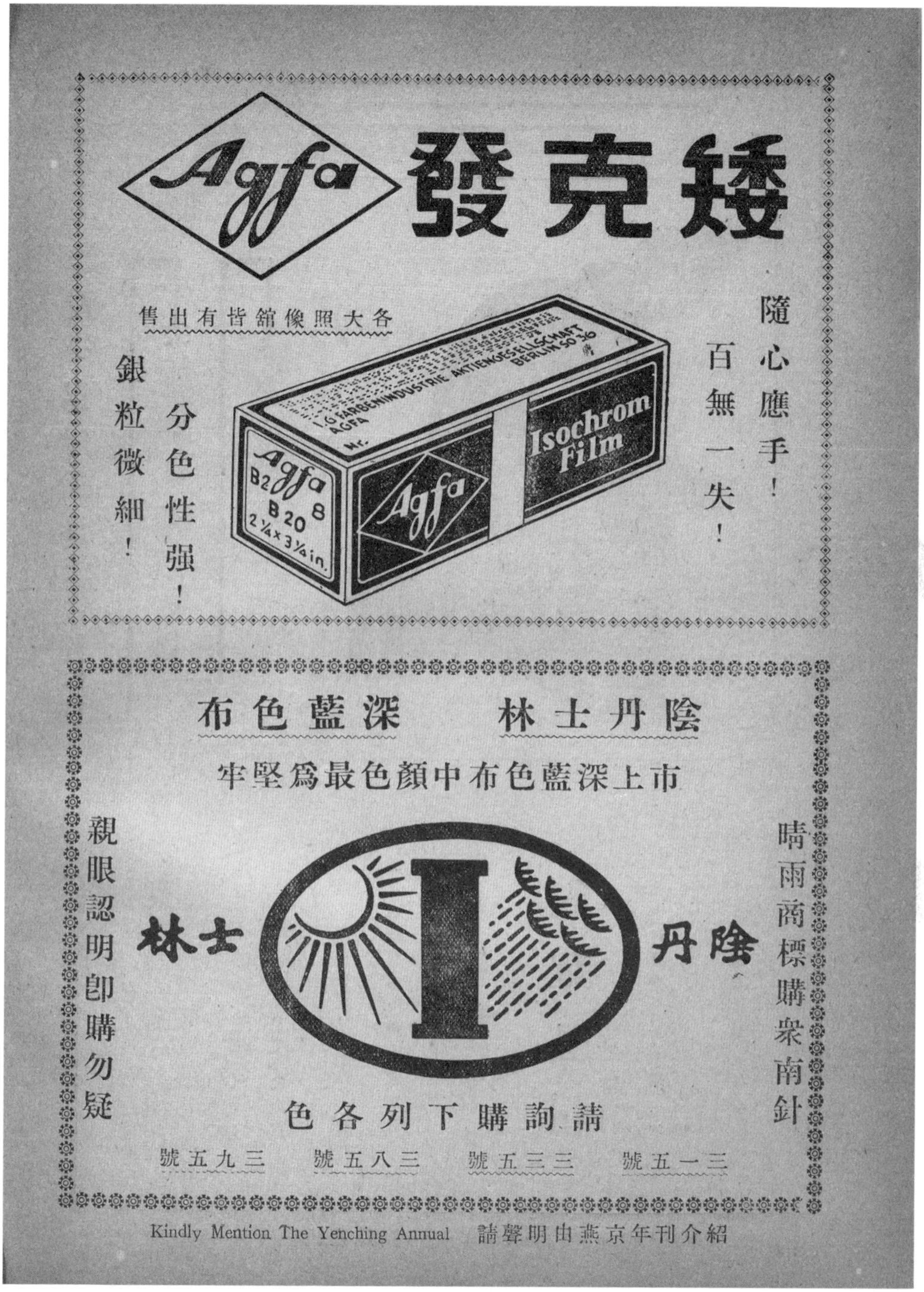
Agfa
矮克發
各大照像舘皆有出售
隨心應手！
百無一失！
分色性強！
銀粒微細！
I.G.FARBENINDUSTRIE AKTIENGESELLSCHAFT
BERLIN SO 36
AGFA
Agfa
B2 8
B 20
2¼x3¼in.
Isochrom Film
Agfa
陰丹士林　深藍色布
市上深藍色布中顏色最爲堅牢
晴雨商標購衆南針
陰丹
士林
親眼認明即購勿疑
請詢購下列各色
三一五號　三三五號　三八五號　三九五號
Kindly Mention The Yenching Annual　請聲明由燕京年刊介紹

德國徠賚廠新出品：

大號新式顯微鏡

專爲各種研究用

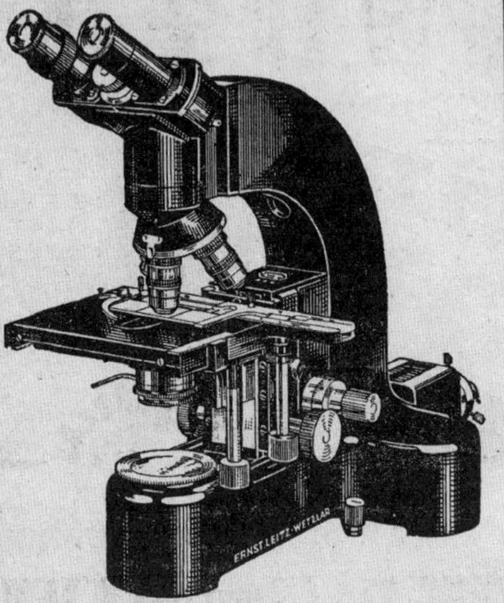

此顯微鏡構造精細內部裝一電泡可以檢查一切透明及不透明體之物件放大倍數可至二仟八百伍十倍

（詳細說明書函索即寄）

獨家經理

德商

興華公司

北京東城西堂子胡同一號

電話東局三一三三 三九三九

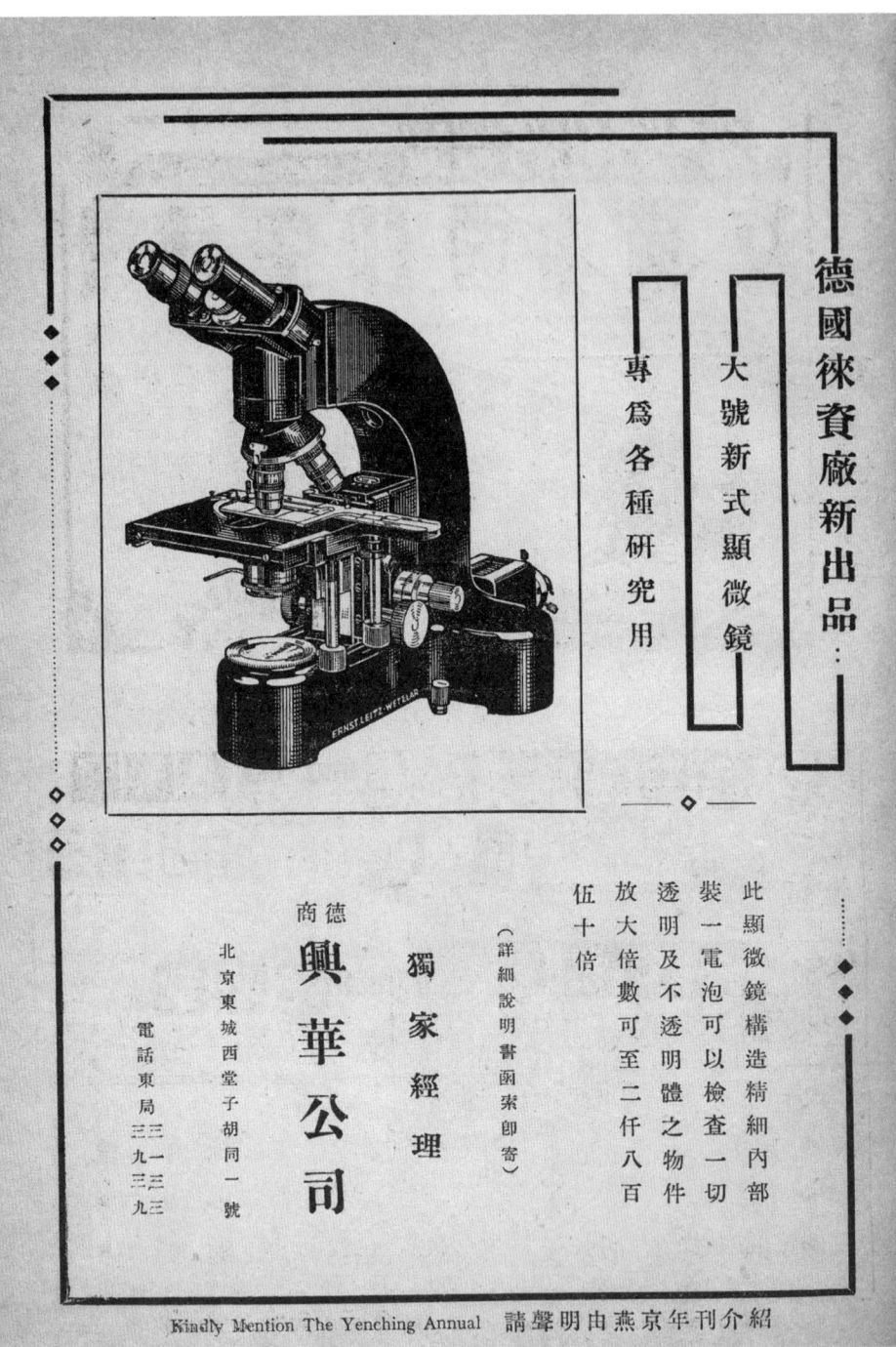

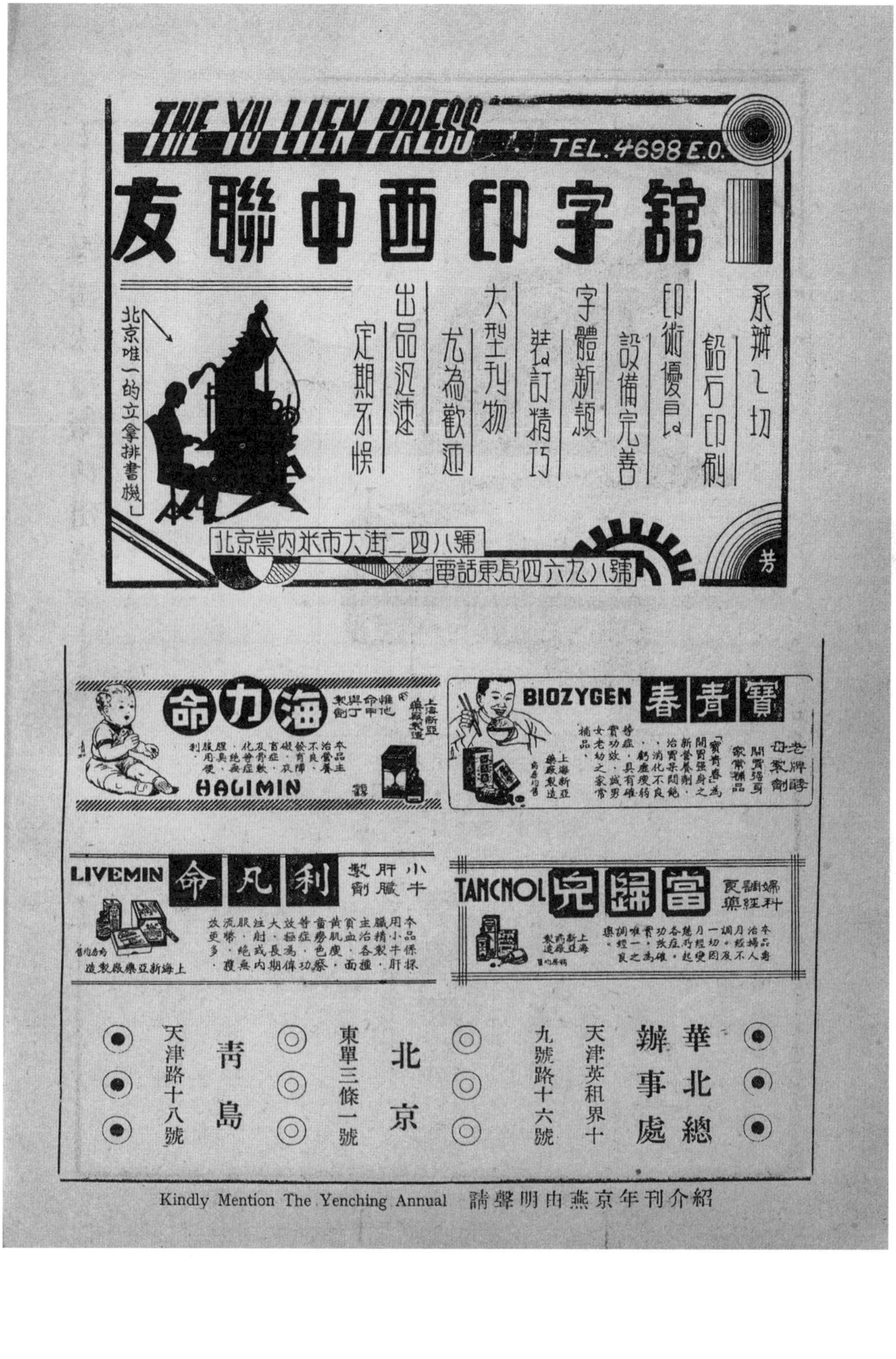

THE YU LIEN PRESS
TEL. 4698 E.O.
友聯中西印字館
承辦一切
鉛石印刷
印術優良
設備完善
字體新穎
裝訂精巧
大型刊物
尤為歡迎
出品迅速
定期不悞
北京唯一的立拿排書機
北京崇内米市大街二四八號
電話東局四六九八號
海力命
HALIMIN
上海新亞藥廠製造
BIOZYGEN
寶青春
LIVEMIN
利凡命
小牛肝臟製劑
上海新亞藥廠製造
TANCNOL
當歸兒
婦科調經良藥
華北總辦事處
天津英租界十九號路十六號
北京
東單三條一號
青島
天津路十八號
Kindly Mention The Yenching Annual 請聲明由燕京年刊介紹

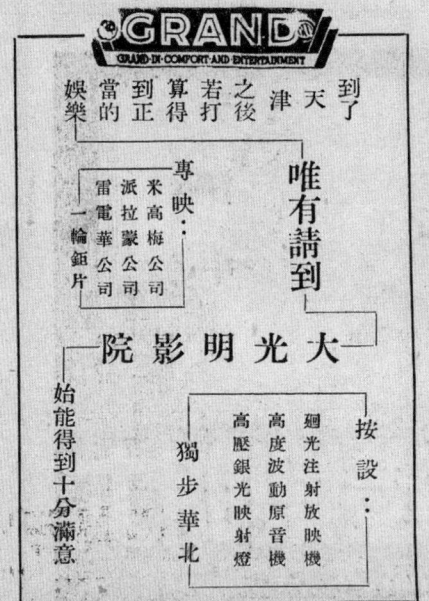

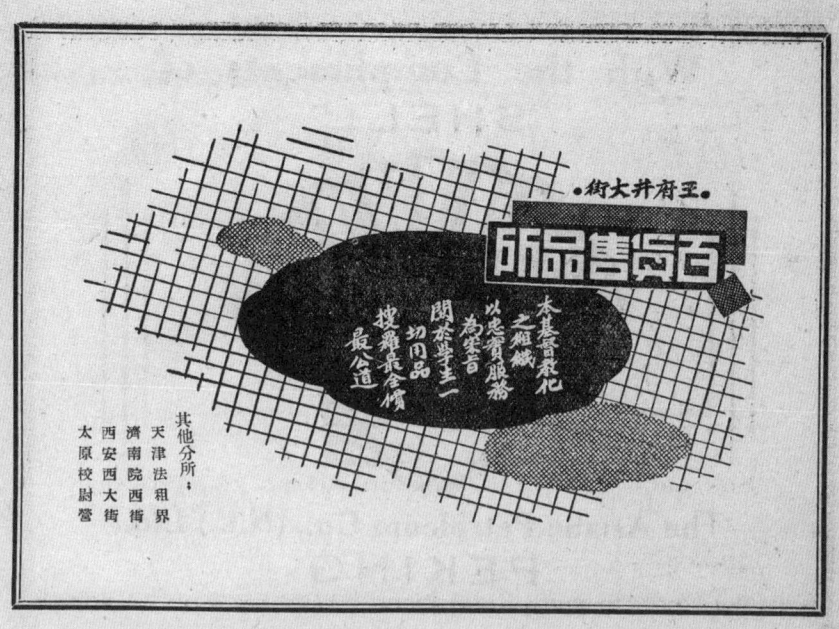

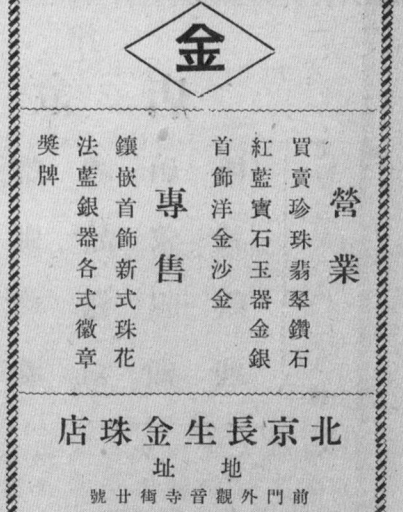

With the Compliments of

"SHELL"

The Asiatic Petroleum Co., (N.C.) Ltd.

PEKING

天津

天寶金店

開設法租界光明社西

金銀首飾
中外馳名
珠寶鑽石
精美絕倫
器皿玲瓏
禮品維新
如蒙賜顧
極誠歡迎

電話三局〇〇一八號

本店創設日租界及分設法租界由民國廿六年起因事變歸併於法租界一處營業請惠顧諸君注意

Kindly Mention The Yenching Annual 請聲明由燕京年刊介紹

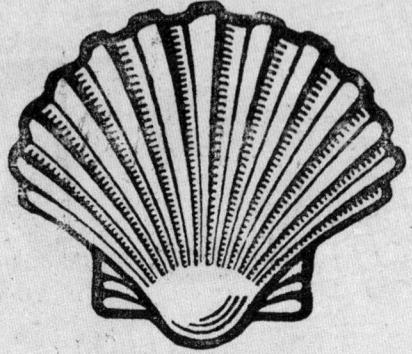

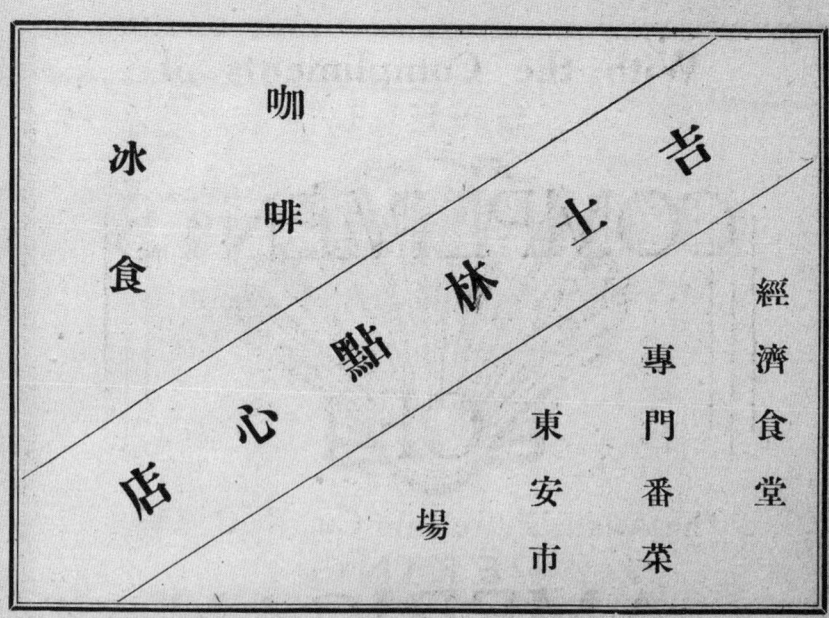

北京
同生照像部
美術出品
張張都好
本刊照片
本館承辦

JUNG HUA CHAI
CAKE STORE
TUNG AN MARKET
PEKING

北京榮華齋

電話東局老北號四三四三十六號

東安市場正街路西

本號專做
西式點心
糖果餅乾
自運中外
洋酒罐頭
各種食品

本樓上特設茶點部

專辦茶會

COMPLIMENTS

OF

THE FETTE'

RUG COMPANY

8 Tung Tan Erh Tiao Hutung

Kindly Mention The Yenching Annual 請聲明由燕京年刊介紹

大陸銀行

The Continental Bank

辦理商業銀行業務

兼辦儲蓄存欵事宜

北京分行 地址 西交民巷

支行

東四牌樓大街

崇文門外大街

王府井大街

地安門外大街

西單牌樓大街

燕京大學校內

Kindly Mention The Yenching Annual 請擧明由燕京年刊介紹

拜耳健身素
乃十全大補之名劑
本品富含維他命及礦質鹽。功能開胃補血。健腦增力。振作精神。恢復健康。滋味甘芳，久服不厭。補力温和，男女老幼無不相宜。
BAYER
TONICUM BAYER

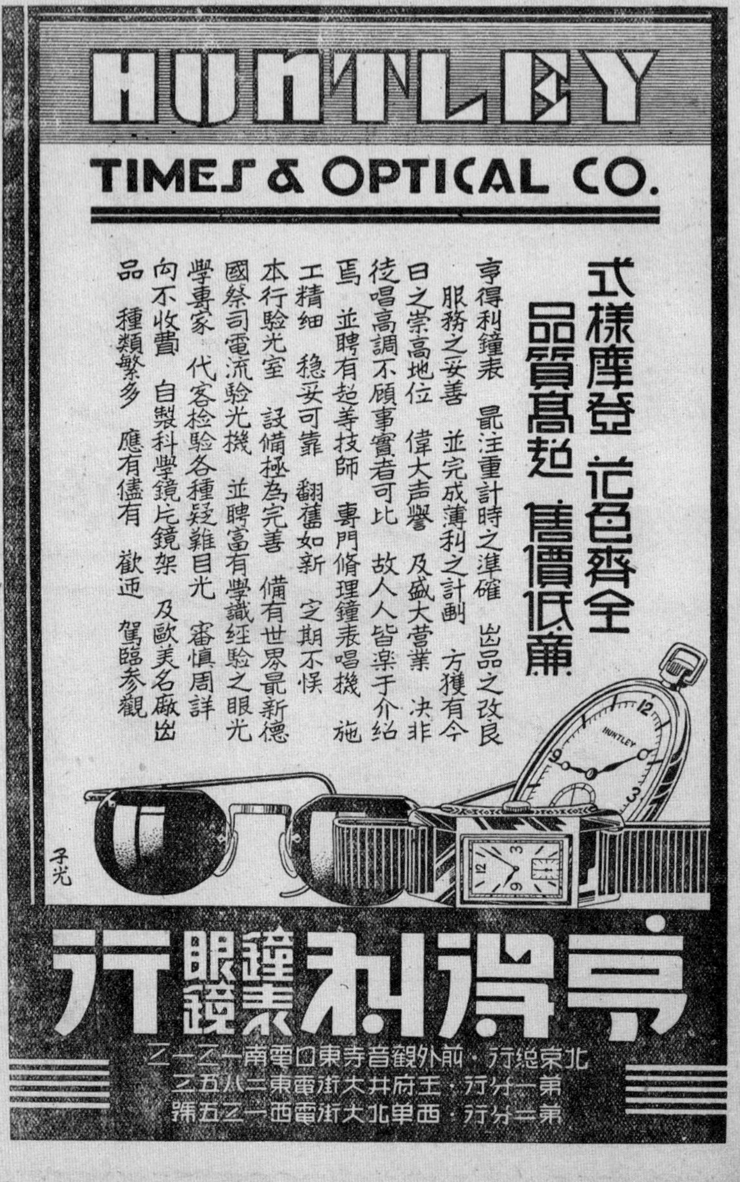

Kindly Mention The Yenching Annual 請聲明由燕京年刊介紹

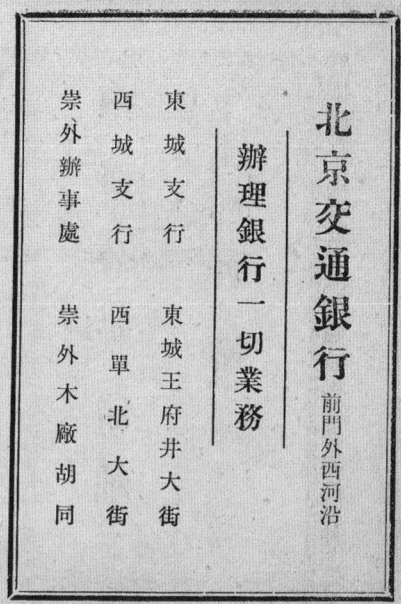

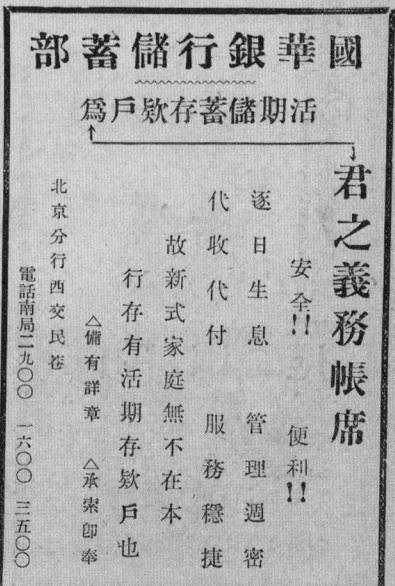

The French Bakery

& Confectionery

23 Hatamen Street Peking

Phone 437 East

Different Assortment of

Delicious Chocolates,

Cakes, Buns Etc.

北京王府井大街三十五號

惠康西服莊

精製西服

男女大氅

雨衣禮服

制服軍衣

學服等項

電話東局四四七九號

HUI KONG & CO.

Ladies' & Gent's Tailor

PEIPING

35 Morrison Street

Telephone 4479 East

GO "NATIONAL"!

9 out of 10 of your
campus leaders in
Styles do.

National Tailors

發昌祥西服莊

121 Hatamen Street

Tung Tan P'ai Lou

Kindly Mention The Yenching Annual 請聲明由燕京年刊介紹

DODGE, PLYMOUTH, DESOTO
AND CHRYSLER CARS.
DODGE AND FARGO TRUCKS.

AUTHORIZED SALES AND SERVICE.

FRAZAR FEDERAL INC., U. S. A.

Showrooms and Offices:—
394 Hatamen Street--Tel. 1949 E.O.
Service Station and Parts Dept.:—
28 Mei Chia Hutung--Tel. 1476 E.O.

中國農工銀行

資本總額　壹千萬圓

辦理銀行　一切業務

分支行　北京　天津　南京　上海　漢口　杭州

行址
北京分行　前內西交民巷　電話南局三四八二　三四八三
東城辦事處　王府井大街　電話東局三六〇〇
西城辦事處　西單北大街　電話西局八八六

河北省銀行北京分行通告

本行辦理商業銀行一切業務信用昭著收做各項存放欵扶助農工商業附設倉庫押做雜糧貸欵手續簡便利率從輕在本省商業繁盛區域均有聯行事變以後京漢津浦兩線重要地點分支行均逐漸恢復營業照常匯兌如蒙
惠顧無任歡迎

行址　西交民巷東口

電話
電報掛號二二二二
經理室七八六
營業部南局六〇三
庶務處一七二
傳達室一七三〇

Kindly Mention The Yenching Annual　請聲明由燕京年刊介紹

北華公司

經售化學藥品，玻璃器具，物理儀器工業原料，醫療器械藥品，顯微鏡天秤，測量儀器以及化驗室內一切用品等，如蒙賜顧無任歡迎。

北京東四頭條胡同十二號

電話東局四八〇七號

新新綢緞時裝公司

新新公司爲華北惟一時裝專家統銷中外皮貨歐美呢羢各色綢緞皮包一律價廉物美

地址 天津法租界二十六號路

電話三〇九五九

Kindly Mention The Yenching Annual 請聲明由燕京年刊介紹

天津造胰公司

出品各種香皂 肥皂 皂粉 化粧品

牌子最老 品質最高

使用最省 價格最廉

主要品目

五福條皂	九天肥皂	單福肥皂	如意肥皂
肥皂粉	衛生藥皂	核桃香皂	桃花香皂
檀香皂	萬麗霜	洗頭水	燙髮油

工廠 天津河北邵家園子 北京廣安門內千佛寺

營業所 天津東馬路東南角 電話二局五一六七

法租界綠牌電車道 電話三局

北京 前門外觀音寺 電話南局二二二

東安市場北門內 電話東局八三

中孚銀行

資本收足二百萬元

公積金八十五萬元

總行 上海仁記路九十七號

分支行 上海 北京 天津 南京 蘇州 鄭州 定縣

北京分支行地址：

北京分行 西交民巷四號

東城支行 米市大街二三九號

西城支行 西單北大街一九四號

南城支行 騾馬市大街六十六號

協和辦事處 協和醫學校內

THE AMERICAN EXPRESS CO., INC.

Railway Tickets

Steamship Reservations

At Regular Tariff Rates.

TRAVELERS CHEQUES.

WE BUY AND SELL

Travelers Cheques, Drafts, Money Orders and Drafts on Letters of Credit

At Current Rates of Credit.

Insurance of all Kinds Arranged.

OFFICES IN

PEKING	TIENTSIN
Wagons-Lits Hotel	Astor House Hotel
Phone 1213 E.	Phone 32489

Kindly Mention The Yenching Annual 請聲明由燕京年刊介紹

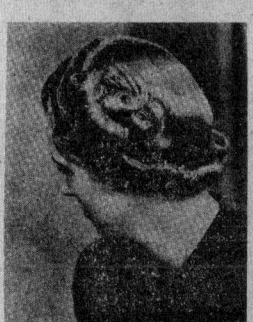

北京 廣濟大藥房

本藥房承銷
歐美各國名廠
注射藥劑
藥品原料

並承配各國醫學
博士審定之藥方
照方配合
藥品精良
分量準確

地址
北京王府井大街七十六號
電話東局三六〇七號

CALIFORNIA PHARMACY
76 Morrision Street, Peking, China
Telephone No. 3607 E.O.

Phone 4638 E.O.
Chao Yang Men St.
Peking

中華汽爐行
China Radiator Co.

Sanitary and Heating Engineers
Radiator and Bailer Manufacturers

COMPLIMENTS

OF

HSIN KEE LUMBER CO.

（新 記 木 行）

24 ITALIAN BUND, TIENTSIN

Telephone 40899, 46203

Kindly Mention The Yenching Annual 請聲明由燕京年刊介紹

新華信託儲蓄銀行

民國三年設立

國內首創儲蓄

北京分行

前外廊房頭條

辦事處

東城——王府井大街

西城——西單北大街

All Kinds of

Chocolate, Baking Powder the Peanut Butter.

& Powdered Milk in Hazel Wood Brand

Made by

Henningsen Produce Company

Shanghai Also

Any Kind of Canned Coffee, Food, Fruit,

Butter & Fruit Juice etc. etc.

Moderate Price

Tung Hsing Yi & Co.

40-41 Chuan Pan Hutung Hatamen Street

Peking

NEW MODEL - JUST ARRIVED

Typewriters, Standard & Portable:-

"UNDERWOOD" "REMINGTON"

"ROYAL" "CONTINENTAL"

And Other Brands. Rotary Mimeograph Machines, Calculating Adding Machines, Numbering Machines, Stencil Papers, Carbon Papers, Ribbons In All Size & Any Colours, Machine Oils, Correcting Fluid & Writing Inks, Red & Blue Black, Etc. At Reasonable Price. Good Experience For Repairing Over-hauling, Cleaning, & Washing For All Kind of Machines. Welcome To Sign The Typewriter Inspection & Hire—Contracts at Lowest Rates.

PEKING TYPEWRITER EXCHANGE

264 HATAMEN STREET EAST CITY, PEKING.

TELEPHONE No. 1905 E. O.

本行專售各種新式大小打字機如「恩特華特」「立明登」「勞耶爾」「康鐵能脫爾」及其他牌號各機殊稱完備尚有油印機，計算機，號碼機，蠟紙，複寫紙，各色大小墨帶，機器油及紅藍寫字墨水等價格公道對於修理或包年修擦租等尤所歡迎訂立合同其修租等費自當特別克己低廉如蒙
賜顧請電東局一九零五號或
惠臨北京東城米市大街二六四號青年會斜對過

裕記打字機行

Kindly Mention The Yenching Annual 請聲明由燕京年刊介紹

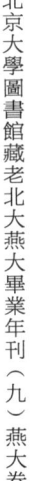

茂生商行

皮鞋專家
價格克己
定期準確
堅固耐久
歡迎比較

地點：東城八面槽十八號
電話：東局三八一〇號

COMPLIMENTS OF THE GRAND HOTEL DE PEKIN

Kindly Mention The Yenching Annual 請聲明由燕京年刊介紹

陳森泰西服店

CHEN SHEN TAI

TAILOR

FASHIONABLE GENERAL OUTFITTER
LATEST STYLES AT MODERATE PRICES

IMPORTER OF THE WORLD'S MODERATE WOOLS
ALL KINDS OF FURS

No. G. 117 Morrison Street E. C. Peking
Telephone E. O. 3597

WITH THE COMPLIMENTS

OF

Hirsbrunner & Co., (Peking) Ltd.,

7, Rue Marco Polo.

PEKING.

中央理髮館

招待週到
技術精良
設備舒適
式樣新奇

地址 西長安街
電話 西局二七三三

Kindly Mention The Yenching Annual 請聲明由燕京年刊介紹

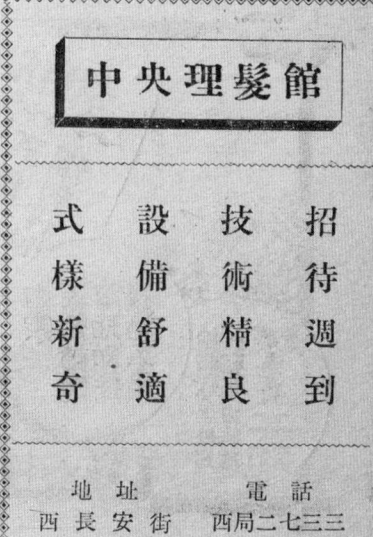

北京
華昌製版局
本局專製
印刷照相
銅版鋅版
三色版
網目鋅版
凹凸版
電影廣告
如蒙賜顧請賜電知即往接洽不悮
地址前外李鉄拐斜街四四號
電話南局一一六
一一三
精工價實
交件迅速
芳

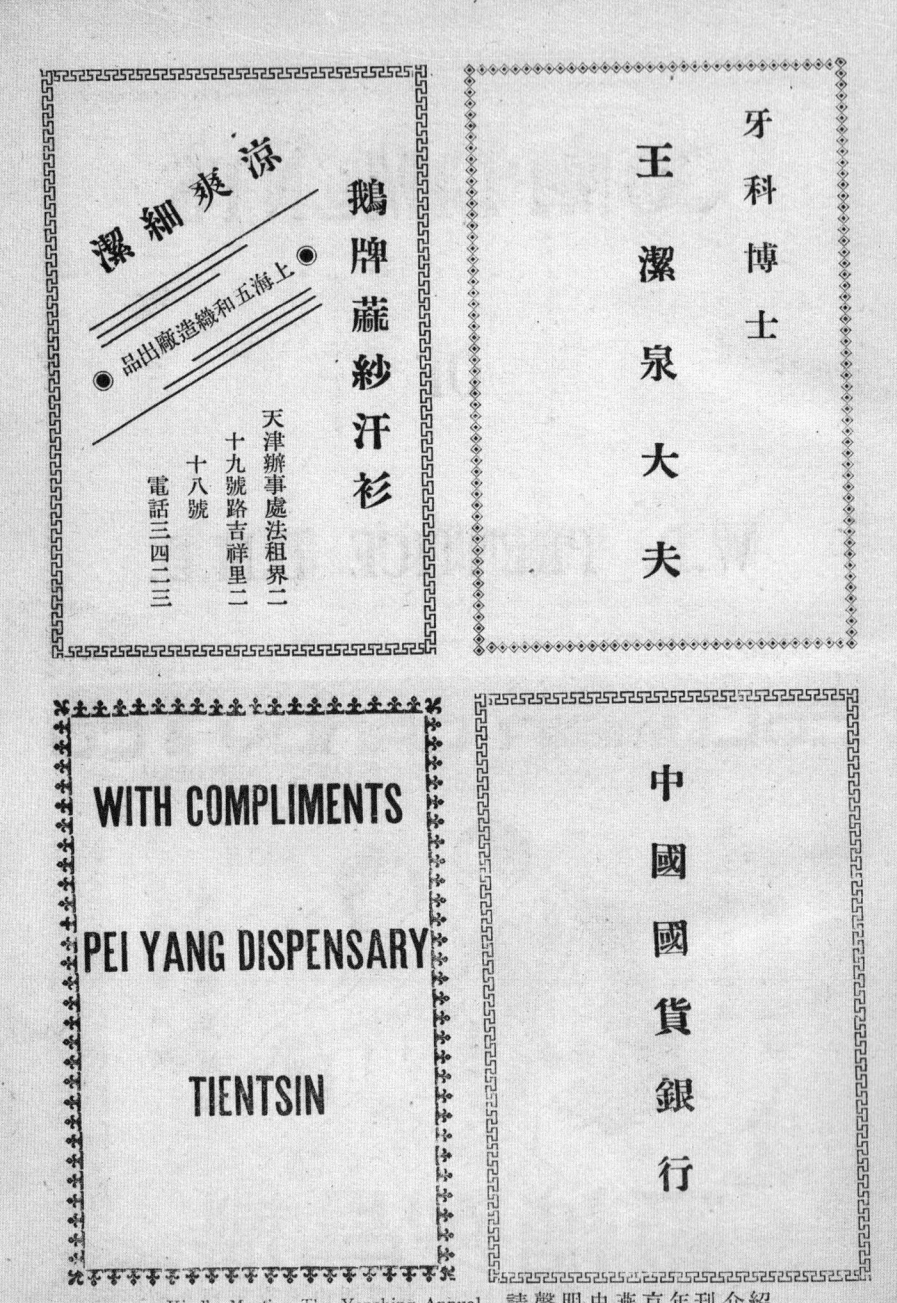

華北唯一百貨商店

中原公司

專售

學校用品
名牌水筆
運動器械
標準球類

特設

文房部
運動部

歡迎學界★特別優待

總店
天津日租界

分銷場
北京王府井

分店
天津法租界

Kindly Mention The Yenching Annual 請聲明由燕京年刊介紹

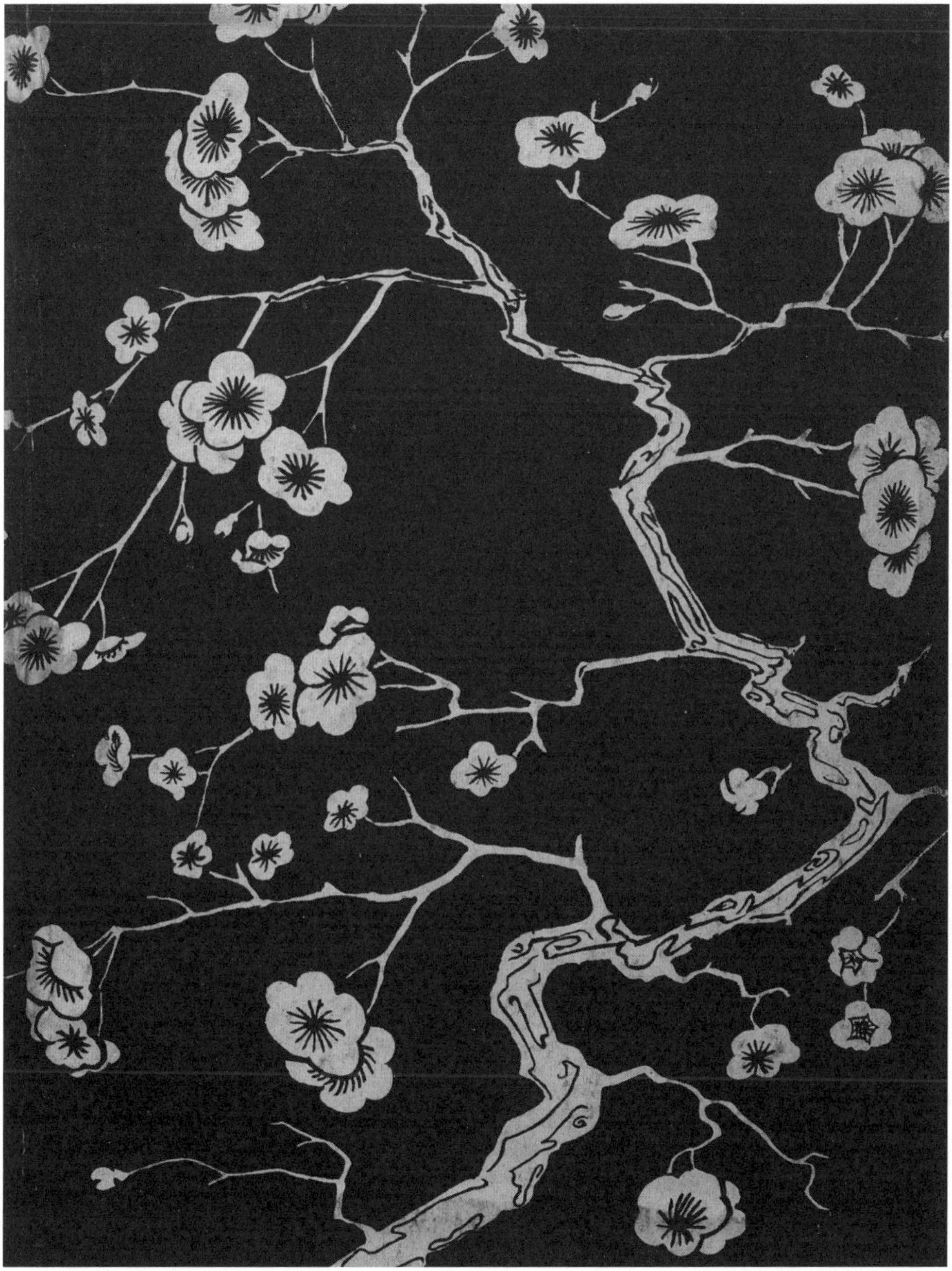